W0094996

BASTEI
LÜBBE
TASCHENBUCH

Bill
Mockridge

mit

Helge May

In alter
Frische

Ein grauer Star packt's an

BASTEI
LÜBBE
TASCHENBUCH

BASTEI LÜBBE TASCHENBUCH
Band 60 852

Dieser Titel ist auch als E-Book erschienen.

Originalausgabe

Copyright © 2015 by Bastei Lübbe AG, Köln
Mitarbeit: Helge May
Lektorat: Ramona Jäger
Textredaktion: Dr. Katharina Theml
Titelbild: © Boris Breuer, Köln
Umschlaggestaltung: Guter Punkt, München
Satz: hanseatenSatz-bremen, Bremen
Gesetzt aus der Adobe Garamond Pro
Druck und Verarbeitung: CPI books GmbH, Leck – Germany
Printed in Germany
ISBN 978-3-404-60852-2

1   3   5   4   2

Sie finden uns im Internet unter
www.luebbe.de
Bitte beachten Sie auch: www.lesejury.de

Ein verlagsneues Buch kostet in Deutschland und Österreich jeweils überall dasselbe.
Damit die kulturelle Vielfalt erhalten und für die Leser bezahlbar bleibt, gibt es die gesetzliche
Buchpreisbindung. Ob im Internet, in der Großbuchhandlung, beim lokalen Buchhändler, im Dorf
oder in der Großstadt – überall bekommen Sie Ihre verlagsneuen Bücher zum selben Preis.

Inhalt

Vorwort 9

1. Ich hasse Geburtstage 13

2. Hilfe, Dr. Peters! 19

3. Der Ruf der Leidenschaft 28

4. Willkommen in der Folterkammer! 32

5. Wer schön sein will, geht baden 38

6. Mit Vollgas durch Endenich 45

7. Kartoffelwasser und halbe Portionen 49

8. Der Eismann und der Sesselkloß 54

9. Vital und fit 57

10. Goldene Theaterzeiten 64

11. Ich bin ganz Ohr 72

12. Eine Idee wird geboren 89

13. Schau mir in die Augen, Kleines 94

14. Bitte (nicht) anfassen! 107

15. Margie, ihr schmeckt's nicht 118

16. Der Griff nach dem Strohhalm 133

17. Alles aus einem (Auf-)Guss 141

18. Das A bis Z der Triebe 146

19. Es ist alles nur Chemie (oder nicht?) 154

20. Sex im Zug 160

21. A very Mockridge Christmas 169

22. Die Stadt der Party-Engel 176

23. Dornröschen und die Fadenwürmer 186

24. Die schöne neue Welt der Tausendjährigen 196

25. Don Juan und die Florida Boys 207

26. Helenes Lied 216

27. Heidelberg und der Rest der Welt 220

28. Die Femmes Fatales: Im Jungbrunnen fließt
    kein Bier 231

29. Meine sieben Altersstufen 243

30. The show must go on 253

31. And the winner is … 261

32. Das Haus am See 265

33. Das erste L: Laufen 268

34. Das zweite L: Laben 275

35. Das dritte L: Lieben 283

36. Das vierte L: Lachen 296

37. Das fünfte L: Lernen 305

38. Ich liebe Geburtstage 313

Bildnachweis 317

Danksagung 318

Vorwort

»In alter Frische« – was soll das eigentlich heißen? Richtet sich dieses Buch an frisch gebackene Alte, die sich in der »Alten Frische« treffen sollen (wo immer das sein mag)? Oder ist es so eine Art bedruckte Frischhaltefolie, die uns wie einen guten alten Gouda vor dem Austrocknen schützen soll? Lassen Sie mich das kurz erklären – frisch von der alten Leber weg.

Die alte Frische ist ein Zustand, an den ich mich noch gut erinnern kann. Als junger Mensch hatte ich das Gefühl, Bäume ausreißen, Berge versetzen und die Welt verändern zu können. Alles schien möglich zu sein, und nichts konnte mich erschüttern. Aber irgendwann im Laufe der Jahre – nach vielen guten und schlechten Erfahrungen, nach Kämpfen, Siegen und Niederlagen – habe ich gemerkt, dass dieses Gefühl mir Stück für Stück verloren gegangen ist.

Doch plötzlich, irgendwann jenseits der Fünfzig, meldet sich die Sehnsucht nach der alten Frische zurück, man will zu neuen Ufern aufbrechen. Aber man merkt, dass man sich geistig und körperlich alles andere als frisch fühlt. So war es jedenfalls bei mir. Ich musste mich entscheiden: Finde ich mich damit ab, ein alter Knochen zu sein, oder mache ich mich endlich auf den Weg, die alte Frische zurückzubekommen? Dreimal dürfen Sie raten, wofür ich mich entschieden habe!

Ich habe meinen Weg gemacht und bin fündig geworden. In diesem Augenblick fühle ich mich knackfrisch und sehe super aus – obwohl ich 82 bin! Na gut, das war jetzt gelogen. Das ist ein kleiner Kniff, den ich von meiner Frau übernommen habe. Sie hatte sich kürzlich ein viel zu großes Oberteil gekauft. Ich war irritiert: »Schatz, was ist das denn für ein Zelt? Da passt du ja locker dreimal rein!« Sie nickte bedeutungsvoll. »Bill, das ist ja eben der Trick. Wenn ich das Ding anziehe, fragen alle meine Freundinnen: ›Boah – hast du abgenommen!?‹ Genau so mach ich's jetzt mit meinem Alter. Ich knalle einfach fünfzehn Jahre drauf. Und – zack! Schon sind alle Leute beeindruckt, wie großartig ich mich für 82 gehalten habe.

Mit hundert mach ich es dann genauso. Ja! Ich habe tatsächlich vor, als Hundertjähriger aus dem Fenster zu steigen. Hundert ist doch kein Alter mehr! Zurzeit leben etwa 14 000 Hundertjährige in Deutschland. Die könnten eine ganze Kleinstadt füllen. Und es geht noch weiter: Alle acht Jahre verdoppelt sich die Zahl der »Centenarians«, wie die Rekord-Oldies jetzt heißen. In 32 Jahren, wenn ich selbst einer bin, sind wir also insgesamt 224 000 Hundertjährige!

Jetzt wollen Sie wahrscheinlich wissen, was man mit dieser langen Lebenszeit anfangen soll. Die Antwort ist ganz einfach: leben! Und zwar ganz bewusst, Tag für Tag, voller Neugier, Lust (ja, das meine ich ganz wörtlich!) und Leidenschaft! Frauen und Männer in der zweiten Lebenshälfte sterben nämlich nicht nur später als ihre Eltern und Großeltern, sondern sind auch gesünder, fitter und aktiver, als es ihre Altersgenossen vor fünfzig Jahren waren. Sie sind »Junge Alte« –

Menschen, die im Geiste jung geblieben sind. Und für Junge Alte ist das Thema Sex noch nicht gegessen. Sport ist nicht Mord, sondern ein Ausdruck von Lebensfreude. Und Lernen ist nicht etwas, das man Gott sei Dank hinter sich hat, sondern ein lebenslanges, jung haltendes Hirntraining.

Wenn Sie Lust haben, nehme ich Sie mit auf die Suche nach der alten Frische. Es wird eine spannende und witzige Reise durch die Welt der Zellalterung, der absurden und nicht ganz so absurden Schönheitstipps und der teilweise ziemlich verrückten Abenteuer eines frisch gebackenen Jungbrunnenforschers.

Apropos: Ich habe noch eine gute Nachricht. Sie werden nach der Lektüre dieses Buches nachweislich jünger sein als vorher. Großes kanadisches Ehrenwort! Wie das funktioniert, verrate ich jetzt natürlich noch nicht – sonst würden Sie ja nicht weiterlesen. Wir kommen später drauf zurück. Jedenfalls hat es sich jetzt schon gelohnt, die 9,99 Euro für das Buch ausgegeben zu haben. Wo sonst kriegt man für diesen Preis einen gedruckten Jungbrunnen? Wenn es bei Ihnen funktioniert hat, schreiben Sie mir doch ein paar Zeilen. Wenn Sie morgen tot umfallen, rufen Sie kurz an, dann gibt's das Geld zurück.

Ob Sie nun dreißig, sechzig, zweiundachtzigeinhalb oder hundert sind: So oder so wünsche ich Ihnen, dass Sie auf die Frage »Alles frisch, Alter?« jederzeit stolz und glücklich sagen können: »Logisch – ich bin happy bis hundert!«

So, und jetzt viel Spaß!

Ihr Bill Mockridge

1. Kapitel

Ich hasse Geburtstage

Besser gesagt, ich hasse *meinen* Geburtstag. Napoleon hatte sein Waterloo, Cäsar die Iden des März – und ich habe meinen Geburtstag. Mein Sternzeichen ist nämlich Löwe, und wer sich mit Astrologie auskennt, weiß: Löwen haben immer im Sommer Geburtstag. In den großen Ferien! Das ist eine Zeit, in der wirklich keine Sau da ist – außer mir natürlich.

An meinem Kindergeburtstag gab es also keine supergeile Schnitzeljagd mit meinen Kumpels durch den kanadischen Wald. Es gab ein »kleines, gemütliches Beisammensein« auf der Veranda. Mit meinen Eltern, meiner Schwester und, wenn ich Glück hatte (wegen der Geldgeschenke!), mit meiner Patentante Betty. Wir stießen mit Limo an, aßen Sandkuchen, der genauso schmeckte, wie er hieß, und meine Mutter erzählte von ihren eigenen, immer total lustigen Geburtstagen im November; mit all ihren Freundinnen und vielen tollen Geschenken! Wenn Ihnen ein Kindergeburtstag einfällt, der noch deprimierender ist, lassen Sie es mich wissen.

Später, als ich dann in Deutschland fest am Theater engagiert war, gab es im Juli Theaterferien. Ich verbrachte meinen Geburtstag also nicht mit Freunden und Kollegen feuchtfröhlich bis in die Puppen in der Kneipe, sondern meistens auf einem Zeltplatz im Süden. Da kannte mich außer meiner

Freundin keiner – und selbst wenn irgendjemand Lust gehabt hätte, die ganze Nacht über mit mir Geburtstag zu feiern … um 22 Uhr war Nachtruhe. Genau wie damals, als ich zehn war. Kurz und gut, ich hasste meinen Geburtstag und habe ihn aus Protest einfach nie gefeiert.

Erst als ich Vater wurde und das Leuchten in den Augen unseres Erstgeborenen Nicky sah, änderte sich etwas. Er kriegte sich vor Aufregung gar nicht mehr ein, nachdem er von meiner Frau erfahren hatte, dass es »am Wochenende ganz doll lustig wird. Der Daddy hat nämlich Geburtstag!« Nicky schenkte mir auch gleich einen Sandkuchen (90 Prozent Sand, 9 Prozent Pfützenwasser, 1 Prozent Regenwurm) und hatte einen Riesenspaß an meinen Bemühungen, ihm zuliebe ein Stück davon runterzuwürgen. Da wurde mir klar: Ab jetzt musst du deinen Geburtstag feiern, und zwar nicht für dich, sondern für deine Kinder!

Und so ist es bis heute. Seit dreißig Jahren gibt es am 28. Juli immer ein großes Fest mit der ganzen Familie, und Dads neues Jahr wird gefeiert. Morgens Geburtstagsfrühstück mit Gesang, Geschenken und Erdbeertorte, mittags Spiel und Spaß, und abends ein großes, gemeinsames Essen. Mein Geburtstag ist eigentlich ein schönes Familienfest mitten im Hochsommer, und ich freue mich, wenn alle sich freuen, dass sie mir eine große Freude machen können.

Auch wenn ich meinen Geburtstag natürlich immer noch hasse. Das liegt aber nicht an meiner Familie – die tun, was sie können –, sondern an meiner Umwelt! Das fing schon an meinem Fünfzigsten an. Meine Frau hatte mir ein T-Shirt geschenkt mit der Aufschrift »50 Jahre – Gut gemacht!«. Am selben Tag las eine junge Frau die Aufschrift und gratulierte mir freudestrahlend zur goldenen Hochzeit. So was tut zwar ein bisschen weh, aber als Kabarettist kann man es natürlich hervorragend gebrauchen!

Wie auch die Geburtstagspost: der freundliche Hinweis auf die günstige Sterbeversicherung, das Probierpaket mit der Inkontinenzbinde (die ich bis heute als Schlafbrille trage, damit meine Frau nicht glaubt, ich sei nicht mehr ganz dicht) oder der Rentenbescheid, der pünktlich zu meinem Fünfundsechzigsten ins Haus flatterte. Meine Frau ließ es sich nicht nehmen, daraufhin das Geburtstagsständchen spontan umzudichten.

»Happy birthday to you, jetzt gehörste dazu, halt dich wacker, alter Knacker, happy birthday to you!«

Ich konnte alle diese kleinen Nadelstiche achselzuckend hinnehmen. Ich gehörte ja eben *nicht* dazu – ich war ein Mann in den allerbesten Jahren! Ich konnte immer mitlachen und habe wortwörtlich das Beste draus gemacht: nämlich all das hemmungslos in meinen Bühnenprogrammen verwurstet, zur großen Freude meines Publikums. Doch dann, am Tag meines 67. Geburtstages, verging mir das Lachen.

Wir schreiben den 28. Juli 2014. Punkt 18:20 Uhr auf der Veranda unseres Ferienhauses in Kanada. Familie und Freunde sind gekommen, um mit mir zu feiern. Die Gemüter sind heiter, die Stimmung ist fröhlich. Meine hinreißende Frau Margie steht sommerlich gekleidet mit einem Glas Sekt in der Hand mitten in der Geburtstagsgesellschaft und bringt einen sehr witzigen Toast auf mich aus, während unsere sechs Jungs, die Oma und ein Dutzend gute kanadische Freunde sich bei jeder ihrer Pointen vor Lachen wegschmeißen. Margie kündigt an, dass wir jetzt, wo die Kinder endlich aus dem

Haus seien – »Gott sei Dank, ich dachte, die finden die Tür nie« –, viel mehr Zeit für uns haben und eben diese Zeit voll ausnutzen werden!

Da meldet sich unser Nachbar Gary (fünfzig Jahre alt) zu Wort: »Na, dann ab in die Kiste mit euch – in fünfzehn Jahren liegt Billy Boy nämlich allein da drin!« Alle biegen sich vor Lachen, ich natürlich am meisten. Steaks brutzeln auf dem Grill, der Wein fließt in Strömen, die Playlist wird abgespielt, und alle sind gut drauf.

Alle außer dem Gastgeber. Ich lasse mir zwar nichts anmerken, aber ich spüre, wie Garys Bemerkung mich doch ganz schön beschäftigt. Das Bild von der »Kiste«, in der ich einsam und verlassen liege, werde ich irgendwie nicht los. Ich muss der Sache auf den Grund gehen!

Ich führe betont ungezwungene Gespräche mit den Gästen und arbeite mich langsam und unauffällig in Richtung Gary durch. Der steht im Wohnzimmer mit seiner neuen Freundin »Mausi Maus«. (Alle seine Freundinnen heißen so. Zur Sicherheit, damit er die Namen nicht durcheinanderschmeißt.) Gary Leeman ist eine kanadische Eishockeylegende und wohnt seit einigen Jahren direkt neben uns am See. Er sieht trotz der gebrochenen Nase noch super aus und genießt sein Singleleben in vollen Zügen. Gary sieht mich kommen und hebt die Bierdose: »Na, Billy Boy, alles fit im Schritt?«

Ich nicke cool, antworte »Neunzig Grad mit Überhang« und gebe ihm so zu verstehen, dass mein Schritt durchaus mit seinem Schritt Schritt halten kann. »Übrigens, sehr witzig, die Bemerkung mit den fünfzehn Jahren. Ich hab mich totgelacht!« Gary schnappt sich noch eine kalte Bierdose, nimmt einen gewaltigen Schluck und sagt: »Tja, stimmt aber leider, Billy Boy. Laut Statistik wird der moderne Mann im Schnitt 82 Jahre alt. So gesehen hast du jetzt nur noch fünf-zehn Jahre, bevor sie dich in die Kiste legen. Aber mach dir nichts draus. Das sind noch über fünftausend Tage!« Treffer – versenkt. Er lacht unbekümmert, umarmt »Mausi Maus« und geht mit ihr Richtung Küche, während ich Luft schnap-pend und leicht schwindlig nach draußen taumele.

Wenn ich nachdenken möchte, dann gehe ich immer run-ter zum Steg, setze mich in meinen traditionellen Muskoka-Stuhl, schaue aufs Wasser und lasse die Gedanken schweifen. Das hat etwas Meditatives und Erholsames, und meistens fühle ich mich in kürzester Zeit wie neu geboren. Während ich da also sitze und krampfhaft versuche, mich wie neu ge-boren zu fühlen, haut mir mein Jüngster auf den Rücken und fordert mich energisch auf, mit ihm um die Wette auf die an-dere Seite des Sees zu schwimmen.

Diese Wette gehört zum alljährlichen Ritual der Mock-ridge-Männer und wird immer an meinem Geburtstag voll-zogen. Wir wohnen an einer etwas schmaleren Stelle des Sees, sodass die Entfernung zur anderen Seite nur etwa 700 Me-ter beträgt. Aber immerhin sollte man körperlich und mental möglichst in guter Verfassung sein, um schnell und kraftvoll auf die andere Seite zu kommen. Während Liam Hemd und Hose auszieht, kommen meine fünf anderen Jungs angelau-fen und grölen: »Der Letzte ist ein Loser!«

Alle sechs springen hoch in die Luft und verschwin-den gleichzeitig im Wasser. Ein Mockridge-Tsunami be-gräbt mich unter seiner gewaltigen Flutwelle. Mit kräftigen Schwimmzügen entfernen sich meine Jungs vom Steg – und ich bleibe zurück. Ein Loser. Allein, nass, kalt und nüchtern. So ungefähr muss sich eine Seebestattung anfühlen. Ich hasse meinen Geburtstag!

Der Muskoka Chair: serienmäßig mit innerem Frieden. Meistens ...

2. Kapitel

Hilfe, Dr. Peters!

Es war völlig klar: Ich brauchte Hilfe. Am selben Abend rief ich meinen Hausarzt Doktor Peters in Deutschland an. Wenn mir überhaupt noch einer helfen konnte, dann er. Die Koryphäe für alles. Der Dr. House von Bonn-Endenich. Der Arzt meines Vertrauens.

Ich kenne Dr. Peters seit 1990. Da war ich 42 Jahre jung – und Dr. Peters Mitte dreißig. Sieben Jahre weniger Lebenserfahrung als ich! Eigentlich also gerade mal der Pubertät entwachsen. Und der sollte mir sagen, wo's langgeht? Damals hat es in der Tat einige Überwindung gebraucht, um mich dem jungen Schnösel rückhaltlos anzuvertrauen. Mittlerweile ist er sechzig, und wir sind fast so etwas wie Freunde geworden. Dr. Peters kennt mich in- und auswendig. Er richtet mich mit seiner fröhlichen, lebensbejahenden Art immer wieder auf, berät mich offen und ehrlich – und faltet mich wenn nötig auch mal ganz klein zusammen.

Komischerweise war er zuerst ein bisschen ungehalten über meinen Anruf. Das konnte natürlich daran liegen, dass es in Bonn erst fünf Uhr morgens war. Mist – ich hatte die Zeitverschiebung vergessen!

»Hallo, Herr Doktor. Mockridge hier. Ich muss sterben.«
Stille am anderen Ende der Leitung. »Doktor Peters! Hören

Sie mich?« Ich vernahm ein ausgiebiges Gähnen. »Sterben müssen wir alle, Herr Mockridge. Aber nicht morgens um fünf. Lassen Sie sich einen Termin geben.« Unfassbar, wie locker der das nahm. Ich musste wohl konkreter werden.

»Aber ich bin ein dringender Fall, Doktor! Ich habe nur noch 5000 Tage und ein paar zerquetschte!« Dr. Peters atmete gequält aus. »Okay. Wie kommen Sie da drauf?«

Endlich zeigte der Mann Interesse. Jetzt würde ich ihm die Fakten auf den Nachttisch knallen! »Also, ich hab heute Geburtstag. Und ab sofort sind es noch genau fünfzehn Jahre. Also 5475 Tage. Das sind … Moment …« Ich ignorierte das genervte Seufzen aus dem Hörer und rief rasch die Taschenrechner-App meines iPhones auf. »Halten Sie sich fest! 131 400 Stunden! Das ist doch nix! Wenn ich acht Stunden pro Nacht schlafe, fallen schon mal … (ich tippte wie ein Wahnsinniger) 43 800 Stunden weg. Dann bleiben mir fürs Leben nur 87 600! Und … und davon sitz ich zehn Minuten am Tag nur auf dem Klo! Das sind insgesamt … 9125 Stunden! Mein Leben geht den Abfluss runter, Dr. Peters! TUN SIE WAS!!!«

Ich brüllte mit hochrotem Kopf in den Hörer. Das ließ sich Dr. Peters nicht gefallen und brüllte zurück. »MOCK-RIDGE! STOPP! Beruhigen Sie sich! Sofort!« »Wieso?« »Weil die Brüllerei mit rotem Kopf zu Bluthochdruck führt. Und der verkürzt die Lebenszeit.«

Das saß. Ich atmete tief durch. »Okay. Ich bin ganz ruhig.« »Super. Dann kommen Sie heute Nachmittag vorbei, und wir überlegen in Ruhe, wie wir Ihnen helfen können.«

Ich überlegte kurz. Bis zum Nachmittag waren es noch zehn Stunden. Ich brauchte einen Überschalljet! Leider kannte ich keinen General der kanadischen Luftwaffe. Also musste es wohl doch der Linienflug nach Köln/Bonn sein. Blieben also noch drei Tage. Vielleicht konnte ich in der Zeit ja rasch mein Testament machen. Oder online ein hübsches Doppelgrab aussuchen. Trotzdem beschloss ich, Dr. Peters lieber noch ein bisschen Dampf zu machen: »Ich bin in drei Tagen da. Punkt acht Uhr morgens. Aber können Sie sich beeilen mit dem Überlegen? Zeit ist Leben. Und die Kiste wartet. Sagt Gary! – Dr. Peters? Dr. Peters!«

Aufgelegt. Da sah man es mal wieder. Keiner hatte mehr Zeit für seine Mitmenschen …

Drei Tage später war ich wieder zu Hause in Deutschland und saß um Punkt acht in gespannter Erwartung vor meinem Arzt. Ich erzählte ihm von der Bombe, die Gary auf meiner Geburtstagsparty hatte platzen lassen. Dr. Peters schüttelte lächelnd den Kopf. »Statistik. Die sollten Sie nicht allzu ernst nehmen.« Ich hing an seinen Lippen. »Heißt das, auf mich trifft das gar nicht zu? Ich wusste es! Ich werde hundert! Wie mein Großonkel Jack! Ha! Warten Sie, ich muss kurz mal in Kanada anrufen.« Mit einem grimmig-vorfreudigen Lächeln griff ich nach meinem Handy. »Wart's ab, Gary … mit deinen Knochen schmeiß ich noch die Äpfel von den Bäumen!«

Dr. Peters bremste mich. »Moment. Wie alt Sie werden, hängt von einer Vielzahl von Faktoren ab, Herr Mockridge. Ohne eingehende Untersuchungen kann ich da gar keine Aussage treffen.« Aha. Das hatte ich mir gedacht. Der Mann wollte sich absichern, damit ihn meine Witwe nicht verklagen konnte. Tat ich ihm eben den Gefallen.

In den nächsten Tagen folgte ein ausführlicher Check-up. Blutwerte, Ultraschall, EKG, EEG. Dr. Peters ließ nichts aus.

Und dann war es schließlich so weit. Der Tag der Wahrheit. Und dieses Gespräch hatte einen deutlich anderen Tonfall …

Ich saß in banger Erwartung vor Dr. Peters und war auf das Schlimmste gefasst. Und tatsächlich sah er mich ziemlich ernst an. »Herr Mockridge, eins vorweg. Ich bin leidenschaftlich gern Arzt. Ich möchte dafür sorgen, dass meine Patienten ein langes, aktives und gesundes Leben haben. Deswegen erst mal eine gute Nachricht: Sie sind nicht kurz davor zu sterben.« Mir fiel mit lautem Rums ein Stein vom Herzen. »Gott sei Dank, Herr Doktor!«

Doch Dr. Peters war noch nicht fertig. »Moment. Wenn Sie so weiter machen, kann ich Ihnen nicht garantieren, dass Sie die 82 Jahre knacken.« Der Stein plumpste zurück – mitten in meinen Magen. Das Gefühl, das ich am Seeufer in Kanada gehabt hatte, kehrte sofort zurück. Ich nickte schicksalsergeben. »Ganz ehrlich … das hab ich mir schon gedacht. Es liegt ja nicht in meiner Hand, wie alt ich werde. Das ist schon lange vorherbestimmt durch meine Gene, stimmt's?« Dr. Peters schüttelte nachsichtig den Kopf.

»Die Gene sind nur einer der Faktoren fürs gesunde Altern. Sagen wir 33 Prozent. Genauso wichtig ist, wie Sie bisher gelebt haben. Das sind noch mal 33 Prozent. Und jetzt kommt's: Genauso wichtig ist, wie Sie ab jetzt leben werden. Das sind auch noch 33 Prozent!«

Irgendwie deprimierte mich das noch mehr – 66 Prozent meiner Chancen hatte ich schon in den Sack gehauen! Mein bisheriges Leben war ganz bestimmt nicht das gesündeste gewesen. Ich hatte immer zu viel gearbeitet, zu wenig geschlafen, zu viel gegessen, zu wenig Sport gemacht und ganz bestimmt viel zu wenig auf mich geachtet. Das sagte ich

Doktor Peters auch. Aber der schüttelte nur den Kopf. »Na, dann wird es höchste Zeit, das zu ändern! Sie müssen drei grundsätzliche Dinge angehen: Sie müssen anfangen, Sport zu treiben, Ihre Ernährung ändern, und schließlich brauchen Sie eine neue Leidenschaft.«

Das machte mich nachdenklich. »Hm … Sie meinen, wie Lothar Matthäus? Das könnte ich mal probieren. Aber ich bin sicher, meine Frau macht da nicht mit. Sie ist nämlich ziemlich eifersüchtig.«

Aber Dr. Peters meinte nicht *die* Art von Leidenschaft (wobei er die Liebe im Alter für ziemlich wichtig hält). Er sprach von einer Herzensangelegenheit. »Etwas, das Sie motiviert, wofür Sie brennen, was Sie nicht schlafen lässt, was Sie begeistert! Sonst bauen Sie ab, langweilen sich und bekommen schnell das Bored-out-Syndrom.«

Ich sah ihn an wie ein Auto. »Bored-out-Syndrom? Was soll das denn sein?«

»Das ist eine Bezeichnung für die Menschen, die nicht mehr wissen, warum sie morgens aufstehen sollen. Und dann tun sie es eben nicht mehr. Bleiben den ganzen Tag zu Hause, langweilen sich und gehen nicht einmal spazieren oder Radfahren.«

Ich schüttelte mich. »Horror! Okay, ich überleg mir was. Aber was ist mit Sport? Ich habe früher viel Sport getrieben, aber später als Familienvater hatte ich keine Zeit mehr dafür. Und jetzt hab ich keine Kondition mehr. Neulich musste ich vier Blocks hinter meiner Frau herrennen, weil sie ihren Schlüssel vergessen hatte. Ich hatte das Gefühl, ich breche gleich zusammen. Ich glaube, Sport kann ich vergessen.«

Dr. Peters sah mich streng an: »Jetzt geben Sie doch nicht

gleich auf! Vier Blocks sind gar nicht übel, wenn man nicht trainiert ist. So schlecht sehen Sie ja gar nicht aus. Sie wiegen jetzt …« Er linste kurz auf seinen Computer. »Oh. 99 Kilo. Okay, das ist definitiv zu viel. Die Ampel steht auf Rot, Herr Mockridge. Melden Sie sich beim Fitnesscenter an. Und ge-

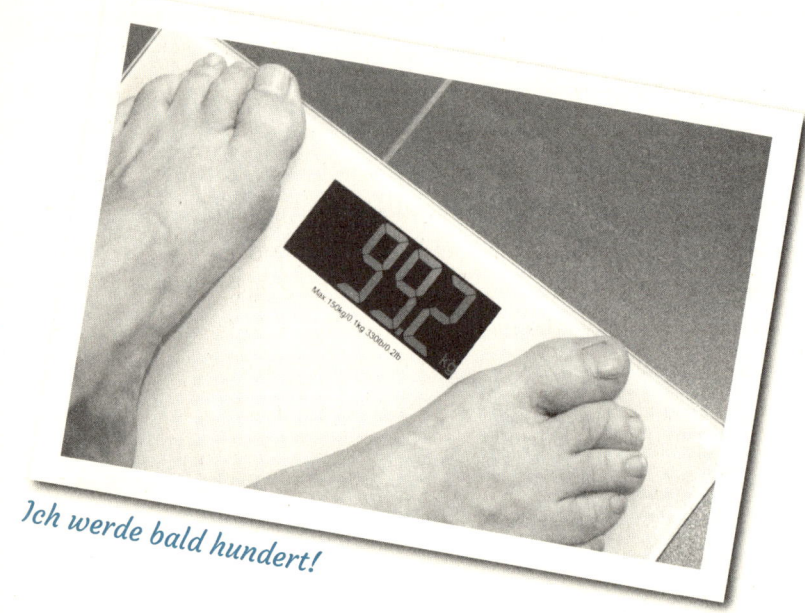

Ich werde bald hundert!

hen Sie jeden Tag hin. Ich schwöre Ihnen, in einem Jahr sind Sie fünfzehn Kilo leichter, sehen fantastisch aus und laufen beim nächsten Marathon mit!«

Ich stellte mir vor, wie ich rank und schlank im hautengen Dress das Zielband sprengte. Ein verlockendes Bild … Aber wohl nicht umsonst zu haben.

»Sportliche Aktivität ist der Schlüssel zum gesunden Altern«, sagte Dr. Peters. »Sie müssen jeden Tag trainieren, und zwar mindestens eine halbe Stunde. Das klingt vielleicht wie eine bittere Pille, aber die Pille müssen Sie eben schlucken. Da führt kein Weg dran vorbei, Herr Mockridge. Alle Experten sind sich da einig. Wer Sport treibt, lebt definitiv länger, gesünder und glücklicher. Ich hab einen Patienten, der über achtzig ist und jeden Tag trainiert. Sie würden den Paul locker zehn Jahre jünger schätzen! Und noch was: Achten Sie auf eine vernünftige Ernährung. Im Alter ist es viel wichtiger, auf Qualität anstatt auf Quantität zu achten.«

Moment! Hier ging es mir an den kulinarischen Kragen. Ich sprang empört auf. »Sie wollen mir aber jetzt nicht mein Schnitzel und mein Bier madig machen, oder? Ich bin vor 48 Jahren aus Kanada nach Deutschland gekommen, weil ich gehört hatte, dass es hier jeden Tag Schnitzel und Bier gibt! Das hat auch gestimmt – und es war Grund genug, hier zu bleiben. Das gebe ich jetzt im Alter nicht auf!«

Dr. Peters beruhigte mich. »Tun Sie mir einen Gefallen, Herr Mockridge. Fangen Sie ab sofort an, immer nur eine halbe Portion zu bestellen. Und ein kleines Bier. Und dann schön langsam essen. Genießen Sie! Essen ist kein Wettlauf. Es gibt keinen Preis für den, der am schnellsten aufisst. So, das war's schon, Herr Mockridge. Vortrag beendet.«

Ich schluckte. »Boah. Das ist jetzt eine ganze Menge zu verdauen. Und Sie meinen wirklich, das macht einen Unterschied?« Dr. Peters setzte seine ernsteste Miene auf.

»Es ist der Unterschied zwischen Leben und Tod. Es findet zurzeit eine große Revolution statt. Eine Altersrevolution. Heute geht es nicht mehr darum, einfach nur möglichst lange durchzuhalten, bis man den Löffel abgibt, sondern das

Leben mit Lust und Leidenschaft zu erleben und bis ins hohe Alter jung, fit und attraktiv zu bleiben! Eine ganze Generation fängt an, sich völlig neu zu orientieren. Wenn Sie mitmachen wollen, dann müssen Sie anfangen. Und zwar spätestens heute!« Dr. Peters stand auf, reichte mir die Hand und wünschte mir viel Glück. Ich verabschiedete mich und ging hinaus auf die Straße.

Mir schwirrte der Kopf. Gesünder leben – das leuchtete mir ein. Etwas mehr Joghurt und frische Luft tun immer gut. Aber Dr. Peters wollte ja viel mehr! Er wollte tatsächlich die Zeiger meiner biologischen Uhr zurückdrehen. Was hatte er gesagt? Alt werden – und dabei trotzdem jung bleiben! Funktionierte das wirklich? Nur durch Sport, Ernährung, soziales Engagement? Kann ein Mensch in meinem Alter die schlechten Gewohnheiten der letzten vierzig Jahre überwinden und das Leben neu beginnen? Statt jeden Tag älter, jeden Tag jünger werden?

»Hey Bill, seid ihr wieder da? Wie war's in Kanada?« Eine vertraute Stimme riss mich aus meinen Gedanken. Max, unser Obst-, Gemüse- und Blumenhändler, tauchte hinter seinem Blumenstand auf und begrüßte mich überschwänglich.

Max ist über siebzig, wunderbar verrückt und steht meistens von morgens um fünf bis abends um neun im Laden und unterhält alle, die vorbeikommen. Er liebt Kuba, ist dreimal im Jahr dort und verteilt in Waisenhäusern Geld, das er in Endenich gesammelt hat.

Max lernt dort Samba und Spanisch und ist in Havanna inzwischen genauso ein bunter Hund wie bei uns in Endenich. Aus seinem Stand dröhnt meistens laute Sambamusik, und er lädt immer alle Frauen ein, mit ihm zu tanzen. Am liebsten aber tanzt er mit meiner Frau Margie, weil sie »so einen wilden Hüftschwung« hat! Max ist wirklich ein Lebenskünstler und sehr zu bewundern.

Er drückte mir eine langstielige Rose in die Hand. »Die ist für Margie. Du weißt, wie sehr ich sie verehre. Ist das Leben nicht schön?«, sagte er, drehte seine Musik etwas lauter und verschwand mit einem lässigen Hüftschwung wieder in seinem Laden.

Max hatte recht. Das Leben war schön! Und ich beschloss in diesem Moment, mit mir selbst eine Wette einzugehen. Bis zu meinem nächsten Geburtstag würde ich alles versuchen, um dem Tod und Gary ein Schnippchen zu schlagen. Ich hatte also etwas weniger als ein Jahr, um mein Leben komplett umzukrempeln. Das Projekt »Bills Jungbrunnen reloaded« hatte begonnen!

3. Kapitel

Der Ruf der Leidenschaft

Als neuer Bill trat ich über die Schwelle unseres Hauses. »Margie«, rief ich feierlich, »heute ist der erste Tag vom Rest meines Lebens!« Mein Grauschopfengel tauchte hinter einem gigantischen Wäscheberg auf, nickte und wischte sich den Schweiß von der Stirn. »Super. Dann kannst du ja gleich mal den Rest von Liams Wäsche falten – der fliegt übermorgen zurück nach England ins Internat. Ich muss nämlich noch die Spülmaschine ausräumen, einkaufen und kochen.«

Ich nahm sie in die Arme und blickte ihr tief in die Augen. »Mein Engel – ich hab wirklich vor, mein Leben zu ändern! Weniger Stress, mehr Fitness und vor allem mehr Leidenschaft!« Margie schüttelte den Kopf. »Leidenschaft? Wie stellst du dir das vor? Liam ist mitten im Packen für die Schule – der kommt doch alle fünf Minuten ins Schlafzimmer geplatzt und fragt, wo seine Boxershorts sind!«

Mir wurde schnell klar, dass wir beide einen Tapetenwechsel brauchten, um den ersten Tag vom Rest meines Lebens gebührend zu würdigen. Und zwar ohne den Rest der Familie und ohne den Rest Nudeln von gestern aufzuwärmen. Also knallte ich einen Zehner für Pizza auf den Esstisch, damit Liam nicht verhungerte, schnappte mir meinen Mantel und meine Frau und fuhr mit ihr zu unserem Lieblingsitaliener.

Auf der Fahrt erklärte ich ihr, was mir Dr. Peters so eindringlich ins Gewissen gehämmert hatte. Mehr Fitness, weniger essen und eine neue Leidenschaft. Das mit dem Fitnessstudio ließ ich erst mal aus. Und das mit den halben Portionen auch. Ganz ehrlich – warum sollte ich meinen ganzen Körper bestrafen, bloß weil mein Mund sich nicht beherrschen konnte? Da gab es andere Prioritäten.

»Margie, ich werde mich als Erstes um meine Leidenschaft kümmern. Was meinst du … ich könnte mein Interesse an Filmen vertiefen und aus Leidenschaft öfter mal ins Kino gehen! Oder ich abonniere so einen Streamingdienst …« Margie sah mich mit einem spöttischen Grinsen an. Okay, das war nicht überzeugend. »Gut, dann intensiviere ich das Boule-Training! Ich spiel ab jetzt zweimal die Woche!« Meine Frau war immer noch skeptisch. »Immer wenn du vom Boule kommst, hast du eine Flasche Rotwein, ein ganzes Baguette und zwei Kilo Rohmilchkäse im Bauch – ich bin mir nicht sicher, ob Dr. Peters da so begeistert wäre.«

Ich beschloss, das Thema bis zum Essen zu vertagen. Im Restaurant gab ich meinen Mantel bei der hübschen Garderobiere ab und fragte nach einer Abholmarke. Aber die entzückende junge Frau schüttelte nur den Kopf. »Ich bitte Sie. Bei Ihnen kann ich mich ganz bestimmt nicht vertun.« Ich konnte mir ein geschmeicheltes Lächeln nicht verkneifen und ging schon mal vor ins Restaurant, um Margie nicht mit den Augen rollen zu sehen.

Bei Minestrone, Carpaccio, herrlichen Penne mit Flusskrebsen, einer Flasche Santa Cristina und einer göttlichen Pannacotta-Creme mit Frutti di Bosco redeten wir über meine Zukunft. Ich erklärte Margie, dass ich mein neues Leben ganz bewusst und in Ruhe umgestalten würde. »Das Wichtigste ist die richtige Einstellung«, sagte ich, während ich dem Kellner winkte, um noch etwas Käse zu bestellen. »Ich werde ab sofort viel mehr auf mich achten.«

»Das freut mich zu hören. Und du glaubst, da sind Pannacotta und Pecorino das Richtige?«

Ich winkte ab. »Kein Problem. Dr. Peters hat gesagt, ich soll mir eine Leidenschaft zulegen. Essen ist nun mal seit jeher meine Leidenschaft. Das wiegt die zusätzlichen Kalorien sicher wieder auf.«

Margie grinste schon wieder. »Apropos wiegen: Was hat Dr. Peters eigentlich zu deinem Gewicht gesagt?«

Darüber wollte ich jetzt gerade wirklich nicht reden. »Tut mir leid, mein Engel, das fällt unter die ärztliche Schweigepflicht. Ich habe eben eine stattliche Erscheinung. Wie Joschka Fischer! Das gehört zu meiner Attraktivität wie mein kanadischer Akzent. Vielleicht hast du ja bemerkt, wie mir das nette Mädel an der Garderobe zugelächelt hat.«

Margie verkniff sich jeden weiteren Kommentar. Beim Verlassen des Restaurants bat ich die junge Garderobiere um meinen Mantel. Ich zwinkerte ihr zu: »Sie wissen ja, wer ich bin!« Sie zwinkerte zurück. »Wie könnte ich Sie vergessen!« Ich lächelte Margie triumphierend an, zog den Mantel über und ging Arm in Arm mit ihr zum Parkplatz. Als ich den Autoschlüssel aus der Tasche fischen wollte, stieß ich auf einen Zettel. Ich reichte ihn Margie herüber. »Kannst du das lesen,

Engel? Ich hab die Brille nicht auf.« Sie las den Zettel und musste laut lachen.

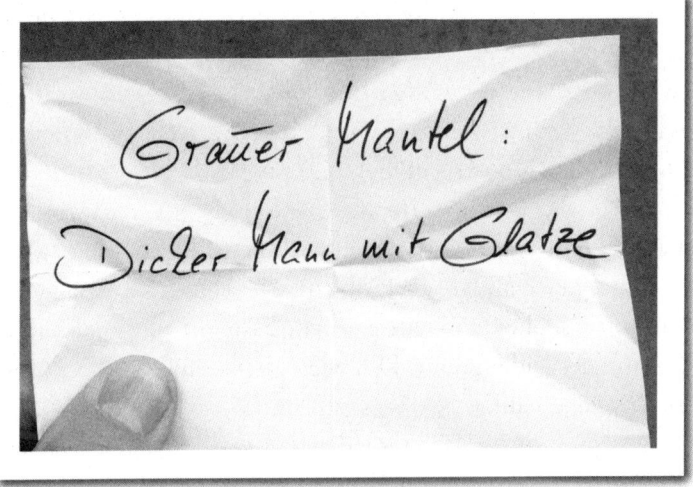

Der Beweis: Ich bin ein echter Promi!

Ich griff wortlos nach meinem Handy und googelte an Ort und Stelle »Fitnessstudio, Bonn«.

4. Kapitel

Willkommen in der Folterkammer!

Ein Mann, ein Wort – es war geschafft! Ich hatte mich tatsächlich in einem Fitnessstudio angemeldet. Und nicht in irgendeinem. »Voll fit 24« war das modernste und teuerste Studio der Stadt. Gerade gut genug für mich! Voller Tatendrang und wild entschlossen war ich auch schon dreimal an der Eingangstür vorbeigegangen und hatte heimlich reinge-guckt. Aber jetzt gab es kein Zögern mehr. Es war so weit!

Bevor ich die Tür öffnete und eintrat, hielt ich gespannt den Atem an. Ich hatte mir so ein Fitnessstudio immer wie einen hell erleuchteten, chromglänzenden Palast vorgestellt, bevölkert mit lauter jungen, gut aussehenden Menschen, ge-bräunt, schlank und mit strahlend weißem Gebiss. Was würde mich stattdessen erwarten? Genau das Gegenteil. Wahrscheinlich ein Haufen schlabbriger, übergewichtiger Greise, die alle genauso aussahen wie der alte Typ, der grad neben mir an der Tür stand. Scheiße, das war mein Spiegelbild!

Natürlich stand ich kurz darauf doch in einem hell erleuchteten, chromglänzenden Palast voller attraktiver Jung-spunde – und der Einzige, der hier außer mir einen Bier-bauch hatte, war der UPS-Fahrer, der gerade einen neuen Schwung Proteindrinks an der Empfangstheke ablieferte. Mist. Ich versuchte, mich unauffällig zu verdrücken. Doch da hatte mich eine umwerfende junge Blondine entdeckt und kam mit strahlendem Lächeln auf mich zu.

»Hi, ich bin die Jenny! Und du bist bestimmt der Bill!« Woher wusste sie das? Ich fragte mich schon, ob ich auf meinem Anmeldeformular unter *Besondere Bemerkungen* »übergewichtig, spärlicher Haarwuchs und verschreckter Gesichtsausdruck« eingetragen hatte. Andererseits konnte es natürlich auch sein, dass Jenny ein großer Lindenstraßen-Fan war. Ich zog geschmeichelt den Bauch ein und lächelte zurück. Das fing doch gar nicht so schlecht an! Es stellte sich dann allerdings heraus, dass ich an diesem Tag, morgens um neun, einfach nur der Einzige mit einer Anmeldung zum Probetraining war – allein mit einer großen Mannschaft durchtrainierter Sportstudenten, die hier als Trainer arbeiteten und mich erwartungsvoll anlächelten.

Jenny winkte einem unglaublich großen, muskulösen türkischen Studenten. »Mehmet, kommst du mit?« Mehmet grinste mich an und sagte: »Jaaaa.« Dabei zeigte er seine strahlend weißen Zähne. Eine ganze Menge Zähne – von Haus aus hatte er wahrscheinlich doppelt so viele wie ich. Mehmet sah wirklich gut aus. Aber ich konnte mir nicht helfen – mit seinem Körper stimmte etwas nicht. Bei den G.I.-Joe-Actionfiguren, mit denen die Jungs als Kinder immer spielten, sahen diese Muskelpakete halbwegs stimmig aus. Aber wenn so ein G.I. Mehmet leibhaftig vor dir steht, kommen dir die Proportionen beinahe unheimlich vor. Als ob jemand die Gliedmaßen falsch berechnet hätte. Jetzt bloß nicht schlapp machen, Bill!

»Komm, wir zeigen dir erst mal die Geräte«, sagte Jenny, und die beiden führten mich in einen großen Raum, der in meinen Augen aussah wie eine gigantische Folterkammer für Star-Wars-Fans.

Überall an den Wänden hingen große Spiegel, damit man sich während der Tortur auch noch selbst beobachten konnte.

Mehmet fing an, mir alle Geräte und Maschinen zu erklären, aber ich konnte mich gar nicht konzentrieren. Ich starrte ihn immer wieder verstohlen an und dachte: Dieser Mensch kann nicht echt sein. Vielleicht ist er ein Android von einem ganz billigen Hersteller. Ein Sondermodell, das nicht gut gelaufen ist. Auch sein Sportdress sah komisch aus. Die Pants wirkten viel zu eng für seine gewaltigen Oberschenkel, und sein ärmelloses Muscle Shirt hatte riesige, offene Ärmel, durch die seine Muskeln auf der frisch rasierten Brust durchblitzten. Der Mann dünstete pures Testosteron aus.

»Heute fangen wir erst mal hier hinten an«, sagte Jenny und führte mich in einen Seitentrakt. Mehmet stürzte gerade zu einer Maschine, um einem Kollegen zu helfen, der gleich unter 150 Kilo zu ersticken drohte. Wahrscheinlich machte er so etwas mit dem kleinen Finger. Ich war jedenfalls froh, dass ich mich jetzt auf Jenny fokussieren konnte.

»Das hier ist ein Spinning-Ergometer«, sagte sie und zeigte auf ein spaciges Gefährt mit einem großen Fernseher vor dem Lenker. »Das kenn ich!«, rief ich erfreut aus. »Das ist ein Trimmrad. So was hatte ich früher auch im Keller! In den Siebzigern!« Peinliche Stille trat ein. Jenny zwang sich zu einem kleinen Lächeln. »Ja klar. Da hat sich allerdings einiges verändert, seit damals, als du siebzig warst.«

Uff. Das saß. Ich fühlte mich herausgefordert – so schnell ließ ich mich hier nicht zum alten Eisen zählen! Ich zeigte auf ein anderes Gerät, das aussah wie ein High-Tech-Schaukel-gerüst für »Shades of Grey«-Leser. »Was ist das denn für ein krasses Teil? Ist ja endgeil!«, sagte ich bemüht locker. Jennys Augen leuchteten auf. »Das haben wir ganz neu. Ein TRX Suspension Trainer! Damit trainierst du ganz intensiv alle Muskelgruppen. Das Gerät wurde für das Training von US-Marines entwickelt. Schweineanstrengend, aber auch ultraeffektiv! Das Teil ist Mehmets Lieblingsgerät. Willst du mal?«

Ich schluckte. »Ähm …, also *alle* Muskelgruppen muss ich ja vielleicht nicht sofort trainieren. Vielleicht fang ich doch lieber mit dem Trimmrad an.«

»Mit dem Spinning Ergometer«, korrigierte mich Jenny und ließ mich auf dem sehr bequemen Sattel Platz nehmen. Ich schielte neugierig zu dem Bildschirm herüber. »Was habt ihr denn für Sender hier?«, fragte ich. »Auf Einsfestival kommt gleich eine sehr spannende Lindenstraßen-Folge. Wie findest du eigentlich … sagen wir mal … den Erich Schiller?«

Jenny sah mich kritisch an. »Du bist 'ne echte Couch-Potato, stimmt's? Aber keine Angst. Wir kriegen dich schon weg von der Glotze!«

Ich kam überhaupt nicht dazu, das Missverständnis aufzuklären, denn schon hatte sie ein paar Mal auf dem Touch-Display des Bildschirms herumgedrückt, und holla die Waldfee, auf einmal hatte ich eine virtuelle Eifellandschaft vor mir, komplett mit Landstraße, Wald und Ortsschildern. »Wow«, staunte ich, »das sieht ja aus wie die B 257 hinter Kalenborn!« Jenny nickte zufrieden. »Cool, was? Dann tritt mal ein bisschen in die Pedale. Nur zum Aufwärmen. Viel Spaß!«

Pah. Aufwärmen! Die sollte die »Couch-Potato« jetzt mal

kennenlernen! Ich gab Vollgas und raste die Eifelserpentinen runter Richtung Altenahr, vorbei an der Sommerrodelbahn, überholte den ein oder anderen Trecker und schrammte knapp an der Leitplanke vorbei, bevor ich mich, völlig außer Atem, mit 70 km/h in eine besonders tückische Haarnadelkurve legte. Wahrscheinlich legte ich mich ein bisschen *zu* schräg – denn im selben Moment machte es Plumps!, und ich fand mich auf dem Boden liegend wieder.

»Bin ich in Altenahr?«, fragte ich benommen, als ich kurze Zeit später die Augen aufschlug und sämtliche Trainer besorgt um mich herumstanden.

»Mensch, Bill – hast du uns einen Schrecken eingejagt«, sagte Jenny.

»Vom Ergometer ist vor dir auch noch keiner gefallen«, bemerkte Mehmet und reichte mir seine Pranke. »Geht's wieder?«

Grummelnd ergriff ich seine Hand und rappelte mich auf. »Alles in Ordnung. Was machen wir als Nächstes?«

Jenny musterte mich besorgt. »Also, Cardio lassen wir mal für heute bleiben. Du bist ja völlig fertig. Komm, ich zeig dir die Massageliege.«

Na, das hörte sich doch schon viel besser an! Ich würde mir von der wunderhübschen Jenny erst mal ganz in Ruhe den verspannten Nacken massieren lassen. Für Muskelaufbau und Konditionstraining hatte ich ja noch fast ein Jahr lang Zeit. Leider wurde aber nichts aus der erhofften Zweisamkeit – mein topmodernes Fitnessstudio hatte nämlich auch eine automatische Massagebank. Ich legte mich mit einem bedauernden Seufzer darauf, ließ mich automatisch massieren und schnappte mir eine herumliegende Illustrierte.

Plötzlich richtete ich mich mit einem Ruck auf. Wie elektrisiert starrte ich auf die Doppelseite des Hochglanzmagazins. Über einer Menge Fotos von wunderschönen, knackigen Hollywoodstars und nicht ganz so schönen deutschen Promis prangte die Überschrift »Für immer jung – die Geheimtipps der Stars«. Ha! Was sollte ich mich hier auf dem blöden Eifel-Trimmrad abstrampeln, wenn ich mit ein paar einfachen Tricks genauso jung und gut aussehen könnte wie das Trainervolk um mich herum! In fiebernder Hast überflog ich den Artikel, schnappte mir meine Sporttasche und verabschiedete mich. »Ich muss weg – ein wichtiger Termin! Mit ganz berühmten Leuten!«

Jenny rief mir nach: »Warte, Bill! Du hast deinen Trainingsplan vergessen!«

Ich grinste verschlagen in meinen Bart. Ihren Trainingsplan konnte sich Jenny von mir aus gern zwischen die gut trainierten Pobacken stecken. Ich hatte eine viel bessere Idee!

5. Kapitel

Wer schön sein will, geht baden

Auf dem Weg nach Hause lachte ich zufrieden in mich hin-ein. Es stimmte eben doch: Wissen ist Macht! Ich hatte mir noch einen ganzen Stapel Zeitschriften und Zeitungen besorgt und war jetzt im Besitz exklusiver Geheimtipps, die mich ganz ohne Anstrengung im Handumdrehen jung und schön machen würden. Ganz ehrlich – in unserem Geschäft ist der schöne Schein ja enorm wichtig.

Unseren »Tommy« könnte man ohne die schön gefärbten Locken glatt mit Paul Breitner verwechseln, und an Dieter Bohlen ist auch einiges »nachgearbeitet«. Wolfgang Joop sieht inzwischen aus wie eine ausgepresste Limette, und Insider behaupten, Til Schweiger arbeite mit aufgespritzten Backen (und ich meine nicht die im Gesicht). Sylvester Stallone war bei seinem letzten Film so mit Steroiden vollgepumpt, dass er ständig seinen Text vergaß. Aber hey, Sex sells! Und die Leute würden schon bald über den neuen, strahlenden Bill staunen!

Ich hielt auf dem Weg ein paar Mal an, um in Endenich die streng geheimen Zutaten für meine Wunderkur zu besorgen. Gewissenhaft ging ich die Artikel durch und machte folgende Liste:

- Grüner Tee
- Kaviar
- Kokosmilch
- Rotwein
- Schlangengiftcreme
- Blutegel
- Schafsembryostammzellen

Den grünen Tee hatten sie im Supermarkt um die Ecke. Sogar fertig, im Tetrapak und mit Pfirsichgeschmack. Perfekt! Ebenso Kaviar-Ersatz (ich bin ja kein russischer Öl-Oligarch!) und sechs Liter billigen Rotwein. Ja, ich weiß, ich habe immer gesagt: Das Leben ist zu kurz, um schlechten Wein zu trinken. Der hier sollte ja auch nicht oral verabreicht werden, sondern als Zusatz in die Badewanne! Udo Lindenberg schwört angeblich drauf. Rotwein enthält nämlich einen antioxidativ wirkenden Radikalfänger. Ich hatte keine Ahnung, was das war – das machte aber nichts. Auch Teri Hatcher (eine der »Desperate Housewives«) soll regelmäßig ein paar Flaschen Rotwein ins Badewasser kippen, weil das die Haut samtweich macht. Genau das, was ich brauchte!

Überhaupt ist Baden klasse, um jung zu bleiben, und wird seit Jahren von den Stars empfohlen. In Michael Jacksons Wanne war grundsätzlich Vittel, bei Freddy Mercury war es Champagner, und bei Jennifer Lopez ist es Ziegenmilch – was auch charakterlich einiges erklärt.

Kokosmilch war ausverkauft. Aber Kokosmakronen gab's. Klasse! Eine Packung Makronen in Kaffeesahne aufgelöst – zack, Kokosmilch! »Cookies and cream make you look like a dream!«

Die Schlangengiftcreme stellte mich allerdings vor Probleme. Ob Sie es glauben oder nicht: Kein einziger Drogeriemarkt führt Schlangengiftcreme. »Viel zu viele Risiken«, meinte Frau Schlabowski von Rossmann. Ich fand das ziemlich albern. Was ist so ein bisschen Risiko gegen die segensreiche Wirkung von Viperngift auf der Haut? Fragen Sie Gwyneth Paltrow! Die benutzt eine Creme, in der das Gift der malaysischen Tempelviper drinsteckt. Man schmiert sie sich ins Gesicht und ist sofort faltenfrei! Das Zeug wirkt wohl wie Botox, aber ganz ohne Spritzen. Ich beschloss, meine Agentin Annika nach der Nummer von Gwyneths Agentem zu fragen. Vielleicht würde sie mir ja eine Tube leihen. Schafsembryostammzellen waren mir echt zu eklig. Da konnte sich Cher die zehnmal spritzen lassen. Das war nix für mich. Und bei Edeka gab's so was eh nicht.

Fehlten nur noch die medizinischen Blutegel. Ein Geheimtipp von Demi Moore! Wenn man sich die kleinen Vampire auf die Haut setzt, wird man entgiftet und besser durchblutet. Die winzigen Blutsauger kann man tatsächlich im Internet bestellen: Zwanzig Stück für fünfzig Euro plus Versand. Großartig – ich freute mich schon auf Margies Gesicht, wenn sie die Lieferung in Empfang nahm.

Voller Vorfreude und beladen mit meinen Einkäufen schlich ich mich unbemerkt an Margie und Liam vorbei, die in der Küche das Abendessen vorbereiteten. Auf Zehenspitzen huschte ich die Treppe hinauf und verschwand im Bad.

Es war nicht so, als wäre mir meine Aktion peinlich. Ich wollte das Geheimnis meiner plötzlichen Verjüngung nur gern so lange wie möglich für mich behalten!

Manchmal muss es eben Kaviar sein!

Ich schloss die Tür, ließ heißes Wasser in die Wanne laufen, holte meine Lesebrille hervor und setzte mich auf den Klodeckel. Endlich konnte ich die Tipps der Stars gründlich und konzentriert studieren. Aha – Kylie Minogue trinkt grünen Tee. Wow – die Frau ging langsam auf die Fünfzig zu, hatte den Krebs besiegt und gab immer noch Vollgas auf der Bühne. Grüner Tee musste ein Wunderzeug sein!

Also Tetrapak auf, Zahnputzbecher voll, ex und hopp! Lecker. Ich spürte, wie die neugewonnenen Lebenskräfte bereits durch meine Glieder schossen!

Weiter im Text. Die Titelstory der *Bunten*. Angelinas Geheimnis: Kaviar jede Nacht! Ich blätterte schnell um und suchte die Story. »Angelina Jolie lässt sich von ihrem Starvisagisten eine spezielle Gesichtsmaske aus roten und schwarzen Fischeiern mischen. Eine Stunde vor dem Zubettgehen aufgelegt, und die Haut glänzt am nächsten Tag wieder wie neu.« Die schönste Frau der Welt ist überzeugt: »Kaviar ins Gesicht ist das Beste für die Haut. Da sind Omega-3-Fettsäuren drin. Und Proteine und Aminosäuren. Brad war am Anfang auch skeptisch, aber inzwischen schlafen wir beide jede Nacht mit Fischeiern im Gesicht ein.« Der Starvisagist behauptet, »auch andere berühmte Nutzer dieser Kur gehören zu meinen Kunden: Johnny Depp, Kate Moss! Und ...« Moment ... Mick Jagger!?

Hm ... Jaggers Gesicht war dann doch wohl ein starkes Argument *gegen* diesen Geheimtipp. Andererseits würde er ohne die Kaviar-Kur wahrscheinlich so aussehen wie sein Stones-Kumpel Keith Richards. Also Dosen auf, schwarz und rot zusammenmischen und drauf mit dem Zeug. Puh ... ich kann Ihnen sagen, angenehm roch das nicht. Ich kam mir vor wie ein Fischverkäufer bei Nordsee. Jetzt musste ich noch Mel Gibsons Tipp beherzigen. Kokosnussmilch gegen Haarausfall. »Der Braveheart kämpft seit Jahren gegen Haarausfall.« Das leuchtete mir sofort ein. Wenn überall auf einer harten Nuss Haare wachsen können, dann müsste das bei meiner Bowlingkugel erst recht funktionieren. Kurzerhand löste ich einfach ein paar von den Kokosmakronen in Büchsenmilch auf und schmierte mir die Panade auf die Glatze.

Anschließend leerte ich alle sechs Flaschen Rotwein in die heiße Wanne, zog mich aus und legte mich wie Udo Lindenberg in die rote Suppe hinein. Wow! Schon nach fünf Minuten fühlte ich mich deutlich jünger. Nach zehn Minuten wurde mir in den Rotweindämpfen etwas schwindelig. Und nach einer Viertelstunde war ich sternhagelvoll! Ich fing an zu singen. »Einer geht noch, einer geht noch rein …«

Plötzlich flog die Tür auf, und Liam stand im Bad. Er sah mich mit großen Augen an und flüsterte dann vorsichtig: »Äh, alles klar, Dad?« Margie rief von unten: »Liam, hol endlich den Holzfäller, und dann kommt beide runter! Essen ist fertig, vai vai!« Liam rief zurück: »Mama, ich glaube, das wird nichts. Dad badet in Glühwein und stinkt nach Fisch!«

Margie stürmte ins Bad und starrte mich entsetzt an. Kein Wunder – gegen diesen Anblick war Hannibal Lecter ein harmloser Märchenonkel! Margie kniff die Augen zusammen. »Bist du jetzt völlig übergeschnappt? Was *machst* du da, um Himmels willen!?«

»Ich mach mich schön«, murmelte ich mühsam. »Sollte eine Überraschung sein.« Die zwei sahen sich an. Klarer Fall – nach 25 Jahren Lindenstraße hatte Dad sich endgültig ins »Lalaland« verabschiedet. Wortlos grinsend holte Liam mich aus der Wanne, während Margie die Dusche anstellte. Die beiden hatten alle Mühe, unsere zwei Möpse zu vertreiben, die der verführerische Duft nach Fisch, Kokos und Rotwein herbeigelockt hatte und die jetzt beschlossen hatten, Herrchen sauberzulecken.

Eine halbe Stunde später lag ich gewaschen und einigermaßen wohlriechend im Bett und lallte meine eigene Version des Eric-Clapton-Klassikers vor mich hin: »Darling, I look wonderful tonight«. Dann fiel ich in einen tiefen, traumlosen Schlaf.

6. Kapitel

Mit Vollgas durch Endenich

Nachdem ich meinen Baderausch gründlich ausgeschlafen hatte, saß ich am nächsten Morgen etwas kleinlaut am Frühstückstisch, schlürfte ein paar Alka Seltzer und fühlte mich langsam wie der Alte. Buchstäblich. Mit Mühe konnte ich auch Margie wieder zuhören, während sie mir einfühlsam mit süßer Stimme ihre Meinung geigte.

»Bill – bist du völlig bescheuert? Wieso liest du schwachsinnige ›Geheimtipps‹ von irgendwelchen Promis? Die meisten stimmen sowieso nicht. Das ist doch alles nur Geschäftemacherei! Wenn du wirklich einen Rat willst, mit dem du was anfangen kannst, musst du ein paar jung gebliebene Alte fragen! Das sind die echten Fachleute, verstehst du? Die kennen sich aus.«

Es fiel mir wie Schuppen von den Augen. Natürlich! Mein Grauschopfengel hatte recht. Das würde ich sofort angehen. Dr. Peters hatte mir doch von einem uralten Patienten erzählt … Wer war das noch mal? Ich griff gleich zum Telefon und rief in der Praxis an.

»Ach, Sie meinen den Paul? Den müssen Sie wirklich kennenlernen. Ein Phänomen, Herr Mockridge. 85 Jahre alt und strotzt nur so vor Energie. Der ist so fit, der könnte glatt als Sechzigjähriger durchgehen.« Da musste ich einhaken. »Jetzt hören Sie aber auf, Dr. Peters. Sie wollen diesen alten Mann doch nicht mit mir vergleichen!« Dr. Peters schwieg kurz. »Nee, da haben Sie recht. Sie sind wesentlich schlechter in Schuss, Herr Mockridge. Aber das liegt an Ihnen. Wie sieht es aus? Haben Sie eigentlich schon angefangen, Ihre Vorsätze umzusetzen?«

»Keine Sorge, Dr. Peters, ich habe mich schon gestern Abend voll ins Zeug gelegt.« Meine Frau bekam daraufhin einen Lachanfall und musste die Küche verlassen. »Sehr gut, Herr Mockridge, weiter so. Halten Sie durch. Das können die besten Jahre Ihres Lebens werden. Sie werden sehen.«

Ich fragte Dr. Peters noch nach Pauls Nachnamen und wo ich ihn treffen könnte. Er gab mir den Tipp, am nächsten Morgen Punkt neun Uhr zur Seniorenresidenz »Goldene Zeiten« zu gehen und nach Paul zu fragen. Aha … Seniorenresidenz. Paul lebte also im Altenheim. Ich war skeptisch. Hoffentlich hatte mir Dr. Peters da keinen Bären aufgebunden!

Am nächsten Morgen machte ich mich auf zu den »Goldenen Zeiten« und fragte an der Rezeption nach Paul Brenner. Bevor die Dame antworten konnte, öffnete sich die Aufzugtür, und ein in der Tat topfit aussehender älterer Herr trat heraus. Er hielt ein paar Zettel in der Hand, die er aufmerksam studierte. Die Dame winkte ihm fröhlich zu. »Hallo, Paul – dein Typ wird verlangt!« Ich begrüßte ihn und stellte mich vor.

»Und? Wie gefällt es Ihnen in den ›Goldenen Zeiten?‹«, fragte ich ihn laut und deutlich. »Schreien Sie doch nicht so«, antwortete Paul. »Ich bin nicht taub. Also, es ist eigentlich ganz nett. Aber hier sind mir zu viele alte Leute.«

Ich musste lachen. »Leben Sie denn nicht gern hier?« Paul sah mich an, als hätte ich sie nicht mehr alle. »Quatsch – ich wohne in meiner Wohnung. Ich komm hier morgens bloß vorbei, um für die alten Leutchen einzukaufen!«

Paul war unglaublich. Ich fragte ihn, ob ich ihn auf seiner Einkaufsrunde begleiten durfte, und wir machten uns auf den Weg. Hoppla! Zwei Kleider und einen Anzug von der Reinigung abholen, Wurstsalat und Hackfleisch bei Metzgerei Lüpke besorgen, drei Briefe bei der Post abgeben und zwei Tüten voll Lebensmittel im Supermarkt kaufen.

Paul hatte einen tierischen Zahn drauf, und ich musste richtig Gas geben, um mit ihm Schritt zu halten. Bevor er auch noch in die Apotheke stürzte, schlug ich eine Pause vor und lud Paul zu einer Tasse Kaffee ein. Er wollte zwar zwei Kaffee »to go« bestellen, aber ich konnte ihn überzeugen, eine kleine Verschnaufpause einzulegen.

Wir duzten uns inzwischen, und bei zwei Cappuccini nutzte ich dann endlich die Gelegenheit, ihn nach dem Geheimnis seines persönlichen Jungbrunnens zu fragen. »Sag mal ehrlich, Paul, wie machst du das? Du bist total schlank und siehst topfit aus. Was ist dein Trick?« Paul rührte in seinem Cappuccino. »Ganz einfach, Bill. Morgens stecke ich meinen Kopf zehn Minuten lang in einen Eimer mit eiskaltem Wasser. Das bringt es voll.«

Ich starrte ihn an. Er starrte todernst zurück. Und brach dann in Gelächter aus. »Reingelegt! Das ist ein alter Spruch von meinem Namensvetter Paul Newman. Nee, Bill – ich hab kein Geheimnis. Ich halt mich mit dem Futtern zurück, geh im Sommer dreimal die Woche schwimmen und mach im Winter Langlauf.«

Ich war beeindruckt. »Und das war's?«

»Nee«, antwortete Paul. Ich bin jeden Tag im Fitnessstudio.«

Jetzt brach ich in Gelächter aus. »Zweimal kriegst du mich nicht, Paul«, japste ich. »Ich weiß Bescheid über Fitnessstudios!«

Paul grinste. »Na, meins kennst du aber nicht. Im ›Vital und Fit‹ gibt's 'ne Menge alter Säcke wie uns. Ist ein sehr netter Treff. Komm doch mal vorbei!«

Als ich Paul mit seinen Einkäufen vorm Seniorenheim absetzte, war ich mir immer noch nicht im Klaren darüber, ob dieser hellwache und blitzgescheite alte Kerl mich verarschte oder nicht. Aber ich nahm mir vor, zu Hause das »Vital und Fit« zu googeln.

»Komm schon, Paul«, bat ich ihn dann zum Abschied, »irgendeinen Tipp fürs gesunde Altern wirst du mir doch geben können – außer dem anstrengenden Kram, den uns Dr. Peters predigt.«

Paul dachte nach und nickte dann. »Kartoffelwasser. Ich trinke das Kartoffelwasser, wenn ich mir Pellkartoffeln gekocht habe. Da sind jede Menge Vitamine drin!« Mit diesen Worten winkte er mir zum Abschied noch einmal zu und verschwand, um den »alten Leutchen« ihre Sachen zu bringen.

Ich griff zum Handy, um meine Frau anzurufen. »Margie? Stell mal 'n Topf mit Wasser auf den Herd. Heute gibt's Pellkartoffeln!«

7. Kapitel

Kartoffelwasser und halbe Portionen

Mittags habe ich immer einen ziemlichen Hunger. Manche halten das Frühstück ja für die wichtigste Mahlzeit des Tages – ich brauche mein Mittagessen. In dem Fall war es auch die letzte gemeinsame Mahlzeit mit Liam, bevor er sich wieder auf den Weg in Richtung Fish & Chips, Baked Beans und gebratenen Nierchen machen musste. Ein schönes, deutsches, gehaltvolles Mittagessen war das Mindeste, was wir unserem Jüngsten auf den Weg ins englische Internat mitgeben konnten. Ein großes paniertes Schnitzel mit viel Soße, Erbsen und Möhrchen in Butter geschwenkt, Kartoffeln und natürlich Apfelstrudel ... was gibt es Schöneres?

Okay, Liam steht eigentlich mehr auf Pizza und »Mäckes« – wie alle in seiner Generation. Aber ich war den ganzen Vormittag mit einem 85-jährigen Marathonmann durch Endenich gerast und hatte ordentlich Kohldampf. Dementsprechend fassungslos war ich, als ich ein Pfützchen trübe Brühe auf meinem Teller vorfand. »Was soll das denn sein?«, fragte ich Margie. »Sieht aus wie 'ne Spargelcremesuppe ohne Spargel und Creme!«

»Das ist dein Kartoffelwasser, mein Schatz. Hast du dir doch gewünscht!«, grinste meine niederträchtige Frau, während sie Liam ein extragroßes Schnitzel auf den Teller wuchtete.

Wasser macht schön. Aber leider nicht satt ...

Ach ja. Den Anruf von eben hatte ich schon glatt wieder vergessen. Ich tunkte versuchsweise meinen Löffel in Pauls Jungbrunnensuppe und probierte. »Hmmm … lecker, das Süppchen! Und total gesund, sagt Paul.« Liam und Margie sahen mich mit einem spöttischen Grinsen an, während sie sich großzügig von den Kartoffeln und dem nach Butter duftenden Gemüse bedienten.

Ich war mir auf einmal gar nicht so sicher, was den Vitamingehalt meines Kartoffelwassers anging. Eventuell musste man es ein wenig verfeinern. Ich verfeinerte also mit ein paar Schöpfkellen voll Sahnesoße, und guck mal einer an – es schmeckte richtig gut! Margie lachte mich aus. »Super Trick, Holzfäller! Und was gibt's bei dir, wenn du 'n Obsttag einlegst? Schwarzwälder Kirschtorte?«

Der Gedanke war mir tatsächlich schon gekommen. Kirschen sind gesund! Und Kirschwasser ist gut für die Verdauung. Trotzdem spürte ich die Spitze in der Bemerkung meiner Frau. Ich beschloss, Dr. Peters zu konsultieren, um ihn nach dem Kartoffelwasser zu fragen. Dann würde sie schon sehen, dass ich gesund lebte!

»Nee, Herr Mockridge«, antwortete Dr. Peters, als ich ihn am Telefon hatte, »im Kartoffelkochwasser sind zwar noch ein paar Vitamine, aber die meisten stecken unter der Schale. Essen Sie lieber ein paar Pellkartoffeln. Da ist jede Menge Vitamin C drin, Eisen, Kalium, Magnesium … außerdem viel Stärke und Ballaststoffe. Wesentlich gesünder als zum Beispiel ein Sahnesüppchen.«

Margie nahm mir meinen Teller weg. Mist. Ich hätte das Handy nicht auf laut stellen sollen. Leider war Dr. Peters noch nicht fertig. »Wo ich Sie schon mal dran hab – wie läuft's denn so mit dem bewussten Essen, Herr Mockridge?«

»Super!«, antwortete ich, während ich mir einen Berg Kartoffeln auf den Teller häufte und zwei Schnitzel daneben platzierte, »ich bin mir sehr bewusst darüber, dass ich gerne esse.« Einige Löffel Buttergemüse machten sich daran, das Ensemble auf meinem Teller zu vervollständigen.

»Ich meinte eigentlich das mit den halben Portionen«, sagte Dr. Peters. Meine Frau schaute aufmerksam zu mir herüber. Seufzend legte ich eins der Schnitzel zurück. »Wenn Sie also zum Beispiel Ihre geliebten Schnitzel essen wollen, nehmen Sie einfach statt einem ganzen ein halbes«, erklärte Dr. Peters unnötigerweise. Margie schnitt mein Schnitzel in der Mitte durch und klaute mir die Hälfte vom Teller.

»Danke, Dr. Peters«, sagte ich säuerlich. »Sie haben sicher« noch viele Patienten, die auf Sie warten.«

»Nee, nee … ich hab Mittagspause.« Ich hörte, wie mein Arzt in einen Apfel biss. Scheiß Streber! »Denken Sie daran, jeden Bissen ganz, ganz langsam und gründlich zu kauen.«

Ich hatte mir gerade gierig ein großes Stück Schnitzel abgesäbelt und fing nun, unter den aufmerksamen Blicken von Weib und Sohn, mit dem langsamen und gründlichen Kauvorgang an. »Achten Sie auf die Konsistenz im Mund. Auf den Geschmack. Fangen Sie nicht schon während des Kauens an, das nächste Stück abzuschneiden. Legen Sie das Besteck zur Seite und genießen Sie bewusst. Riechen Sie an Ihrem Essen, Herr Mockridge.«

Liam hatte den Spaß seines Lebens und fing sofort an, meine Zeitlupen-Kieferbewegungen nachzuäffen. »Du musst noch an den Erbsen riechen, Dad«, flüsterte er mir zu. »Ja, aber steck sie dir nicht in die Nase – mit Luke mussten wir deshalb extra zum HNO-Arzt, damit er sie wieder rausholt«, raunte Margie. Beide grinsten übers ganze Gesicht, während sie sich in Rekordzeit das leckere Essen reinschoben.

Ich kaute immer noch an meinem Schnitzelstück und

griff nach meinem Bierglas, um es runterzuspülen. »Dr. Peters, Dad trinkt Bier!«, petzte mein missratener Sohn prompt. Peters lachte nur. »Ein Bier ist okay. Wobei ich das eher fürs Abendessen empfehlen würde. Bier enthält Mineralstoffe und Spurenelemente, wäscht die Nieren schön durch und hilft natürlich gegen Dehydrierung. Nur seien Sie vernünftig, und wenn Sie tatsächlich nach zwei Bier immer noch Durst haben, trinken Sie doch eine Apfelsaftschorle!«

Endlich legte Dr. Peters auf, und wir drei waren wieder allein am Tisch. Ich aß meine halbe Portion langsam und mit Genuss auf – und war satt. Unglaublich, aber wahr: Das bewusste Essen funktionierte. »Für mich bitte nur einen halben Strudel«, sagte ich triumphierend. »Der neue Bill geht heute Abend noch trainieren!«

8. Kapitel

Der Eismann und der Sesselkloß

An diesem Abend schaffte ich es dann doch nicht mehr zum Training. Erschöpft von meinem Shoppingmarathon mit Power Paul schlief ich auf der Couch ein. Und hatte einen fürchterlichen Traum …

Ich sitze mitten im Wohnzimmer, in einem ganz tiefen Ohrensessel, und schaue aus dem Fenster. Plötzlich sehe ich, wie wildfremde Menschen völlig unbehelligt durch unseren Garten laufen. Männer, Frauen und auch Kinder, und es werden immer mehr. Eine ganze Völkerwanderung zieht singend und tanzend an meinem Fenster vorbei. Manche spielen Instrumente, andere tragen Flaggen oder Luftballons, und alle sind extrem gut drauf.

Auf einmal kommt ein kleiner, dicker Junger mit einer kanadischen Flagge an mein Fenster. Er hebt die Hände an die Stirn, um das Sonnenlicht abzuschirmen, drückt die Nase an die Scheibe und schaut mit zusammengekniffenen Augen ins dunkle Wohnzimmer hinein. Plötzlich entdeckt er mich in meinem Sessel und erschrickt. Er gestikuliert mit den Händen *Komm da raus!* und versucht, mir dabei etwas zu sagen, aber ich kann seine Worte nicht hören.

Ich zeige auf meine Ohren, schüttele den Kopf und bedeute dem Jungen, dass ich ihn nicht verstehen kann. Der

Junge holt tief Luft und schreit mit hochrotem Kopf durch die Scheibe. Nix! Ich bedeute ihm: »Ich verstehe gar nichts!« Jetzt hält er seine Faust vor sein Gesicht, leckt genüsslich mit langer Zunge an seiner Faust herum und formt mit seinen Lippen deutlich drei Worte, bevor er wieder verschwindet: »Der-Eismann-kommt!«

Ich versuche aufzustehen und stelle dabei fest, dass ich gar nicht aufstehen kann. Ich sitze viel zu tief und viel zu fest. Mein Gott, wie ist das nur passiert? Ich versuche mich mit Hilfe der Armlehnen hochzudrücken, aber ich rutsche immer wieder mit den Händen ab. Der endlose Strom von Menschen ebbt langsam ab. Gary schiebt seine Mutter im Rollstuhl an meinem Fenster vorbei, und der Obst- und Gemüsehändler Max läuft als Letzter mit einer Rose durch den Garten und verschwindet hinter dem Lorbeerstrauch.

Plötzlich ist mein Garten leer. Alle sind verschwunden. Mit letzter Verzweiflung wippe ich immer wieder gegen die Sessellehne, um Schwung zu holen, damit ich mich aus dem Sessel katapultieren kann, aber ich habe inzwischen nicht mehr genug Kraft. Es ist sinnlos. Ich sitze zu tief. Ich schaffe es nicht mehr.

Mit letzter Kraft schreie ich: »Erdbeer! Junge, bring mir drei Kugeln Erdbeer mit!« Plötzlich steht der Junge vor mir und fängt an, mir das Gesicht zu lecken. Ich denke, was macht er denn da? Ich bin doch kein Eis! »Aufhören! Aufhören!« Ich schiebe den dicken Jungen von mir weg, aber er hört nicht auf.

Ich öffne die Augen und blicke in das Mopsgesicht von Kenzo, der auf meiner Brust sitzt und mir die letzten Krümel des Apfelstrudels vom Mundwinkel leckt. Gott sei Dank, es war nur ein Traum. Aber was für ein Traum!

Trainerin Jenny hatte recht gehabt – ich war wohl wirklich zur Couch-Potato geworden. Oder besser gesagt zum »Sesselkloß«! Alle Welt zog an mir vorbei, und ich kam mit der dicken Wampe nicht mehr hoch. Doch das sollte sich jetzt ändern! Ich war spät dran – aber vielleicht nicht zu spät. Ich schloss die Türen ab, machte das Licht aus, zog mich aus und legte mich leise zu meiner Frau ins Bett. Im Halbschlaf kuschelte sie sich an mich, fand meine Hand und murmelte: »Na, Holzfäller, alles klar?« Ich zog sie enger an mich, drückte ihr einen zärtlichen Kuss auf die Stirn und sagte: »Bestens. Morgen kommt der Eismann.«

9. Kapitel

Vital und Fit

Am nächsten Morgen frühstückten wir zum letzten Mal zusammen mit Liam. Ich blieb dabei konsequent und aß, wie Dr. Peters mir geraten hatte, ganz langsam und sehr genüsslich nur einen kleinen Becher Joghurt, ein halbes Müsli, ein halbes Brötchen und trank nur eine Tasse Cappuccino. Ich stand nach dem Frühstück auf und war … satt. Unglaublich. Es kam mir wirklich vor wie ein Zaubertrick!

Liam nahm seinen Koffer und verabschiedete sich von Margie mit der verblüffenden Lockerheit eines Siebzehnjährigen. »Okay, Mum, dann bis die Tage!« Ich schwang meine nagelneue Sporttasche über die Schulter, nahm meine geliebte Frau in den Arm und raunte: »Falls ich bis zum Mittagessen nicht vom Training zurück bin, schick die Spürhunde los.« Dann stieg ich ins Auto und fuhr mit Liam zum Flughafen. Auf dem Weg dorthin fragte er mich, ob ich es mit der Fitness wirklich ernst meinte. »Ich will es jedenfalls versuchen«, sagte ich. »Ich glaub an dich«, sagte Liam. »Ich bin sicher, wenn du ein paar Mal in der Woche in die Muckibude gehst, siehst du schon in drei Monaten aus wie Bruce Willis. Die Frisur stimmt ja schon mal!«

Wir verabschiedeten uns am Abflug mit heftigem Drücken und intensivem Rücken-Klopfen. Unter Jungs gilt die Devise: »Je blauer der Fleck, desto größer die Liebe.«

Als ich meinen Wagen gegen zwölf Uhr auf dem Parkplatz vor dem Studio abstellte, war ich richtig gut drauf. »Ein bisschen Fitness, und die alte Frische kehrt zurück!«, dachte ich. Ich spürte neues Leben in den Gliedern. Pure Energie pulsierte durch meine Adern. Ich riss die Tür auf und stieg die Treppe hoch. Doch als ich die 39 Stufen zu Pauls Fitnessstudio »Vital und Fit« endlich hinter mir hatte, konnte ich es nicht fassen, wie wenig vital ich war. Ganz zu schweigen von fit. Mein Gott, ich war ja jetzt schon fix und fertig – dabei musste ich nur in den ersten Stock!

Oben angekommen, erwartete mich ein völlig anderes Bild als in Jennys durchgestyltem Chromtempel. Hier sah es richtig gemütlich aus! Ein kleines Bistro, ein Raum für gemeinsame Kurse, ein Trainingsraum für Jungs, einer für Mädels, eine Dachterrasse, eine Sauna … und natürlich saß an der Theke bei einer Tasse Cappuccino mein neuer Freund Paul.

»Hallo Bill! Komm, setz dich erst mal, alter Mann. Die Treppen killen am Anfang jeden – das legt sich.« Dankbar stellte ich meine Sporttasche ab und ließ mich auf den Barhocker neben ihn sinken.

Eine gut gelaunte, attraktive Mittvierzigerin kam zu uns herüber. Paul stellte mich vor. »Bill, das ist Mel. Mel, das ist Bill. Er möchte unser Studio kennenlernen, und ich hab ihn für heute angemeldet.« »Herzlich willkommen, Bill«, sagte Mel und gab mir die Hand, »ich glaube, du musst dringend erst mal was trinken.« Sie strahlte mich an und gab mir unaufgefordert ein Glas Wasser. Paul prostete mir lächelnd zu.

Die 39 Stufen des Grauens

»Mel macht hier die ganze Organisation und den Empfang und ist grundsätzlich für gute Laune zuständig.«

Mel schaute gerade in den Terminkalender und verkündete ehrfürchtig: »Oh ja, ich sehe hier, Andi ist heute dein Trainer. Gratuliere. Er wird dich gleich abholen und durchs

Studio führen.« Paul schlug mir auf die Schulter, erstaunlich kräftig für einen 84-Jährigen.

»Andi – gleich am ersten Tag! Na, dann viel Spaß«, grinste er und ging wieder in den Fitnessraum. Ich blieb sitzen und schaute mich um, während ich auf Trainer Andi wartete. Paul und ich waren hier wirklich nicht in der Minderzahl! Nach und nach trödelten die Mitglieder ein, meldeten sich bei Mel, bekamen von ihr zuerst einen witzigen Spruch, dann einen Schlüssel für den Spind und verschwanden in der Umkleide. Es waren durch die Bank Leute, die die Fünfzig, Sechzig oder Siebzig hinter sich hatten. Sie machten alle einen fröhlichen, entspannten Eindruck und wirkten überhaupt nicht wie geprügelte Hunde, die gegen ihren Willen jeden Tag eine harte Trainingseinheit absolvieren mussten. Konnte es sein, dass das hier sogar Spaß machte?

Andi, der Cheftrainer, kam auf mich zu. »Morgen Bill, wie sieht's aus? Alles fit?« Er war Ende vierzig und sah nicht aus wie das Klischee eines hirnlosen »Muskelpakets«, geschweige denn wie ein androider Mehmet, sondern eher wie ein sympathischer Sportlehrer, der einfach Freude an der Arbeit hat.

Er setzte sich zu mir und fragte, was meine Ziele waren und wie schnell ich sie erreichen wollte. Ich erklärte ihm mein Vorhaben. »Andi, ich habe eine Wette mit mir selber am Laufen. Ich will beweisen, dass ich mit Ende sechzig immer noch im Stande bin, mein Leben umzukrempeln … Ich habe mir zwölf Monate Zeit gegeben, das zu beweisen, und möchte heute mit dem Fitnesstraining anfangen. Ich möchte in einem Jahr fitter, aktiver und schlanker sein, und vor allem will ich eure verdammte Treppe ohne Keuchen und Husten erklimmen können.«

Andi nickte. »Tja«, sagte er cool, »dann sollten wir mal anfangen.« Er führte mich an diesem Tag an jedes Gerät und erklärte mir genau, was ich zu tun hatte und vor allem, wie ich die Übung ausführen sollte. »Das Beste, was du für dich tun kannst, ist, deinen Körper täglich zu fordern«, sagte er. »Siebzig Prozent des körperlichen Verfalls im Alter haben nichts mit dem Alter zu tun, sondern stehen im unmittelbaren Zusammenhang mit deiner Lebensführung. Herzinfarkte, Hirnschläge, Thrombosen, viele Krebsarten, Diabetes, Stürze, Knochenbrüche, ernsthafte Verletzungen und noch sehr viele andere Krankheiten werden durch unseren Lebensstil begünstigt oder sogar verursacht. Wir stehen uns selbst im Weg. Allein durch regelmäßigen Sport und eine umgestellte Ernährung kann man fünfzig Prozent der ›frühzeitigen‹ Todesursachen vollkommen eliminieren. Nicht reduzieren, Bill, eliminieren.«

Ich war beeindruckt. Der Mann wusste offensichtlich, wovon er sprach. »Wieso macht das dann nicht jeder?«, fragte ich. »Gute Frage. Weil wir bequem sind, und weil wir uns daran gewöhnt haben. Wir nehmen unsere altersbedingten Probleme als gottgegeben hin. Wir glauben, das ist der Lauf der Welt. Man kann nichts dagegen machen. Laut Statistik sagen über fünfzig Prozent der Deutschen: ›Alt ist man, wenn man in Rente geht.‹ Da geht es auf das Ende zu. Als Rentner baut man ab, erst körperlich und dann geistig, man wird schwach, instabil, kränklich, desorientiert und zieht sich aus dem aktiven Leben zurück, vegetiert dahin und stirbt dann am Ende an einer von vielen Krankheiten.«

Ich musste schlucken. So krass hatte ich das bisher nicht gesehen. »Aber das ist doch Blödsinn«, widersprach ich.

»Guck dir bloß mal den Paul an!« Andi nickte. »Natürlich ist es Blödsinn. Das ist eine vollkommen altmodische und ›tödliche‹ Vision, die viele Menschen vom Alter haben. Man wird älter und man baut ab, das stimmt. Aber zu welchem Zeitpunkt der Verfall beginnt und wie stark er uns überfällt, hat mit unserem täglichen Leben zu tun. Ob wir alt werden wollen, ist heute nicht mehr die Frage. Wir werden alle alt und werden viel länger leben als früher, das ist eine Tatsache. Also geht es nur darum, wie wir das letzte Drittel unseres Lebens erleben wollen. Übergewichtig, träge, schwach und desorientiert? Oder fit, schlank und geistig aktiv? Was aus uns wird, liegt in unserer Macht, Bill. Und das tägliche Fitnesstraining ist der Schlüssel zum Erfolg.«

Ich nickte, restlos überzeugt. »Gut, dass die Wissenschaft endlich auf diesen Trichter gekommen ist«, sagte ich. Aber Andi lachte. »Endlich? Das ist eine uralte Binsenweisheit! Seit Millionen von Jahren sind wir Primaten gewohnt, von morgens bis abends auf den Beinen zu sein, um unser Überleben zu sichern. Fressen oder gefressen werden. Nur wer am stärksten war und am schnellsten laufen konnte, hatte die Chance zu überleben. Wir sind die Nachkommen dieser Jäger, und wir haben von unseren Urahnen einen unglaublichen biologischen Schatz geerbt. Wir sind programmiert, wach und aktiv zu sein, zu jagen, zu entdecken, zusammenzuarbeiten, zu bauen, zu lachen, zu lieben und zu leben! Das klappt aber nur, wenn wir fit sind. Also, Bill – es liegt bei dir.«

Mein Probetraining wurde ein voller Erfolg. Wie mein Plan aussah und was ich genau machen sollte, erzähle ich Ihnen in einem späteren Kapitel. Ich war jedenfalls glücklich. Ich fiel von keinem einzigen Gerät, lernte eine Menge netter Leute kennen und besiegte tatsächlich meinen inneren Schweinehund, den ich vor Jahren auf den Namen Oblomow getauft hatte. Vielleicht kennen Sie den Roman von Iwan Gontscharow? Da geht es um einen stinkfaulen, lethargischen Adeligen, der sein ganzes Leben durch Nichtstun vergeudet und schließlich nach einem verschlafenen, trägen und traurigen Leben an einem Schlaganfall stirbt. Ich finde, das ist ein super Name für den Kerl in mir, der mir ständig dazwischenredet.

In den letzten Tagen war Oblomow wieder sehr aktiv gewesen. »Wenn du alter Sack von heute auf morgen mit Sport anfängst, kriegst du einen Herzinfarkt!« – »Der Körper ist auf Abbau und nicht Aufbau eingestellt!« – »Wie sieht das aus, wenn ein dicker alter Kerl im Trainingsdress auf das Laufband steigt?« – »Nimm dein Schicksaal hin wie ein Mann, du kannst es ja eh nicht ändern!«

Aber zwei Stunden in der Gesellschaft dieser gut gelaunten »Rentnergang« und Andis profundes Wissen hatten mich vom Gegenteil überzeugt. Hier war ich richtig! Müde und abgekämpft, aber glücklich ging ich die 39 Stufen wieder nach unten. Ich stieg in mein Auto und fuhr nach Hause, in der Gewissheit, als Höhlenmensch einen Tag überlebt zu haben.

10. Kapitel

Goldene Theaterzeiten

Ich wachte mit einem unglaublichen Muskelkater auf. Es gab eigentlich keine Muskelgruppe, die ich in diesem Moment nicht schmerzhaft spürte. Und das Verblüffende war: Es fühlte sich wahnsinnig gut an! Ich fühlte mich lebendig, fit und aktiv wie seit Jahren nicht mehr. Obwohl ich mich ächzend und stöhnend aus den Federn hievte, strahlte ich Margie an und drückte ihr einen kräftigen Schmatz auf den Mund. Meine Frau sah mich forschend an und nickte dann. »Ich glaube, das war doch keine Schnapsidee, Holzfäller. Du siehst irgendwie verändert aus.«

Und das stimmte auch. Ich war im Flow – und das wollte ich heute Morgen ausnutzen. Dr. Peters hatte mir eine Aufgabe verordnet, die ich mit Leidenschaft und Spaß angehen sollte, um meinem Leben zusätzlichen Drive zu geben. Und da hatte ich schon eine Idee …

Gestern beim Training hatte mir Paul von seinen Besuchen in den »Goldenen Zeiten« erzählt. »Für so 'n Altersheim ist es da wirklich ganz okay«, sagte er, »schön hell und modern, nicht so muffig. Es gibt regelmäßig Konzerte und Ausflüge, die Leute können Kartenspielen und so was … aber weißt du was? Es wird mir zu wenig gelacht!«

Ich nickte. »Warum, meinst du, habe ich vor dreißig Jahren das Improvisationstheater nach Deutschland gebracht? Ich finde es so schade, wenn in einem Land wenig gelacht wird und der Humor zu kurz kommt. Dabei ist gerade der so wichtig, Paul. Ich glaube wirklich an den Spruch ›Lachen ist gesund‹. Und an Charlie Chaplins berühmten Satz ›Jeder Tag, an dem du nicht lächelst, ist ein verlorener Tag‹.«

Paul grinste mich an. »Das glaub ich dir. Du grinst immer wie ein Honigkuchenpferd, wenn du an Mel vorbeikommst.« Das musste ich zugeben. »Die strahlt aber auch gute Laune aus! Die müsstest du mal mit in die ›Goldenen Zeiten‹ nehmen.« Paul sah mich verschmitzt an. »Also, ich dachte da eher an dich, Bill. Kannst du die alten Leutchen nicht mal richtig zum Lachen bringen? Du machst das doch beruflich. Komm einfach mal mit!« Ich dachte kurz nach. »Weißt du was? Das mach ich!«

So führte mich Paul also am nächsten Tag in einen kleinen Gruppenraum. Ich hatte mich darauf eingestellt, ein paar Grüppchen von Kartenspielern, Fernsehguckern und Kaffeetrinkern anzutreffen, mit denen ich zwanglos ein bisschen plaudern konnte. Aber Paul hatte Vorarbeit geleistet. In dem Raum saßen sechs Senioren, die offenbar schon mit mir gerechnet hatten und mich jetzt erwartungsvoll anschauten. Paul legte mir den Arm um die Schulter. »Das ist der Bill!«

Ein Herr von Mitte siebzig mit korrekt gebundener Krawatte unter dem Pullover schaute demonstrativ auf die Uhr und verkündete mit dröhnender Stimme: »Der Kursus sollte um zehn Uhr beginnen. Jetzt ist es bereits acht Minuten nach zehn. Das fängt ja gut an!«

Ups. Was hatte ich denn da für Korinthenkacker erwischt? Mit dieser Einschätzung stand ich aber wohl nicht

allein da. Eine kleine, kugelrunde Frau stieß den Krawatten-
träger in die Seite und lachte. »Mensch, Karl-Friedrich! Was
haste denn noch groß vor heute? Außer Zeitung lesen und
Erbsen zählen?«

Karl-Friedrich tat so, als hätte er die Frage nicht gehört.
Dafür mischte sich jetzt ein weißhaariger Mann mit breitem
Grinsen und noch breiterem rheinischen Akzent ein. »Der
Karl-Friedrich braucht seinen Tagesablauf, sonst jeht et dem
nit joot! Apropos – kennt ihr den?«

Alle drehten sich zu ihm um – teils erwartungsvoll, teils
mit vorsorglichem Augenverdrehen. Witz-Alarm!

»Ein Pärchen zieht ins Seniorenheim. Nach ein paar Wochen fragt die Heimleiterin: ›Na, haben Sie sich gut einge-
lebt? Was machen Sie denn so den ganzen Tag?‹ Der Mann
zuckt die Schultern. ›Jeden Tag dasselbe. Acht Uhr aufstehen. Sexuelle Aktivität. Waschen, Anziehen. Sexuelle Aktivität. Frühstück. Spaziergang. Sexuelle Aktivität. Mittagessen.
Sexuelle Aktivität. Kaffeetrinken, sexuelle Aktivität. Abendessen. Schnell noch sexuelle Aktivität und ab ins Bett.‹ Die
Heimleiterin ist beeindruckt. ›So genau wollte ich das eigentlich nicht wissen … aber nur mal aus Neugier: Was genau
verstehen Sie denn unter sexueller Aktivität?‹ Sagt die Frau:
›Ich geh ihm auf den Sack!‹«

Alle lachten – außer einer sehr seriös aussehenden Dame,
die missbilligend das Gesicht verzog. »Typisch Josef«, sagte
sie mit gespitzten Lippen. »Wäre dein Niveau ein Schiff,
wäre es längst gesunken.« Während die anderen sich jetzt auf
Jupps Kosten amüsierten, nutzte Paul die Gelegenheit, mir
die ganze Truppe vorzustellen.

»Also, der Witzbold hier ist unser Jupp. Der dürfte ei-

gentlich gar nicht hier sein – der kommt nämlich aus Köln.«
Jupp grinste gutmütig. Ich lernte ihn als klassische rheinische Frohnatur kennen, der die kölsche Philosophie mit
»Wat kütt, dat kütt« und »Et hät noch immer joot jejange«
komplett verinnerlicht hatte. Jupp hatte bis zu seinem Ruhestand einen sehr erfolgreichen Handwerksbetrieb geführt
(»Jas, Wasser, Scheiße – dat is Jold wert, Jung!«).

Er war ein sehr gut aussehender Casanova mit großem Erfolg beim weiblichen Geschlecht. »Isch han halt en jroßes
Herz«, strahlte er und klopfte sich auf die Brust, »auch wenn
ed en klein Maschinsche braucht«. Das »klein Maschinsche«
war sein Herzschrittmacher, der ihn aber in keiner Weise davon abhielt, sein Herz immer wieder neu zu verschenken.

Paul fuhr mit der Vorstellung fort. »Die Frau mit Niveau
ist Helene. Die schafft das Kreuzworträtsel aus der *Zeit* in unter 'ner Stunde.« Helene gab mir mit huldvollem Nicken die
Hand. Sie war eine sehr gepflegte ältere Dame und wusste als
ehemalige Oberstudienrätin wirklich alles über Kunst, Kultur, Literatur und Geschichte. In ihrer Gesellschaft kam man
sich erst mal unweigerlich blöd und ungehobelt vor. Mit der
Zeit lernte ich allerdings den herrlich trockenen Humor dieser spröden Schönheit kennen und lieben.

»Der Mann mit dem vollen Terminplan ist der Karl-
Friedrich«, sagte Paul. »Der war mal Beamter. Macht für die
Leutchen hier den ganzen Papierkram.« Karl-Friedrich runzelte die Stirn. »Was redest du denn da, Paul? Man darf hier
kein Tier haben!« Paul seufzte und sprach nun übertrieben
deutlich. »Pa-pier-kram, Karl-Friedrich! – Der Karl-Friedrich hat immer ein offenes Ohr – aber du musst sehr deutlich
sprechen, wenn du was von ihm willst!«

In der Tat war Karl-Friedrich ziemlich schwerhörig und kriegte nichts mit, wenn viele Leute durcheinander redeten. Wahrscheinlich machte er deshalb oft einen eher mürrischen Eindruck. Ganz im Gegensatz zu seiner Frau Magdalena, die mit ihm in einer Zweizimmerwohnung hier in der Seniorenresidenz lebte und die Freundlichkeit in Person war. »Sie müssen schon entschuldigen«, sagte sie, »Karl-Friedrich weigert sich einfach, ein Hörgerät zu tragen. Er ist ein bisschen eitel.« Magdalena tätschelte ihrem Mann liebevoll die Hand. Ich würde sie später als eine stille, aber mit überquellender Fantasie begabte Künstlerseele kennenlernen, die leidenschaftlich gern malte und sang.

Die kugelrunde und ständig kichernde, fröhliche Knallerbse neben Magdalena stellte Paul mir als Uschi vor. »Uschi organisiert hier die Feten«, sagte er, »vor allem die Buffets.« Uschi kicherte prompt. »Deshalb schick ich Paul immer zum Metzger und zum Konditor rüber. Die Küche hier ist mir viel zu gesund!« Uschi hatte Altersdiabetes und beschlossen, das nach Kräften zu ignorieren. Sie genoss ihr Leben in vollen Zügen, auch wenn sie dafür regelmäßig Ärger mit ihrem Arzt bekam. Und mit Carmela, ihrer besten Freundin.

»Carmela kommt aus Spanien«, sagte Paul. »Aber sie lebt schon seit vierzig Jahren in Bonn. Deshalb hat sie auch so gut wie keinen Akzent mehr.« Alle prusteten vor Vergnügen, während Carmela mich mit eindeutig spanischem Zungenschlag begrüßte. »Hör nisst auf diesse fresse Bande!«, sagte sie mit einem breiten Lächeln. »Wenn die meine Tapas kriegen, iss die Aussprache egal. Das ssin die beste auf die Welt!« Die »fresse Bande« stimmte zu.

»Wat meinst do, wiesu mer hee so kernjesund sin?«, bemerkte Jupp. »Dat es dä Knoblauch un dä Wing!« Carmela nickte zustimmend. Ihre Tapas und der spanische Rotwein sollten uns in der nächsten Zeit so manche Probe versüßen. Jetzt kannte ich alle in der Runde. Mich selbst musste ich nicht mehr vorstellen, das hatte Paul im Vorfeld zur Genüge getan und erklärt, dass ich neben meinem Job in der »Lindenstraße« ein Improvisationstheater in Bonn habe und mich seit vielen Jahren mit Comedy beschäftige. Offenbar erwarteten alle von mir als der »alten Oberspringmaus«, dass ich mit einem fix und fertig vorbereiteten Theaterkurs ankommen würde.

Gar nix hatte ich vorbereitet. Aber als erfahrener Impro-Regisseur ließ ich mir das natürlich nicht anmerken.

»Dann legen wir am besten gleich mal los! Am Theater duzt man sich immer.« Karl-Friedrich starrte mich konsterniert an. »Ihr duscht euch immer?« »Duzen, Karl-Friedrich«, sagte ich überdeutlich, »wir duzen uns untereinander. Und wenn ihr nichts dagegen habt, würde ich das bei unserer Arbeit auch gerne tun.« Niemand hatte was dagegen, also begann ich mit einer meiner Lieblingsübungen. Ich bat alle, aufzustehen und einen Halbkreis im Raum zu bilden.

»Das Spiel heißt ›Abklopfen‹ und funktioniert folgendermaßen«, erklärte ich. »Zwei Spieler fangen an, Wäsche aufzuhängen. Die anderen schauen ihnen dabei zu. Wenn einem der Zuschauenden eine neue Situation einfällt, dann ruft er: ›Stopp!‹ Die zwei, die die Wäsche aufhängen, frieren sofort in der Bewegung ein. Derjenige, der ›Stopp‹ gerufen hat, klopft einen der Spieler ab, übernimmt genau dessen Körperhaltung und beginnt mit einer völlig neuen Situation. So, wer möchte beginnen?«

Karl-Friedrich schaute hoch: »Gewinnen? Es gibt was zu gewinnen?«

»Nein, Karl-Friedrich, BEGINNEN! Und ich schlage vor, du fängst an, mit deiner Frau Wäsche aufzuhängen.«

Karl-Friedrich war nicht begeistert, aber er und seine Frau gingen in die Mitte und fingen an zu spielen. Karl-Friedrichs Frau sagte: »Schatz, halt den Korb hoch, dann kann ich die Wäsche besser aufhängen.« Karl-Friedrich hob einen imaginären Wäschekorb hoch und stellte sich neben seine Frau. Magdalena zog pantomimisch ein Kleidungsstück aus Karl-Friedrichs Korb, legte es über eine unsichtbare Leine und nahm aus ihrer Tasche zwei Wäscheklammern. Sie hielt eine Klammer hoch zwischen Daumen und Zeigefinger und wollte sie an der Leine befestigen.

Da rief Uschi »Stopp«, klopfte Magdalena ab, hielt ihre Hand mit zusammengepressten Daumen und Zeigefinger hoch und sagte: »Karl-Friedrich, *so* isst man einen Hering!« Sie legte den Kopf zurück, führte Daumen und Zeigefinger an ihren Mund, ließ den imaginären Hering hineinfallen und schluckte ihn runter. Erstes Gelächter beim Publikum. Karl-Friedrich schaute in den Wäschekorb (der inzwischen ein Bottich voller Wasser geworden war), fischte mit der Hand im Wasser, fing einen Hering am Schwanz, hielt ihn Uschi entgegen und sagte: »Aber dass du die Heringe alle lebendig runterschlucken kannst, wundert mich doch!«

Wir alle lachten los. Uschi erschrak, hielt sich die Hand vor den Mund und beugte sich nach vorn, als ob sie sich gleich übergeben müsste. Jupp rief: »Stopp!«, klopfte Karl-Friedrich ab, übernahm seine Position, schaute auf die gekrümmt dastehende Uschi und sagte wie bei einer Vernissage: »Der Künstler nennt dieses Werk: *Kotzende Frau an Weiberfastnacht.*«

»Stopp«, rief Carmela, klopfte Uschi ab, beugte sich nach vorne, hielt die Hand vor den Mund und sagte zu Jupp: »Guck niss so blöd! Wo isse meine Kontakkelinsse?« Wir alle hielten uns die Bäuche vor Lachen. Ich war begeistert. Meine goldenen Senioren waren durch die Bank goldene Comedians!

Ich ließ das Spiel noch zwanzig Minuten weiterlaufen und konnte es kaum fassen, wie schlagfertig, witzig und spontan sie alle agierten. Ich glaube, ich hatte genau so viel oder sogar noch mehr Spaß als sie alle. Nur Karl-Friedrich nicht. Bis auf seinen ersten Einsatz als Heringsfischer stand er immer im Halbkreis und versuchte krampfhaft zu verstehen, was die Spieler in den Szenen sagten. Er traute sich kein einziges Mal, »Stopp« zu sagen.

Am Ende der Übung lobte ich alle für ihre großartige Leistung und bot an, sie ab sofort einmal in der Woche im Impro-Spielen zu unterrichten. Wir vereinbarten einen wöchentlichen Termin und verabschiedeten uns.

Ich ging mit einem saugutem Gefühl nach Hause. Die Leute hatten – bis auf Karl-Friedrich – großen Spaß am Theaterspielen gehabt und waren jetzt Feuer und Flamme. Das war doch wirklich eine Leidenschaft, für die sich die Arbeit lohnen würde!

Ich nahm mir allerdings vor, jetzt unbedingt mal überprüfen zu lassen, wie es mit meinem eigenen Gehör so aussah. Karl-Friedrich hatte total verloren gewirkt – solche Probleme wollte ich wirklich nicht haben!

11. Kapitel

Ich bin ganz Ohr

Ich saß also ein paar Tage später voller Neugier vor meinem Hals-Nasen-Ohrenarzt, Dr. Hammerstein, der sonst immer dafür sorgt, dass ich meine Bühnenshows trotz beginnender Erkältung durchstehen kann.

Dr. Hammerstein ist vierzig, drahtig, sportlich, mit einer kurzen Gelfrisur – ein »No Nonsense Man« mit trockenem Humor. Und ein hervorragender Arzt. Vor einigen Jahren hatte er sich selbst übertroffen. Ich hatte ein dreitägiges Gastspiel im Haus der Springmaus. Alle drei Shows waren ausverkauft, ich freute mich auf mein Publikum und wurde kurz vorher heiser. Aber so richtig. Ich klang wie Marlon Brando in *Der Pate*. Ohne Behandlung würde ich bald klingen wie Marcel Marceau.

Meine Zuschauer nach Hause schicken kam nicht infrage. Ich bekniete also Dr. Hammerstein, meine Stimme für diese drei Abende zu retten. Er entwickelte eine komplizierte ätherische Öllösung aus verschiedenen Medikamenten und präparierte eine Spezialspritze, um mir das Zeug ganz tief in den Rachen spritzen zu können. Ich lockte den Doktor mit Freikarten in die Vorstellung, er kam vor der Show und während der Pause in meine Garderobe, tauchte mit der Spritze tief in meinen Hals ein und spritzte meine Stimmbänder mit dieser Zauberlösung voll. So konnte ich tatsächlich alle Shows spielen. Nach dem Gastspiel wollte ich mich bei ihm bedanken und bot ihm meine CD an. Er schob die CD sanft zurück und sagte: »Herr Mockridge, Ihre Vorstellung kenne ich inzwischen auswendig!«

Dr. Hammerstein freute sich nun jedenfalls sehr, als ich ihn bat, mir alles übers Hören und vor allem über Hörprobleme im Alter zu erzählen. Ich dachte an Karl-Friedrich und wollte gern wissen, wie man ihm helfen könnte, wieder ein bisschen aktiver am Leben teilnehmen zu können.

»Kein Problem, Herr Mockridge«, sagte er. »Aber erst mal machen wir bei Ihnen einen Hörtest. Dann haben wir gleich ein praktisches Beispiel, an dem wir arbeiten können!« Ich versuchte, ihn davon zu überzeugen, dass ich dafür viel zu jung sei. Ich hatte Ohren wie ein Luchs! Dr. Hammerstein lachte. »Wie ein 67-jähriger Luchs. Sie wären der Erste, der in Ihrem Alter immer noch die Flöhe husten hört!«

Ob Sie es glauben oder nicht – früher konnte ich wirklich die Flöhe husten hören. Und mit unseren zwei Familienmöpsen, die sich gern im Gras wälzen, gab es da trotz Flohhalsband im Sommer ordentlich was zu hören. Heutzutage hatten die Möpse wahrscheinlich immer noch Flöhe. Ich konnte sie wegen meiner Altersweitsichtigkeit nur nicht mehr sehen (aber dazu kommen wir später). Und hören nun eben auch nicht mehr. Entweder waren sämtliche Flöhe aufgrund flächendeckender Grippeimpfungen kerngesund und husteten einfach nicht, oder ich wurde tatsächlich langsam schwerhörig.

Das war anscheinend auch Dr. Hammersteins Vermutung. Während er den Kopfhörer für den Hörtest bereitlegte, trumpfte ich aber noch mal auf. »Wenn ich irgendwo auftrete und eine Kunstpause mache, höre ich immer noch jedes Husten und Räuspern im Saal! Egal, wie leise! Das nervt vielleicht … dann würd ich die Leute am liebsten sofort zu Ihnen schicken.« Dr. Hammerstein erklärte mir, dass es bei der Schwerhörigkeit weniger auf die Lautstärke als auf die Tonhöhe ankam. »Mit zunehmendem Alter verlieren wir fortschreitend die Fähigkeit, hohe Töne wahrzunehmen, Herr Mockridge. Wir testen das jetzt mal.«

Er setzte mir einen Kopfhörer auf und ließ mich auf einen Knopf drücken, sobald ich einen Ton hören konnte. Am Anfang kam ein tiefes Brummen, dann wurden die Töne immer höher, bis zu einem unangenehmen Fiepsen. Am Ende sah mich Dr. Hammerstein fragend an und deutete auf den Knopf – aber ich hörte nichts mehr. Der Doktor nahm mir den Kopfhörer ab.

»Tja, den 8000-Hertz-Ton haben Sie noch gehört. Danach war Schluss. Das ist okay … wenn man Ihr Alter bedenkt.« Schluck. Das fand ich überhaupt nicht okay! »Heißt das, ich brauch ein Hörgerät!?« Dr. Hammerstein schüttelte den Kopf. »Noch lange nicht. In einem normalen Gespräch kriegen Sie noch alles mit. Das bewegt sich zwischen 200 und 8000 Hertz.«

»Aber wieso hört man im Alter dann schlechter?«, wollte ich wissen. »Es geht um die hohen Töne, die können wir mit zunehmendem Alter nicht mehr wahrnehmen«, erklärte Dr. Hammerstein. »Das ist ganz natürlich. Als Achtzigjähriger hören Sie nur noch Töne bis 5000 Hertz. Aber als Kind konnten Sie Frequenzen von bis zu 21 000 Hertz hören!«

Ich wurde nachdenklich und erinnerte mich an meine

sechs Jungs. »Nicht nur hören, Herr Doktor. Auch erzeugen! Mann, damals hätte ich mir manches Mal gewünscht, ein paar Frequenzen weniger wahrnehmen zu können …«

Meine Jungs konnten sich im kritischen Alter von drei Jahren in ungeahnte stimmliche Höhenflüge hinaufschwingen – solche Koloraturen hat die große Diva Maria Callas nicht hingekriegt! Das Ganze hatte in der Tat dramatische Züge. Und ich war der tragische Held. Ein moderner Odysseus!

Ort des Geschehens: unser Supermarkt um die Ecke. Ich betrete diesen mystischen Ort voller Gefahren und Versuchungen, meinen jeweils Jüngsten im Einkaufswagen. Ich weiß genau, dass ich mich am Ende meiner Odyssee zwischen Skylla und Charybdis entscheiden muss. Also Kasse eins oder Kasse zwei. Sie kennen das: Egal, welche Kasse man nimmt – an der anderen geht es schneller. Und Schnelligkeit ist überlebenswichtig. Mein Plan ist nämlich immer derselbe: Das Kind so lange ablenken, bis wir unbeschadet an der Quengelware vorbei sind und gut gelaunt und entspannt mit lauter gesunden Sachen an Bord in Richtung Parkplatz segeln können.

Pustekuchen. Die kriminellen Machenschaften der Filialleiter, die begehrenswertesten Dinge immer genau an der Kasse aufzustapeln, gehen jedes Mal auf. »Daddy? Kann ich ein Ü-Ei haben?« Daddy verneint. Klare, kurze Ansage. Daddy ist sehr stolz auf sich. Die Kinderstimme klettert eine Terz höher. »Bitte, bitte! Ich muss das haben! Bitte!« Daddy schaut angestrengt weg. Noch eine Terz. »Daddy, ich brauch es unbedingt!« Um dem Anliegen die nötige Dringlichkeit zu verleihen, fängt das Kind an, die Vokale in die Länge zu ziehen. »Biiiiitteeeee!«

Bei jedem Kopfschütteln von Daddy intensiviert sich das Verlangen nach dem ersehnten Ü-Ei, und so schraubt sich die Stimme immer höher. Aus der Frage wird eine Forderung. »Ich will das Ü-Ei haben!« Eine Oktave höher. Das Kind stampft mit dem Fuß auf wie Rumpelstilzchen. Wird sich jetzt die Erde auftun und es verschlingen? Oder besser mich? Die Leute gucken schon! Doch nichts dergleichen geschieht. Das Kind wirft sich zu Boden, trommelt mit beiden Fäusten und versucht eine Art Katharsis herbeizuführen, indem es die Worte »Ich«, »will« und »Ei« zu einem einzigen hysterischen Schrei zusammenzieht. In ohrenbetäubender Lautstärke produziert es ein dreigestrichenes F.

Jetzt setzt der Sozialdruck ein. Der Opa, der hinter mir steht, kann diesen Ton zwar nicht hören, sieht aber die Verzweiflung des Kindes und tippt mir auf die Schulter. »Soll ich dem Kind das Ü-Ei kaufen?« Die Kassiererin mischt sich ein: »Die sind heute im Angebot.« Das Kind spürt, es ist gleich am Ziel. Es lässt ein letztes Mal die Königin der Nacht raus: »Biiiiiiiiiiittteeeeeeee!«, und bricht dann weinend zusammen. Ich greife mit hochrotem Kopf nach dem Ü-Ei. »Hier hast du's. Aber bitte hör auf zu schreien!«

Die Menschen in der Schlange hinter mir fangen an zu klatschen, die Kassiererin lächelt mich gütig an. Meine dreijährige Sirene strahlt, nimmt das Ü-Ei entgegen und spricht drei Oktaven tiefer, mit spastischer Schnappatmung: »Danke Daddy, hu hu hu du bist hu hu hu der beste Daddy der Welt.« Und dafür hat sich's doch gelohnt.

Heutzutage würde ich das hohe Kreischen einfach nicht mehr wahrnehmen. Hat auf jeden Fall was für sich! Deswegen hören Senioren ja auch so gerne Bruce Low, Ivan Rebroff und Elmar Gunsch. Schade, dass die alle schon tot sind. Genau wie der Godfather of Brummelsoul – Barry White. Barrys tiefe Stimme konnte selbst ein Hundertjähriger hören. Und ließ sich von ihr sofort auch wieder zum Sex anregen! Die *Berliner Zeitung* schrieb 2003 anlässlich seines Todes über den typischen Barry-White-Sound, »der nach Kerzenschein, Liebesgeflüster, halbvollen Champagner-Flaschen und leidenschaftlich zerwühlter Satin-Bettwäsche klang. (…) Dabei legte sich Whites sonor brummender Bariton über die Musik wie eine feine Körperlotion auf die Haut.« Wow. Jetzt weiß ich endlich, was Frauen meinen, wenn sie »Tiefer, Schatz, tiefer!« sagen. Ich muss unbedingt meine alten Barry-White-Platten aus dem Keller holen!

Aber ich schweife ab. Zurück zu Dr. Hammerstein, der mir ja erklären wollte, wie es zum Hörverlust im Alter kommt.

»Passen Sie auf, Herr Mockridge. Je älter wir werden (und je mehr gesundheitsschädlichem Lärm wir in unserem Leben ausgesetzt waren), desto stärker leidet das Gehör. Auch Diabetes und Bluthochdruck können einiges im Ohr kaputt machen. Die kleinen Haarzellen im Innenohr, die aus Schallwellen Nervenimpulse machen, werden im Alter weniger und wachsen nicht nach.«

Ich konnte das gar nicht glauben. »Wie kommen Sie denn darauf? Mir sprießen heute wesentlich mehr Haare aus den Ohren als früher!« Dr. Hammerstein grinste. »Na, das ist eher ein kosmetisches Problem. Beim Hörvermögen muss ich Ihnen eine traurige Wahrheit mitteilen: Das Ohr kann sich im Gegensatz zu anderen Organen nicht regenerieren. Es finden degenerative Abbauprozesse statt. Und zwar angefangen am Eingang der Hörschnecke. Alle Töne müssen da durch, um schließlich im Gehirn zu landen. Und weil die Haarsinneszellen im vorderen Teil der Hörschnecke für die hohen Frequenzen zuständig sind, alle anderen Frequenzen aber auch erst mal da durch müssen, werden diese Zellen als Erstes abgenutzt.«

»Okay«, sagte ich, »dann ist das wie mit meinem Lieblingspulli. Echt kanadisch, unverwüstlich, mit Ahornblatt auf der Brust. Schweren Herzens habe ich den Pulli vor vielen Jahren Nick, meinem Ältesten, vererbt. Der hat ihn ebenfalls jahrelang stolz getragen. Und als er rausgewachsen ist, an Teo vererbt. Und von da weiter an Luke, Lenny, Jeremy und Liam. Das Ahornblatt sieht immer noch aus wie frisch gepflückt. Aber der Halsausschnitt besteht eigentlich nur noch aus ein paar hauchdünnen Fädchen. Immerhin mussten da insgesamt sieben Mockridge-Dickschädel durch! Da ich nicht vorhabe, weitere Kinder zu zeugen, werde ich das gute Stück jetzt wohl dem Haus der Geschichte in Bonn stiften.«

Dr. Hammerstein fand das Beispiel einleuchtend. »Genauso verhält es sich mit den hauchdünnen Haarsinneszellen. Da, wo die Töne als Erstes durchmüssen, sind die Härchen irgendwann verschlissen. Was passiert also? Hohe Frequenzen werden nicht mehr übermittelt – und Sie können keine Flöhe mehr husten hören. Unsere Hörschwelle ist ein enges Zusammenspiel von Frequenz und Lautstärke, Herr Mockridge. Wenn man sehr tiefe oder sehr hohe Töne wahrnehmen möchte, müssen die viel lauter sein als die Töne mittlerer Frequenzen. Das hat Mutter Natur extra so eingerichtet, damit wir uns mit unseren Mitmenschen verständigen können. Die höchste Empfindlichkeit zeigt das menschliche Ohr nämlich für Frequenzen zwischen 500 und 5000 Hertz –

und dieser Bereich entspricht der durchschnittlichen Frequenzspanne der menschlichen Sprache.«

»Stopp!«, rief ich. Jetzt hatte ich den Doc bei einem Fehler ertappt! »Sie haben gesagt, dass Achtzigjährige noch bis zu 5000 Hertz hören können. Wenn wir Menschen beim Quatschen zwischen 500 und 5000 Hertz bleiben, kriegt das doch auch noch jeder Achtzigjährige mit.«

Dr. Hammerstein stimmte mir zu. »Im Prinzip wäre das so. Wenn-wir-al-le-so-mo-no-ton-wie-Ro-bo-ter-spre-chen-wür-den. Tun wir aber nicht. Die menschliche Stimme ist ein ganz erstaunliches Instrument. Zusätzlich zu dem Kernbereich von 500 bis 5000 Hertz erzeugen wir nämlich jede Menge mitschwingender Obertöne. Und die geben unserer Sprache gerade die tausendfachen Variationsmöglichkeiten, die menschliche Stimmen von blechernen und seelenlosen Maschinenstimmen unterscheiden. Im Gespräch wird eine Frequenzspanne von 80 bis 12 000 Hertz erreicht – und davon kriegt man als Altersschwerhöriger halt eine Menge nicht mit.«

»Was denn zum Beispiel?«, wollte ich wissen.

»Gefühle etwa! Hören ist nämlich ein sozialer Sinn. Neben der eigentlichen Botschaft, die in den Worten transportiert wird, gibt es eine Menge begleitender Informationen. Feine Nuancen wie Unsicherheit, Erstaunen, Skepsis, Ironie, Zögern, Ablehnung oder Zustimmung drücken wir beim Sprechen ganz nebenbei – bewusst und unbewusst – durch Schwankungen in der Tonhöhe aus.«

Das hatte ich tatsächlich auch schon gewusst: Auf der emotionalen und der sozialen Ebene macht der Ton die Musik! Aber Dr. Hammerstein hatte noch mehr auf Lager. »Ein weiterer Punkt ist, dass man als Altersschwerhöriger Probleme mit den Konsonanten bekommt, weil auch die auf höheren Frequenzen ›senden‹ als die Vokale. Man kann also ›K‹, ›T‹, ›F‹, ›P‹ und ›S‹ nicht mehr vernünftig unterscheiden.«

»Und was macht man dann?«, fragte ich. Dr. Hammerstein zuckte mit den Schultern. »Pfuschen. Man hört zwar, dass da was gesagt wird, versteht aber nicht auf Anhieb, was damit gemeint ist. Also versucht man, die Lücken sinnvoll auszufüllen, indem man einfach ein paar Vermutungen anstellt und entsprechende Konsonanten hinzufügt. Das Ergebnis im Alltag können Sie sich vorstellen.«

Tatsächlich hat sich unsere Oma da mal was geleistet, das ihr in den Mockridge-Chroniken für immer einen Ehrenplatz sicherte. Margie und ich sind mit einem lesbischen Pärchen befreundet. Die beiden haben zwei Kinder – beide vom selben Samenspender. Als wir die beiden auf einer Party unserer Oma vorstellten und uns dann in die Küche verdrückten, um die Drinks vorzubereiten, hörten wir folgenden, wegen Omas Schwerhörigkeit recht lauten Dialog:

OMA: Und, sind Sie alleinstehend?

ERSTE FREUNDIN: Nein, wir sind verheiratet.

OMA: Alle beide! Das ist ja schön. Und haben Sie Kinder?

ZWEITE FREUNDIN: Ja, einen Jungen und ein Mädchen.

OMA: Wie nett. – Und Sie?

ERSTE FREUNDIN: Äh … ich auch natürlich.

OMA: (verwirrt) Aha. Und haben Sie denn die Väter nicht mitgebracht?

ZWEITE FREUNDIN: Den Vater. Es ist nur einer. Aber mit dem haben wir nichts mehr zu tun. Er ist nur der Spender, wissen Sie.

OMA: Aha … aber wo ist der denn?

ZWEITE FREUNDIN: Das ist doch total unwichtig. Wir haben den seit Jahren nicht gesehen.

ERSTE FREUNDIN: Wozu auch?

An dieser Stelle ließ Oma die beiden im Wohnzimmer zurück und kam völlig aufgelöst zu uns in die Küche. »So was hab ich noch nie gehört. Da haben die alle beide ein Kind von dem Sven da, und dann darf er sein eigen Fleisch und Blut nicht sehen!«

Tja, der Sven da. Wenn der wüsste, wie viele Kinder er anonym gezeugt hat.

Dr. Hammerstein lachte. »Ihrer Oma hätte in diesem Fall wohl schon geholfen, wenn die beiden sich nicht im schummrigen Wohnzimmer, sondern bei Ihnen in der Küche mit ihr unterhalten hätten. Erstens hilft es nämlich enorm, die Worte möglichst deutlich und gut sichtbar zu artikulieren (ein ›Sv‹ sieht beim Aussprechen natürlich völlig anders aus als ein ›Schp‹). Und zweitens gab es im Wohnzimmer bestimmt Störschall.«

»Was soll das denn sein?«, fragte ich. »Ich hab super Schallschutzfenster einbauen lassen!«

»Störschall ist für Schwerhörige zum Beispiel Musik oder die parallel stattfindende Unterhaltung anderer Leute«, erklärte Dr. Hammerstein. »Im Alltag gehören ein nebenbei laufender Fernseher, Musik, Straßenlärm und die Unterhaltungen vieler anderer Menschen dazu. Wenn man den Nutzschall – also die Worte, die man in einer Unterhaltung verstehen möchte – nicht mehr vernünftig vom Störschall unterscheiden kann, führt das zu Problemen!«

Plötzlich musste ich an meine eigene Kindheit zurückdenken. Ich war bei meinem Großvater zu Besuch und saß mit ihm im Wohnzimmer, als ich die Stimme meiner Oma aus der Küche hörte. »John, kommst du bitte? Ich brauche deine Hilfe!« Es passierte nichts. Opa bewegte sich keinen Millimeter. »John, bitte! Komm doch schnell in die Küche, ich brauche dich!« Ich schaute jetzt hoch und blickte meinen Großvater an. Er saß in seinem Ohrensessel und sein Oberkörper war vollständig von der Doppelseite der *Times* verdeckt. Er wirkte wie eine Statue. »John!«, hörte ich jetzt aus der Küche, »John, hörst du mich?« Nichts. Mein Großvater reagierte nicht. War er hinter der Zeitung eingeschlafen? Oder war die Zeitungsfront der *Times* so mächtig, dass sie eine Art Schallschutzwall gegen die Stimme meiner Großmutter bildete?

»John Mockridge, zum allerletzten Mal! Komm bitte sofort in die Küche und hilf mir!« Nix. Es war gespenstisch! Die Stimme meiner Großmutter war inzwischen so laut geworden, dass selbst die Nachbarn hinter ihren Fenstern standen und zu uns herüber schauten. Doch er saß in seinem Ohrensessel und bewegte sich nicht. Auf einmal wurde mir klar: Mein Großvater war taub. Deswegen saß er immer im »Ohren«-Sessel! Der arme Mann. Er hatte seine Taubheit bis jetzt immer so geschickt vor mir verborgen … doch jetzt hatte er sich verraten. Ich legte mein Buch zur Seite, stand auf und ging behutsam zu ihm hinüber.

Ich hob meine Stimme und sagte, so laut ich konnte: »Opa, die Oma ruft dich die ganze Zeit! Sie braucht dich dringend in der Küche!« Er ließ die Zeitung sinken, schaute mich an, hielt sich den Finger vor die Lippen und machte: »Pssst!« Wir verharrten beide atemlos einen Augenblick lang in erwartungsvoller Stille. Dann hörten wir aus der Küche: »Kannst sitzenbleiben, ich hab's schon selber geschafft.« Er lächelte mich an und sagte leise: »Billy, jetzt hast du was gelernt fürs Leben. Ein bisschen taub sein kann Wunder wirken.«

Dr. Hammerstein schmunzelte über die Geschichte. »Okay – bei Ihrem Opa hat die auditive Diskrimination offenbar super funktioniert.« Ich runzelte die Stirn. Was war das denn jetzt wieder für ein komplizierter Begriff? Dr. Hammerstein erklärte es mir.

»Wir haben jeden Tag Tausende von Hörerlebnissen, in den unterschiedlichsten Lautstärken und Tonhöhen. Wenn unser Gehirn diese Höreindrücke alle als gleich wichtig einstufen würde, könnte es aus lauter Überforderung nur noch durchknallen. Um uns vor diesem Sound-Overkill zu schützen, hat das Gehirn eine tolle Sache erfunden, die man ›Auditive Diskrimination‹ nennt. Das heißt schlicht, dass unser Gehirn Töne, die es als weniger wichtig als andere einstuft, ausblendet und in den Hintergrund drängt. So wie Ihr Opa das mit Omas Stimme gemacht hat. Mithilfe dieses Filters können wir uns – immer vorausgesetzt, wir haben ein normales, gesundes Gehör – auf die wirklich wichtigen Töne konzentrieren, die wir zu hören wünschen.«

»Alles klar«, sagte ich, »aber was ist, wenn der Filter nicht mehr funktioniert?«

»Genau das ist bei vielen Altersschwerhörigen der Fall«, sagte Dr. Hammerstein. »Es gibt eine Menge Menschen, die den Nutzschall nicht mehr von den vielen anderen Schallquellen unterscheiden können. Und die sich wegen ihrer Hörprobleme zunehmend isoliert fühlen und schließlich sogar Depressionen bekommen können. Aber die Gefahr besteht bei Ihnen wie gesagt noch lange nicht! So, und jetzt muss ich Sie rausschmeißen. Ich bin noch zum Tennis verabredet.«

Ich dankte Dr. Hammerstein und verabschiedete mich. Auf dem Weg nach Hause hatte ich eine Menge Stoff zum Nachdenken. Jetzt wusste ich, was Karl-Friedrichs Problem war – und dass es ohne Hilfe immer schlimmer werden würde. Ich nahm mir vor, ihn bei nächster Gelegenheit zu Dr. Hammerstein mitzuschleifen. Bestimmt würde mir seine Frau helfen, ihn dazu zu überreden.

So, und jetzt mal ein persönliches Wort an Sie, liebe Leser: Wenn Sie merken, dass Sie die Altersschwerhörigkeit erwischt (und das wird uns in unterschiedlichen Qualitäten allen passieren), nehmen Sie das nicht als Schicksal hin! Reagieren Sie und gehen Sie zum HNO-Arzt. Mit einem Hörgerät kann man in den meisten Fällen rechtzeitig das Schlimmste verhindern. Wie in dem Witz mit dem schwerhörigen Opa, der von seiner genervten Familie zum Hörtest geschickt wird. Er bekommt ein nagelneues Hörgerät verpasst. Ein paar Wochen später fragen ihn seine Freunde, ob das Ding was gebracht hat. »Und ob«, antwortet er. »Ich hab seitdem schon dreimal mein Testament geändert!«

Spaß beiseite – das Schlimmste, was Ihnen passieren kann, ist der Verlust von Lebensfreude! Wer sich einmal damit abfindet, Freunde und Familie nicht mehr zu verstehen, zieht sich aus dem Leben zurück. Man sagt lieber gar nichts mehr, weil man die Antworten eh nicht versteht, bleibt irgendwann nur noch zu Hause in der Bude hocken, dreht die Glotze auf Anschlag und vereinsamt.

Bloß nicht! Gehen Sie offensiv damit um, wenn Sie auf

einmal schlechter hören! Wenn Sie sich auf Partys schlecht unterhalten können, gibt es zwei Möglichkeiten: ein schönes, konzentriertes und intensives Gespräch mit einem Freund oder einer Freundin in der ruhigen Küche führen – oder Klappe halten und tanzen! Der Gastgeber wird es Ihnen nicht übelnehmen, der Eisbrecher auf der Tanzfläche zu sein. Ganz im Gegenteil!

Ich bin als Schauspieler ziemlich auf mein Gehör angewiesen und habe mir ein paar kleine Übungen angewöhnt, seit ich ein Buch des Neurologen Lawrence Katz gelesen habe. Der Mann hat NEUROBICS erfunden – das sind körperliche Übungen, die das Gehirn trainieren sollen. Aerobic fürs Gehirn!

Aerobic fordert den Einsatz des ganzen Körpers. Alle Körperteile werden gleichzeitig oder kurz hintereinander beansprucht und trainieren so das Ganze. Der Trick bei Neurobics ist der gleiche. Das Hirn wird durch die gleichzeitige Wahrnehmung mehrerer Sinne außerordentlich aktiviert, und so entstehen neue Netzwerke. Dadurch, dass beim Üben die Sinne Riechen und Hören gleichzeitig gefordert werden, wird das Erlebnis als stärker und intensiver empfunden, und es bleibt viel länger im Gedächtnis. Oder umgekehrt, wenn man alle Sinne wegnimmt bis auf den einen, dann wird dieser besonders beansprucht und kann wachsen und sich entwickeln. Das funktioniert tatsächlich! Tänzer, die zu Trainingszwecken mit Gewichten an den Füßen springen mussten, können später ja auch höher springen als andere.

Hier sind jedenfalls fünf Übungen, die ich persönlich gerne als Vorbeugung gegen Schwerhörigkeit einsetze:

1. Augen zu beim Duschen

Legen Sie vorher eine Badematte oder ein Handtuch in die Duschwanne, damit Sie nicht das Gleichgewicht verlieren und auf dem nassen Boden ausrutschen. Schließen Sie die Augen und steigen Sie in die Dusche. Vorsicht jetzt beim Wasser aufdrehen, denn Sie wollen sich ja nicht verbrühen. Ganz langsam die Wassertemperatur mischen. So, jetzt die Seife suchen … (und so weiter, bis Sie fertig geduscht haben und abgetrocknet sind). Das Ganze dauert zwar ewig, aber Sie werden verblüfft über das Ergebnis sein. Denn die Zentren im Cortex für Fühlen, Riechen und Hören werden auf einmal viel stärker gefordert und angeregt, und die Sensibilität der Sinne erhöht sich schlagartig. Sie sind für den Tag schon sensibilisiert worden. Und sauber sind Sie auch noch.

2. Stummes Frühstück

Wenn die Stimme ausgeschaltet ist, werden Nebengeräusche plötzlich unheimlich laut. Die Vögel draußen, das Radio im Hintergrund, das kochende Wasser, der Müllwagen vor dem Haus, die schnarchenden Möpse im Nebenzimmer, das Ticken der Wanduhr, das Kauen Ihres Partners. Plötzlich hören Sie das Leben um sich herum. Ein »Ohrenöffner«! Den Sie allerdings nicht zu oft – und nie ohne Ansage – betätigen sollten. Wenn Sie ein Mann sind, wird Ihnen sonst unterstellt, dass mit Ihnen nichts mehr los ist. Und sind Sie eine Frau, wird Ihr Partner denken, dass irgendwas mit Ihnen los ist …

3. Verschaffen Sie sich ein Handicap.

Stecken Sie Watte in die Ohren und frühstücken Sie mit der Familie. Konzentrieren Sie sich auf die Körpersprache der Familienmitglieder. Schauen Sie genau hin, und versuchen Sie herauszufinden, wie sie drauf sind und was sie wollen. Schauen Sie auf die Lippen, in die Augen und auf die Kopfhaltung. Sie werden es nicht glauben, aber mit ein wenig Übung werden Sie erstaunliche Ergebnisse erzielen. Nach dem Frühstück nehmen Sie die Watte heraus, und horchen Sie mal kurz hin. Sie werden auf einmal Dinge hören, die Sie seit Langem nicht mehr gehört haben. Auch wenn Sie ein wenig unter Schwerhörigkeit leiden, werden Sie nach solchen Übungen für die Geräusche in Ihrer Umwelt deutlich empfänglicher sein. Ihre Familie wird Sie natürlich für bekloppt halten – aber das ist es wert.

4. Werden Sie Nachrichtensprecher.

Statt am Frühstückstisch die Zeitung zu lesen, fangen Sie an, die Meldungen vorzulesen. »Politik: Bundeskanzlerin Merkel sprach sich gegen eine Steuererhöhung aus und begründete dies mit den Worten …« usw. Wenn Sie den Artikel fertig gelesen haben, geben Sie das Wort an Ihren Partner weiter: »Und nun, Peter, was gibt's Neues aus dem Regionalteil?« Ihr Mann hebt seinen Teil der Zeitung und fängt an, eine Meldung über das Klassentreffen der Klasse 1957 vorzulesen. Macht tierisch Spaß und bildet gleichzeitig!

5. Hören Sie sich ein Buch an.

Ich bin ein großer Fan von Hörbüchern und Hörspielen. Ich mache mir eine Tasse Tee (möglichst aromatisch, wegen des Riechens und Schmeckens), dann zünde ich eine Kerze an, mache das Licht aus und starte das Hörbuch. Ich spiele es so leise ab, dass ich die Stimme des Sprechers, wenn ich mich konzentriere, gerade noch hören kann. Nach einigen Minuten aber haben sich meine Ohren auf die Lautstärke der Stimme eingegroovt, und es macht mir überhaupt keine Mühe mehr, der Geschichte zuzuhören. Meine Ohren sind sensibilisiert für die leisen Modulationen des Sprechers. Wenn meine Frau dann allerdings ins Zimmer platzt und mir aufgeregt von ihrer Begegnung mit Donata erzählt, bin ich schlagartig in einer anderen Welt: Margie hat sich urplötzlich in eine Schaustellerin verwandelt, wir sind mitten auf dem Rummelplatz, und ich präsentiere das achte Weltwunder – den Mann, dem die Ohren abfallen!

12. Kapitel

Eine Idee wird geboren

In den nächsten Wochen ging ich regelmäßig zum Fitness-training – mindestens dreimal wöchentlich. Ich will Ihnen jetzt gar nicht weismachen, dass ich die ganze Zeit einen Heidenspaß hatte, von Erfolg zu Erfolg gespurtet bin und aus mir zack, zack ein Billnold Mockridgegger wurde. Es war hammerhart.

Anfangs konnte ich vor lauter Muskelkater kaum lau-fen, aber Andi, Paul und die anderen hielten mich bei der Stange. Ich müsse nur die ersten drei Monate überstehen, dann würde ich eine Riesenveränderung spüren. Andi be-stärkte mich.

»Bill, du wärst der Erste, bei dem das nicht klappt. Die Fähigkeit des Körpers, Kraft und Ausdauer durch regelmä-ßiges Training zu verbessern, geht im Alter nicht verloren. Es dauert zwar länger, bis du den Trainingseffekt merkst, weil du auf 'nem niedrigen Level anfängst. Aber die relative Ver-besserung kann sehr viel größer sein als bei jüngeren Leuten.«

Das hatte ich nicht verstanden. »Was heißt denn rela-tiv?« Andi zeigte auf Klaus, einen etwa siebzigjährigen Be-amten im Ruhestand. »Der Klaus hat vor 'nem halben Jahr hier angefangen. Geistig topfit, aber ein Sesselpupser. Voll-kommen untrainiert. Jetzt macht er intensives Krafttraining und hat eine Steigerung um 113 Prozent erreicht! Das schafft ein Dreißigjähriger in der Zeit nicht. Jedenfalls hat der Klaus den Muskelabbau durch sein Training aufgehalten. Und die Entwicklung umgedreht! Durch Krafttraining nimmt die Muskelmasse zu, und die Knochendichte auch. Der ganze Körper wird stabiler, stärker und beweglicher.«

Wow. Ich beobachtete Klaus bei seinem routinierten Training an der Maschine und war beeindruckt. »Ich bin aber immer noch ziemlich schnell platt«, merkte ich an. »Dafür hab ich dir ja dein Cardioprogramm zusammengestellt«, erklärte Andi: »Ausdauertraining ist super wichtig! Aber du darfst es am Anfang nicht übertreiben. Falscher Ehrgeiz geht nach hinten los.«

Falscher Ehrgeiz war mir fremd. Echten Ehrgeiz konnte ich da schon eher entwickeln. Während ich mich schwitzend auf dem Cross-Trainer abstrampelte, um schnell meine Ausdauer zu erhöhen, sprach mich mein Trainingsnachbar Roger an. Roger ist Mitte siebzig und Arzt. »Mach mal ein bisschen langsamer«, riet er mir. »Du brauchst ein aerobes Training – immer genügend Sauerstoff, verstehst du?«

Nö. Ich verstand nur Bahnhof. »Das heißt, deine Dauerbelastung sollte bei um die sechzig Prozent deiner maximalen Herzfrequenz liegen.«

»Und was ist meine maximale Herzfrequenz?«, wollte ich wissen.

»Die liegt bei 220 Pulsschlägen pro Minute – minus dein Alter. Wenn du 67 bist, sind das also 153. Dann solltest du beim Trainieren erst mal nicht über 100 kommen.«

Er lieh mir seine Pulsuhr aus, die ich mir umschnallte. Dann trat ich erst mal sehr viel langsamer in die Pedale. Die

Erinnerung an meine Kamikaze-Fahrt durch die virtuelle Eifel kehrte zurück, und ich beschloss, es auf dem Cross-Trainer wirklich langsam und mit Geduld anzugehen.

Nach ein paar Minuten regelmäßigen Tretens schielte Roger auf den Pulsmesser und nickte zufrieden. »Besser. Jetzt musst du die nächsten dreißig Minuten nur dranbleiben. Mit regelmäßigem Herz-Kreislauf-Training steigt die Herzleistung, dein Herz wird besser durchblutet. Das wirst du auch an deinem Blutdruck merken, wenn du den regelmäßig misst. Ganz nebenbei verbessern sich übrigens auch deine Blutwerte. Der Fettstoffwechsel wird angeregt, und die Blutzuckerwerte bessern sich. Wenn du dich dann noch vernünftig ernährst, verringert sich das Risiko für einen Infarkt. Und für Altersdiabetes. Fünfundvierzig Minuten am Tag. Mehr brauchst du nicht, Bill. Nicht schlecht, oder?«

Allerdings. Ich war fest entschlossen, weiterzumachen. Ich wusste zwar, dass der »neue Bill« noch einen ziemlich weiten Weg vor sich hatte, aber unmöglich war es nicht, den Zahn der Zeit aufzuhalten.

Zu Hause schwirrte mir immer noch der Kopf von dem, was mir Andi und Roger über meinen Körper erklärt hatten, aber sie hatten auch die Neugier in mir geweckt. Ich wollte mehr wissen. Ich erklärte Margie meine Idee.

»Was wäre denn, wenn ich das hier nicht nur für mich mache? Es gibt doch eine Menge Leute wie mich, die versuchen wollen, aus der alten Tretmühle rauszukommen!« Margie gab mir recht. »Klar, Endenich ist voll mit faulen Säcken. Willst du die alle zu so 'ner Wette überreden?«

Kein schlechter Gedanke – aber ich hatte noch etwas Größeres im Sinn. »Wie wär's, wenn ich ein Buch schreibe?

Über mein Jahr, über die Wette, die Sache mit der Fitness und den ganzen Krankheiten … würde das jemanden interessieren?« Margie nickte. »Klar. Solang ich auch drin vorkomme«, grinste sie trocken. »Nee, im Ernst, Holzfäller – das ist 'ne gute Idee. Mach mal, dann hast du was zu tun!«

Unverschämtheit. Es war wirklich nicht so, als müsste ich vor lauter Langeweile Däumchen drehen – da gab es nach wie vor eine Menge Lindenstraßen-Drehtage und Auftritte mit meinen Programmen »Je oller, je doller« und »Was ist, Alter?«. Aber genau diese regelmäßigen Ausflüge ins Land der Falten und Zipperlein zeigten mir ja, dass es Zeit wurde, mich etwas tiefgehender mit dem Thema Alter zu beschäftigen. Und zwar am Beispiel meiner eigenen einjährigen Reise, die ich vor ein paar Wochen, an meinem Geburtstag, mit der Wette begonnen hatte.

Auf einmal war ich Feuer und Flamme. Ich wollte unbedingt mehr darüber erfahren, was das Alter mit uns und unserem Körper anstellt – und was wir dagegen unternehmen können. Dafür brauchte ich dringend weitere Informationen, die ich an meine zukünftigen Leser weitergeben wollte.

Ich beschloss, eine Art Günter Wallraff zu werden. Nur ohne Decknamen, falschen Schnäuzer und Lebensgefahr. Und Missstände aufdecken wollte ich eigentlich auch nicht. Außer denen im eigenen Körper. Im Grunde genommen brauchte ich also bloß weiterhin meine Ärzte auszuquetschen, wie ich das schon bei Dr. Peters und Dr. Hammerstein gemacht hatte. Und immer fleißig mitzuschreiben.

»Tja«, merkte Margie an, »das mit dem Mitschreiben wird schon mal schwierig. Deine Lesebrille hast du schon wieder verschlampt. Und ohne die geht bei dir ja gar nix mehr.« Da musste ich ihr recht geben. »Okay, dann such ich sie eben, bevor ich den Wallraff mache.« »Kannst du vergessen«, antwortete mein Grauschopfengel. »Du bist mittlerweile so kurzsichtig, dass du das Ding im Leben nicht findest.« Das fand ich jetzt aber gar nicht mehr witzig. »Kannst du dich mal entscheiden? Was bin ich denn jetzt? Kurzsichtig oder weitsichtig!?« Sie zuckte die Achseln. »Beides. Scheiße, oder? Kannst du auch gleich drüber schreiben. Sobald du eine neue Brille hast.«

Hm. Das war vielleicht gar keine schlechte Idee. Ich bat Margie, für mich nach der Visitenkarte meiner Augenärztin zu suchen, und ließ mir einen Termin geben. Natürlich nicht wegen meiner angeblich so schlechten Augen. Nein – der Jungbrunnen-Investigator war unterwegs zu seiner nächsten Mission!

13. Kapitel

Schau mir in die Augen, Kleines

Altersweitsichtigkeit ist ja bekanntlich die Differenz zwischen Auge und Armlänge. Je länger der Arm, desto lesbarer der Einkaufszettel. In dem Punkt sind Orang Utans uns gegenüber deutlich im Vorteil.

Ich war es inzwischen leid, beim Einkaufen jedes Mal die Brille abzunehmen, damit ich sehen konnte, was ich da in den Einkaufswagen legte. Jahrelang verstaute ich sie dann ganz schnell in der Brusttasche, aber da dieser Vorgang beim Einkaufen meist zwanzig bis dreißig Mal ablief, waren die Bügel dadurch so verbogen, dass ich sie alle sechs Wochen teuer ersetzen musste. Also habe ich die Brille zwar abgenommen, aber den Bügel in den Mund gesteckt. Das Ding baumelte an meinem Mundwinkel herunter wie ein Spuckefaden bei einer wiederkäuenden Kuh. Meine Jungs haben mich ständig damit aufgezogen.

»Hey Leute, wer ist das?«, fragt Liam beim Abendessen. Er macht ein vollkommen verwirrtes Gesicht, lässt eine Gabel aus dem Mundwinkel hängen und fragt zwischen zusammengebissenen Zähnen: »Wo zum Teufel ist die kalorienarme Buttermilch?« Alle brüllen wie aus einem Mund: »Dad!« Und brechen vor Lachen zusammen. Sogar meine Frau.

Ich habe die Szene auch gern auf der Bühne erzählt – und

Ein Wiederkäuer namens Mockridge

eines Tages kam eine sehr attraktive Frau von Mitte vierzig nach der Show auf mich zu. Sie gab mir ihre Karte und sagte: »Besuchen Sie mich mal.« Ich wollte ihr hinterherrufen: »Ich bin aber glücklich verheiratet!«, als ich den Namen auf der Karte sah – »Dr. Marion Westrich. Augenärztin«.

Diese Karte hatte mich jetzt in die Praxis geführt, mit der Mission, alles über das Sehen im Alter zu erfahren – und mir eine schicke Gleitsichtbrille verpassen zu lassen. Ich betrat den Empfangsbereich, und die wunderschöne »Nesrin Aktas, MTA« lächelte mich mit den weißesten Zähnen, die ich je in meinem Leben gesehen habe, an. Sie gab mir ein Formular zum Ausfüllen. »Frau Doktor ist gleich so weit. Möchten Sie im Wartezimmer Platz nehmen?« Nein, dachte ich, ich möchte einfach hier an der Anmeldung stehen und Ihnen beim Terminverwalten zuschauen, aber ich sagte »Danke« und lief ganz langsam rückwärts in Richtung Wartezimmer.

Fünf Minuten später, ich war immer noch vollkommen belämmert von Nesrins Anblick, ging die Tür auf, und eine indische Göttin betrat den Raum. Sie schaute auf die Karte in ihrer Hand und sagte: »Herr Mockridge, kommen Sie mal mit, ich möchte Ihre Augen testen.« Ich stand auf, zog unauffällig die Lesebrille hervor und riskierte im Vorbeigehen einen Blick auf ihr Namensschild – »Mejibin Deshpanada«.

Mein Gott, wo war ich hingeraten? War das vielleicht ein Trick? Meine Augen hatten sich inzwischen auf »extra scharf« eingestellt, und vielleicht brauchte ich keinen Sehtest mehr. Vielleicht waren diese Augenweiden Sehtest genug! Frau Deshpanada führte mich in Raum 1 und begann mit den üblichen Tests. Ich hatte Mühe, mich zu konzentrieren, aber es ging. Bald verschwand sie mit den Ergebnissen. Mir war das aber egal. Mir war inzwischen schon klar: Auch wenn meine Augen in Ordnung sind und Frau Dr. Westrich eine völlige Nulpe ist, werde ich trotzdem Stammgast in dieser Praxis!

Es stellte sich aber heraus, dass Frau Dr. Westrich alles andere als eine Nulpe war. Und genau aus diesem Grund war sie genau die richtige Fachfrau für die Fragen des investigativen Altersjournalisten Bill Wallraff. Tatsächlich konnte diese wunderbare Frau mir endlich erklären, was es mit der Altersweitsichtigkeit auf sich hat. Und zwar so, dass ich es auch kapierte!

»Schauen Sie, von all unseren Sinnen ist das Sehen der wichtigste, Herr Mockridge. Neunzig Prozent aller Informationen, die wir aufnehmen, erfahren wir über die Augen. Und wenn wir es hinkriegen, besser zu sehen, hat das eine Menge positiver Auswirkungen auf unser Leben.« Ich nickte begeistert. Was hatten die Damen am Empfang schon für positive Auswirkungen auf mich gehabt!

Dr. Westrich fuhr fort: »Das mit dem Sehen müssen Sie sich so vorstellen: Das Licht gelangt durch die Hornhaut und die Pupille auf die Linse. Die bündelt das Licht und wirft es auf einen bestimmten Punkt auf unserer Netzhaut. Dort entsteht – wie beim guten, alten Diaprojektor – das Bild, das dann durch den Sehnerv ans Gehirn weitergeleitet wird.«

So weit klang das logisch. »Dann ist mein Projektor aber im Eimer«, sagte ich. »Der stellt einfach nicht mehr scharf!«

Frau Dr. Westrich nickte. »Tja, schauen Sie, das ist der Verschleiß, Herr Mockridge. Ihre Linse war ursprünglich mal sehr elastisch …« Ich zwinkerte ihr zu. »Nicht nur meine Linse, Frau Doktor!« Frau Doktor ließ diese plumpe Anmache unkommentiert und fuhr fort. »Die Linse ist an dehnbaren Bändern aufgehängt und kann durch das Zusammenziehen eines ringförmigen Muskels – des Ziliarmuskels – verformt werden. Diese Verformung nennt man Akkomodation. In unserer Kindheit und Jugend funktioniert sie blitzschnell und zuverlässig. Das Hin- und Herschalten zwischen Nah und Fern ist für einen Jugendlichen überhaupt kein Problem.«

Da konnte ich mitreden. »Stimmt, Frau Doktor! Unser Teo konnte immer ohne Probleme zwischen dem Aufklärungsartikel in der *Bravo* und den weit am Horizont auftauchenden Mädels hin und her switchen. Ich konnte das auch. Ich habe mal mit achtzehn ein Mädchen in der Disco angebaggert, aber sie hat sich nur für meinen Schauspielkommilitonen Terry interessiert. Er war auch älter als ich, sah besser aus und konnte tierisch gut den ›Monkey‹ tanzen.« Frau Doktor sah mich ratlos an. »Den Monkey?« Ich nickte begeistert. »Das war dieser Tanz in den Sechzigern. Man tat, als sei man ein Affe und schlug mit den Armen wild und rhythmisch um sich. Wie im *Dschungelbuch*!

Die beiden waren jedenfalls auf der Tanzfläche zugange, und plötzlich knallte er mit seinem Affenarm gegen ihren Kopf. Dabei sprang ihr eine Kontaktlinse aus dem Auge. Sie schrie laut auf, fiel auf die Knie und suchte ihre Linse auf dem Boden. Mein Rivale hatte das gar nicht mitbekommen und machte sich weiter zum Affen. Ich saß an der Theke und hatte alles mit angesehen. Ich bildete mir ein, ich hätte die Linse durch die Luft fliegen gesehen und wusste auch ungefähr, wo sie gelandet war. Ich kämpfte mich durch die Menge, kroch zu ihr auf den Boden und griff mit traumwandlerischer Sicherheit dahin, wo ich die Linse vermutete. Was soll ich Ihnen sagen, Frau Dr. Westrich. Ich habe die Linse tatsächlich gefunden. Es klingt verrückt, aber ich bin mir sicher, ich habe sie mit den Augen genau verfolgt!«

Dr. Westrich lächelte. »Keine schlechte Leistung. Und danach gab es doch sicher eine ›Belohnung‹ für Sie.« Ich nickte düster. »Ja. Ich durfte den beiden mein Zimmer für die Nacht überlassen. Reden wir von was anderem. Wie ist das jetzt mit meiner Linse? Wieso kann ich nicht mehr scharf stellen?«

»Das hat mit dem Alter zu tun. Schauen Sie, Ihre Linse ist mit den Jahren immer starrer und flacher geworden, und die elastischen Bänder, also die Aufhängevorrichtung, sind sozusagen ausgeleiert. Das Umschalten von Weitwinkel auf Tele dauert immer länger, die Linse kann sich nicht mehr so gut verformen, und scharfes Sehen im Nahbereich wird immer anstrengender. Eine Lesebrille muss her. Oder, falls man auch noch kurzsichtig ist und die Brille nicht ständig wechseln will, wie Sie, Herr Mockridge – eine Gleitsichtbrille.«

Ich nickte. »Okay, aber funktioniert die auch bei Nacht so gut? Ich bin viel mit dem Auto unterwegs.« »Gute Frage. Sicher haben Sie auch schon gemerkt, dass das Sehvermögen mit den Jahren bei schwacher Beleuchtung schlechter wird. Schauen Sie, die Menge des Lichts, das auf unsere Netzhaut gelangt, ist also von großer Bedeutung für das Sehen. Bei normalen, gesunden und jungen Augen ist die Anpassung an verschiedene Lichtverhältnisse kein Thema: Das erledigt die Pupille für uns, indem sie sich je nach Situation weitet oder verengt. Kleine Pupillen – helle Umgebung. Große Pupillen – dunkle Umgebung.«

Ich strahlte. »Und riesige Pupillen – vor mir steht Ihre Sprechstundenhilfe!« Frau Dr. Westrich lächelte nachsichtig. »Das höre ich nicht zum ersten Mal. Tatsächlich gelten große Pupillen als enorm attraktiv. Wissenschaftliche Versuche haben gezeigt, dass unsere Pupillen unwillkürlich auf emotionale Erregung reagieren und sich weiten. Das ist natürlich schmeichelhaft für unser Gegenüber – und erhöht so unsere Attraktivität.«

»Das macht Sinn«, sagte ich. »Die Augen sind ja die Fenster zur Seele. Da kommt es gut, die Fenster weit aufzureißen, wenn wir jemanden in unser Herz lassen wollen. Man kann sich aber auch vertun! Letzte Woche fuhr ich mit meiner Frau mit dem Zug nach Frankfurt. Mir gegenüber saß eine junge Frau. Die starrte mich die ganze Zeit an. Mit riesigen Pupillen. Wow ... ich war ganz sicher, die wollte was von mir! Dabei saß ich doch nur da und kaute an meinem Berliner! Als meine Frau mit zwei Kaffee vom Speisewagen zurückkam, flüsterte ich ihr ins Ohr: ›Margie! Guck mal, die junge Frau – die ist scharf auf mich!‹ Margie warf einen kurzen Blick auf sie und schüttelte den Kopf. ›Quatsch, Bill. Die ist scharf auf deinen Berliner – die ist doch voll bekifft!‹«

Frau Doktor lächelte erneut. »Tja, Cannabis weitet tatsächlich die Pupillen – und fördert den Appetit. Früher haben die Frauen noch ganz andere Drogen benutzt, um möglichst große, attraktive Augen zu bekommen. Zu da Vincis Zeiten hat man sich in den oberen Klassen Tollkirschsaft in die Augen geträufelt. Das nannte man ›Belladonna‹, also ›Schöne Frau‹. Die Damen haben sich unsterblich schön gemacht. Und bei Überdosierung ganz schön sterblich. Heute heißt das Mittel Atropin, und Frau Deshpanada hat es eben benutzt, um Ihre Pupillen zu erweitern, damit sie Ihnen besser in die Augen gucken kann.« Ich nickte und lächelte. Was für ein schöner Moment das gewesen war!

Wie attraktiv sie mich dabei fand und wie viel sie von meiner Seele sehen konnte, weiß ich allerdings bis heute nicht. Frau Doktor erklärte mir dann noch, dass mit dem

Alter die Netzhauthelligkeit abnimmt und ich deshalb auf gute Beleuchtung achten sollte – zusammen mit der richtigen Brille würde ich dann schon klarkommen.

So ging ich äußerst beschwingt – und mit dem Rezept für meine neue Gleitsichtbrille in der Tasche – nach Hause. Ich nahm mir vor, bald wiederzukommen. Natürlich aus rein medizinischen Gründen. Vielleicht konnte ich ja unsere Oma überreden, sich endlich die Augen untersuchen zu lassen!

Bei Oma, die mittlerweile neunzig ist, häuften sich nämlich mittlerweile die Beschwerden. Ich hatte ihr vor zwei Jahren einen sehr großen, sehr schönen und sehr teuren Fernseher gekauft. Und kaum war die Garantie abgelaufen, beschwerte sie sich bei mir, dass mich der Händler über den Tisch gezogen hätte. Das Bild würde von Tag zu Tag schlechter und die Farben immer schwächer. Ich sollte kommen, den Apparat wieder einpacken und zum Händler zurückbringen. Ich schnappte mir zwei meiner Jungs, und wir fuhren zu Oma. Sie hatte den Karton schon hervorgeholt und schimpfte mächtig drauf los. So ein teures Gerät und nach zwei Jahren schon kaputt! Das sei typisch für die moderne Wegwerfgesellschaft. Früher war man noch stolz auf echtes Handwerk, da wurden ja auch noch Fernseher in Deutschland gebaut … und so weiter. Die ganze Palette.

Wir hatten den Apparat fast eingepackt, als sie sagte: »Aber heute wollen sie alle nur sparen. Also, dass die ARD die neue Tagesschau inzwischen auch nur in Grau sendet, das ist eine Unverschämtheit!« Die Jungs und ich guckten uns an und packten den Fernseher wieder aus. Während wir ihn anschlossen und einschalteten, regte sie sich wieder auf.

»Was macht ihr denn? Ich will den nicht mehr haben, der ist Schrott!« Auf einmal erschien Sonja Zictlow auf dem Bildschirm, vor knallgrüner Dschungelkulisse, in allen Farben des Regenbogens gekleidet. Unsere Oma schaute triumphierend auf das Bild und sagte: »Seht ihr? Jetzt sendet RTL auch nur noch in Schwarz-Weiß!«

Definitiv ein Fall für Frau Dr. Westrich. Oma hatte sich zwar jahrelang standhaft gegen jede Untersuchung gesträubt, aber jetzt hatte ich einen Grund, sie hinzuschleifen – die Pupillen der indischen Göttin!

Was soll ich Ihnen sagen – das Leben ist manchmal ungerecht. Ich kam in freudiger Erregung, Oma im Schlepptau, in der Praxis an. Und Frau Deshpanada hatte Urlaub. Nun ja. Das hatte wenigstens den Vorteil, dass ich nicht so abgelenkt war und mir konzentriert anhören konnte, was Frau Doktor uns erklärte.

»Schauen Sie, Herr Mockridge, viele Sehprobleme im Alter haben mit der zu geringen Menge an Licht zu tun, die unsere Netzhaut erreicht. Das liegt auch daran, dass die Pupillen im Alter grundsätzlich kleiner werden, vor allem aber an alterstypischen Trübungen der Linse. Wenn die Linse nicht mehr glasklar ist, sondern durch Eiweißablagerungen trüb wird, kommt erstens weniger Licht durch, und zweitens kommt es zu sogenanntem Streulicht, das sich wie ein Schleier über unser Bild auf der Netzhaut legt. Dadurch wird der Kontrast des Bildes verringert.«

Oma schüttelte ungläubig den Kopf. »Sie meinen, das liegt auch nicht am Fernseher, dass ich die Gesichter nicht mehr erkennen kann?«

»Nein, das liegt an der Trübung Ihrer Linsen. Die meisten Menschen merken erst gar nicht, wie schlecht sie mittlerweile eigentlich sehen. Das Gehirn gewöhnt sich nämlich mit der Zeit an alles – auch an die Farbe Grau. Und erst nach den entsprechenden Maßnahmen merkt man, wie hell, bunt und lebenswert die Welt eigentlich ist!«

An dieser Stelle muss ich Oma und Dr. Westrich mal kurz allein lassen, weil ich Ihnen eine Geschichte erzählen möchte. Es ist zur Abwechslung eine ziemlich traurige Geschichte – über einen Mann, dessen Leben untrennbar mit Farbe verbunden war. Der berühmte Maler Claude Monet malte im Laufe seines langen Lebens etliche wunderschöne Bilder von seinem Seerosenteich (die kennen Sie wahrscheinlich als Poster im Wartezimmer Ihres Hausarztes). Strahlende, lebendige Farben, sattes Grün und Blau brachten die Leinwand zum Leuchten. Doch im Laufe der Jahre veränderten sich die Bilder. Je später in seinem Leben er sein Lieblingsmotiv malte, desto mehr verloren die Bilder an Konturen. Ein verschwommenes Gelb und Braun ersetzte das strahlende Blau – sehr zur Irritation der damaligen Kunstbetrachter. Was hatte der verrückte Impressionist sich denn da schon wieder ausgedacht?

Sie ahnen es schon: Monet litt unter dem Grauen Star. Bei dieser Krankheit ist die Linse so stark getrübt, dass man die Farbe Blau fast gar nicht mehr wahrnimmt. Auch Schärfe und Kontrast lassen so stark nach, dass man schließlich fast gar nichts mehr sieht. So veränderten sich nicht nur die Bilder des Künstlers, sondern sein ganzes Leben. Er verfiel in tiefe Depressionen. Mit 82 Jahren hatte Monet nur noch eine Sehkraft von zehn Prozent und entschloss sich endlich zu einer Operation. Erst drei Jahre später fand er dann die für ihn passende Brille und konnte für eine Zeit lang tatsächlich wieder malen – bis er mit 85 Jahren starb.

So, wir sind zurück in der Praxis von Frau Dr. Westrich. Die stellte bei Oma dieselbe Diagnose: Katarakt, oder Grauer Star. Sie riet Oma zur Operation. »Das ist mittlerweile ein wirklicher Routineeingriff. Die Erfolgsquote liegt bei neunzig Prozent. Dabei wird die trübe Linse entfernt und durch eine künstliche, starre Linse ersetzt. Ergänzt wird das Ergebnis durch eine optimal angepasste Gleitsichtbrille – und Sie werden staunen, wie gut Sie wieder sehen können!«

Oma war skeptisch. »Wenn ich schon operiert werde, wieso brauche ich dann trotzdem eine Brille?« Jetzt konnte ich mit meinem frisch erworbenen Wissen angeben. »Weil sich die starre Linse ja nicht verformen kann. Und deshalb kann das Auge nicht zwischen Fern und Nah hin und her schalten!«

Frau Doktor nickte zufrieden. »So ist es. Es gibt inzwischen zwar sogar Multifokallinsen – also Gleitsichtlinsen, die ins Auge implantiert werden –, aber das würde ich in Ihrem Fall nicht empfehlen. Außerdem sind die 3000 Euro pro Linse kein Pappenstiel – und die zahlt auch leider keine Kasse.«

Das überzeugte Oma schließlich, und sie stimmte einer Operation zu. Heute kann sie wieder wesentlich besser sehen. Und seitdem kleidet sie sich auch nicht mehr in Grau und Braun, sondern lässt es klamottenmäßig richtig krachen. Zu wenig Farbe – das gibt's für Oma nicht mehr!

Überhaupt sind Farben (nicht nur in Modefragen) unglaublich wichtig für unser Wohlbefinden. Denn Farben beeinflussen Gefühle! Stellen Sie sich mal vor, Sie könnten kein frisches Frühlingsgrün mehr sehen, kein warmes, sonniges Rapsfeldgelb oder Sonnenuntergangsorange! Sie könnten nicht mehr sehen, wie Ihre Nachbarin gelb vor Neid wird, weil Sie sich diese geile Jacke in erotischem Rot gekauft haben – und Ihren Mann würden Sie nicht mehr durch eine rosa Brille sehen können, auch wenn er mal veilchenblau nach Hause kommt!

Es ist kein Zufall, dass schreckliche Worte wie »grauenhaft«, »Grausamkeit«, »Grauschleier« oder »Graupensuppe« den Namen einer leider viel zu oft benutzten Unfarbe gemeinsam haben. Wenn Sie das Leben hauptsächlich in Grau sehen, wird es höchste Zeit, etwas daran zu ändern!

Auf einen letzten Punkt hat mich meine Frau gebracht. Sie stammt, wie Sie vielleicht wissen, aus Italien. Margie liebt Deutschland, aber was das Wetter angeht, sagt sie immer: »Als der liebe Gott das Wetter in Deutschland gemacht hat, hatte er einen schlechten Tag. Er hat die Sonne vergessen!« Im Klartext heißt das dann: »Bill, pack die Koffer, wir müssen für ein paar Tage nach Rom!« Das machen wir dann auch, und danach geht's uns besser!

Licht beeinflusst unser Wohlbefinden. Und zwar ganz unmittelbar. Frau Dr. Westrich hat mir das genau erklärt: Nicht alle Fasern des Sehnervs sind für die Wahrnehmung von Bildern zuständig. So um die Tausend Nervenfasern zweigen kurz vor der Sehnervenkreuzung ab und machen sich auf die Socken in Richtung Zirbeldrüse. Was die da machen? Sie sorgen dafür, dass es uns seelisch gut geht. Zirbeldrüse und Hirnanhangdrüse produzieren nämlich Hormone, die für das Wohlbefinden unverzichtbar sind. Und diese Produktion hängt von der Menge des Lichts ab, die wir über die Augen aufnehmen. Lichtmangel kann uns körperlich und seelisch belasten – das kennt jeder von uns unter anderem als Winterdepression.

Also, Freunde: Bringt Licht und Farbe in euer Leben! Egal ob Rom, Mallorca oder einfach ein Spaziergang durch die Wintersonne – raus, vor die Tür! Farbige Wände, helle Lampen, bunte Kleider, all das hilft! Und lasst euch rechtzeitig untersuchen – gegen die meisten altersbedingten Sehprobleme kann man etwas tun. Mit richtiger Ernährung, einer vernünftigen Brille, Medikamenten oder auch einer Operation. Alles ist besser als die Dunkelheit – an Leib und Seele.

So, das war's jetzt aber auch mit der Gardinenpredigt. Um es mit einem alten Sprichwort zu sagen: »Besser ist es, ein Licht anzuzünden, als auf die Dunkelheit zu schimpfen.« Oder, wie ein anonymer Dichter schrieb: »Es war Licht im Nasenloch – denn seine Popel lasen noch.«

14. Kapitel

Bitte (nicht) anfassen!

Ich freute mich die ganze Woche auf meinen Besuch in den »Goldenen Zeiten«. Die Zeit bis dahin verbrachte ich mit dem Warten auf die neue Gleitsichtbrille und dem hingebungsvollen Stolpern über Türschwellen und Treppenstufen, als ich sie dann endlich hatte. Junge, Junge – an das Teil musste ich mich echt erst mal gewöhnen. Am Anfang sprangen mir die Dinge förmlich entgegen – und je nachdem, wie ich den Kopf hielt, hüpften sie im selben Affenzahn zurück. Aber nach relativ kurzer Zeit hatte sich mein Gehirn daran gewöhnt, und ich spazierte fast ganz ohne Stolpern über die Schwelle unseres Probenraums.

Natürlich hatte ich wieder nichts vorbereitet, war dafür aber extra pünktlich, um mir nicht noch mal einen Rüffel von Karl-Friedrich einzufangen. Doch ausgerechnet Karl-Friedrich und seine Frau Magdalena waren noch nicht da. Jupp, Uschi, Carmela und Helene vertrieben sich die Zeit mit Kreuzworträtseln und Sudoku, und ich versuchte, der »Königin des *Zeit*-Rätsels« über die Schulter zu gucken. Helene drehte das Blatt um und wandte sich in die Runde.

»Also gut – solang die zwei noch nicht da sind, eine kleine Quizfrage: Was ist das größte Organ des Menschen?« Jupp war sofort mit einer Antwort zur Stelle. »Also beim Mann is dat klar.« Uschi kicherte, während Helene die Augen verdrehte. »Meine Güte, du musst ja Komplexe haben ... Wenn du Italiener wärst, wäre dein größtes Organ dein Auto.« Jetzt prusteten alle los. Helene verzog keine Miene. »Was würdest du sagen, Paul?« »Die Leber!«, meinte Paul. »Hat jedenfalls meine Frau immer gesagt, wenn ich von der Kegeltour kam.« Uschi war davon überzeugt, dass es der Magen sei. Ich tippte auf das Herz – bei meiner Frau ist das eindeutig so. Helene schüttelte den Kopf. »Alles falsch. Es ist die Haut.«

Wir erfuhren von der ehemaligen Lehrerin Helene noch ein paar erstaunliche Details: Unsere Haut wiegt im Schnitt dreizehn Kilo und schlägt mit 1,7 Quadratmetern Ausdehnung zu Buche. Neben ihrer Funktion als Schutzmantel für unseren Körper nehmen wir wichtige Außenreize wie Temperatur, Schmerz und Druck über die entsprechenden Rezeptoren in der Haut auf. »Und dann ist da natürlich der Tastsinn – also unsere Fähigkeit, die Form und Struktur von Dingen zu erkennen sowie Berührungen wahrzunehmen«, beendete Helene ihren kleinen Vortrag.

Dazu fiel mir ein Gespräch mit meinem Sohn Lenny ein, das ich vor vielen Jahren mit ihm geführt hatte. »Als Lenny mir von seiner ersten Freundin erzählte, schwärmte er mir in den höchsten Tönen von ihrem Körper vor«, erzählte ich. »Dad, die sieht so megageil aus und hat so super geile ... (Geste) und einen hammerfesten ... (Geste) und zwei lange, super sexy ... (Geste)! Die ist einfach ...« Er suchte verzweifelt nach einem allumfassenden Wort und landete bei »Boah!« Ich konnte seine Erregung gut verstehen, schließlich kann ich mich heute noch sehr gut an meine erste Freundin Janet erinnern. Und das ist erst 56 Jahre her. Trotzdem versuchte ich ihm zu vermitteln, dass eine Frau eine ganze Menge mehr sei als nur ein Körper mit dicken … (Geste).

»Weißt du, Lenny, es ist ja nicht der Körper der Frau, der dich erregt, sondern die Frau in dem Körper. Du machst ja nicht Liebe mit dem Körper, sondern mit der Frau.« Er dachte kurz nach und sagte dann: »Ja ja, du hast schon recht – aber der Körper von dieser Frau ist eine hammergeile Begleiterscheinung!«

Unter dem Gelächter der Truppe (und einem Schmunzeln von Helene) kamen Magdalena und Karl-Friedrich herein. Karl-Friedrich entschuldigte sich bei uns. »Tut mir leid, ich wollte die neue Strickjacke anziehen – aber ich komme einfach nicht mehr mit diesen vielen kleinen Knöpfen zurecht! Das dauert ewig – Magdalena musste mir helfen.« Ich war beeindruckt, dass Karl-Friedrich das so offen zugab. Aber offenbar war er längst nicht der Einzige mit diesen Problemen. Helene wusste auch darüber etwas zu erzählen.

»Seht ihr? Da sind wir wieder bei der Haut. Es ist ein Riesenproblem, wenn der Tastsinn im Alter nachlässt! Unser Tastsinn wird täglich gebraucht, um ganz gewöhnliche Alltagsaufgaben zu lösen: um ein Hemd zuzuknöpfen, Kleingeld aus dem Portemonnaie zu fischen oder den Schlüssel ins Schloss zu stecken. Diese Dinge haben wir zwar schon tausendmal im Leben getan, ohne darüber nachzudenken, aber im Alter fallen sie uns schwer.« Paul nickte. »Allerdings. Ich bin ja sonst wirklich fit, aber mit den Schnürsenkeln hab ich so meine Schwierigkeiten. Da kannste nix gegen machen!«

Helene trumpfte auf. »Denkst du! Den Tastsinn kann man trainieren! Ich habe einen Artikel über einen Neurobiologen gelesen. Professor Hubert Dinse heißt der Mann –

der hat so ein Trainingsgerät erfunden. Er und sein Team von der Universität Bochum gingen davon aus, dass unsere Sinne auch im hohen Alter noch lernfähig sind. Und zwar mit Hilfe von Gehirntraining. Man kann nämlich mit entsprechenden Geräten genau die Bereiche des Gehirns beobachten, in denen die Tastinformationen verarbeitet werden. Und wenn der Tastsinn nicht geübt wird, man seine Finger also seltener benutzt, werden diese Bereiche kleiner! Bei Blinden sind die Bereiche natürlich sehr viel ausgeprägter, aber auch bei Musikern wie Klavier- oder Geigenspielern.«

Magdalena nickte. »Ich habe früher viel Klavier gespielt, und heute male und schreibe ich jeden Tag – ich hab wirklich weniger Probleme mit dem Tasten als Karl-Friedrich.« Karl-Friedrich hakte interessiert bei Helene nach. »Erzähl mal von diesem Trainingsgerät!« Helene freute sich, noch ein bisschen weiter dozieren zu dürfen. Sie erzählte uns von einem spannenden Versuch.

»Dinse hat seine Versuchspersonen, zwischen 65 und 89 Jahre alt, erst mal mit der Stoppuhr in der Hand ein Hemd zuknöpfen lassen. Die Probanden hatten zum Teil große Probleme damit und allesamt einen schlechteren Tastsinn als ein Vierzigjähriger. Das ist ja eigentlich auch logisch: Wenn die Knochen und Gelenke nicht mehr so mitmachen, werden auch die Finger seltener gebraucht, und schon lässt der Tastsinn durch mangelndes Training nach. Man kann die sogenannte Tastschärfe bei Menschen sogar messen!«, sagte sie und zückte ein kleines Nähnadelset. »Gib mal deinen Finger, Jupp!«

Jupp sah sie misstrauisch an. »Willst du jetzt Blutsbrüderschaft mit mir maache? Isch bin doch kinge Winnetou!«

Aber Helene schüttelte den Kopf. »Keine Angst – es tut nicht weh. Mach mal die Augen zu!«

Sie berührte Jupps Finger vorsichtig mit zwei Nadelspitzen, die sie immer näher zusammenführte. Schließlich waren sie noch ein paar Millimeter auseinander – und Jupp spürte sie nicht mehr als zwei, sondern nur noch als eine Nadel. »Seht ihr? Das ist die Tastschärfe. Bei jungen Leuten kann man die Nadeln viel enger zusammenführen, und trotzdem spüren sie noch zwei davon!«

Helene erzählte uns jetzt von dem Trainingsgerät, das Professor Dinse entwickelt hatte und das den Tastsinn in kurzer Zeit deutlich verbessern kann. Das kleine, unscheinbare Ding wird auf dem Zeigefinger befestigt und sendet ungefähr einmal pro Minute einen kleinen elektrischen Impuls. In der Zeit konnten die Probanden spazieren gehen, lesen oder Kaffee trinken – und nach zwei Stunden wurde ihr Tastsinn erneut untersucht. Ein Achtzigjähriger hatte nun beim »Nadelspitzentest« wieder die Tastschärfe eines Fünfzigjährigen! Auch im Gehirn hatte sich nach dem Training der aktive Bereich für den Tastsinn verdoppelt. Und das Hemdzuknöpfen ging auch viel flotter!

Karl-Friedrich schrieb sich sofort Professor Dinses Namen auf. Er wollte auch so ein Gerät haben! Auch Jupp war beeindruckt. »Dat jiddet jar nit – und dat alles mit su ne klitzekleine Vibrator! Da sin die Dinger doch für wat joot …« Helene zog die Augenbraue hoch. »Wenn du wüsstest, Josef.« Schallendes Gelächter. Die Stimmung war blendend, und das wollte ich sofort ausnutzen.

»Habt ihr Lust auf ein Impro-Spiel? Es heißt ›Bitte anfassen‹. Das macht tierisch viel Spaß und ist wahnsinnig witzig zu beobachten!« Die Truppe war neugierig, und die zwei Stimmungskanonen Uschi und Jupp meldeten sich freiwillig. Wir stellten die Stühle in einem Halbkreis auf, und die beiden platzierten sich in der Mitte der improvisierten Bühne.

»Okay«, sagte ich, »es geht los. Jupp, du bist ein Reisender, Uschi, du bist eine Schaffnerin. Der Zug hat Verspätung. Normalerweise würde die Szene so ablaufen: Der Reisende ärgert sich wahnsinnig über die Verspätung der Bahn und macht die Schaffnerin dafür verantwortlich. Sie verteidigt sich, so gut es geht, und beide gehen wutentbrannt auseinander.«

Karl-Friedrich mischte sich ein. »Selbstverständlich! Unpünktlichkeit kann man nicht dulden. Schon gar nicht im öffentlichen Nahverkehr – ich würde allerdings eine offizielle Beschwerde beim Vorgesetzten der Frau vorschlagen. Am besten schriftlich per Einschreiben mit Rückschein.«

Uschi verdrehte die Augen. »Mann, Karl-Friedrich. Das is 'n Spiel!« »Genau«, sagte ich. »Jupp und Uschi, ihr beide kennt euch nicht, und habt auch nichts miteinander zu tun. Und noch was: Ihr dürft nur reden, wenn ihr den anderen Spieler vorher körperlich berührt habt.« Jupp lachte. »Dat is nit schwer! Dat donn isch Fasteloovend dä janze Zick!« Ich zuckte mit den Schultern. »In der Szene ist aber nicht Karneval. Das wär zu einfach. Lasst euch was einfallen!«

Die beiden legen los – und schon wird es spannend. Jupp schlüpft mit Vergnügen in die Rolle des korrekten Karl-Friedrich. Er läuft auf und ab, ärgert sich sichtlich, sieht genervt auf seine Uhr und versucht, mit der Schaffnerin Uschi in Kontakt zu treten. Doch die tut so, als stecke sie sich Kopfhörer in die Ohren und starrt auf ihr imaginäres Handy. Die kleine, kugelrunde Powerfrau schwenkt im Takt der Musik die Hüften wie Shakira. Der »Reisende« Jupp starrt sie fassungslos an. Wir lachen uns kaputt – Uschi ist ein Naturtalent!

Die Spannung steigt. Wie kann Jupp die Schaffnerin berühren, damit er endlich sprechen kann? Er hat eine Idee. Er geht zur Schaffnerin und schaut sie an. Sie schaut gebannt auf ihr Handy und wippt mit dem Kopf. Jupp ärgert sich noch mehr und berührt jetzt ihre Schulter. Mit zusammengebissenen Zähnen sagt er: »Würden Sie bitte die Stöpsel aus den Ohren nehmen, damit ich Sie was fragen kann?« Jetzt ist Uschi an der Reihe. Sie lacht ihn an, macht ein verständnisloses Gesicht, berührt seine Brust mit ihrer Hand und fragt: »Wie bitte?« Er nimmt ihr die Stöpsel aus den Ohren, greift nach ihrer freien Hand, drückt die Stöpsel hinein und lässt ihre Hand wieder los. »Sie sollen hier arbeiten und nicht Musik hören!«

Sie schaut ihn an, kann es kaum glauben, macht den Mund auf und zu – aber es kommen keine Laute heraus. Sie fasst ihn an beiden Armen und sagt: »Das gibt's doch nicht! Du bist doch ›Sado-Maso Sammy2‹! Wir sind auf Facebook befreundet!« Jupp starrt sie wie versteinert an, während wir auf dem Boden liegen vor Lachen.

Es gab einen Riesenapplaus für die beiden. Und eine Riesendiskussion übers Anfassen. Für Jupp, die rheinische Frohnatur, war das kein Problem. Auch Uschi, Carmela, Magdalena und Paul fanden Berührungen enorm wichtig. Erwartungsgemäß hatten Karl-Friedrich und Helene die meisten Probleme mit dem Thema.

»Mir ist meine Privatsphäre wichtig«, sagte Helene entschieden. »Ich möchte, dass andere Menschen einen gewissen Höflichkeitsabstand halten.« Karl-Friedrich nickte. »Genau. Natürlich kann man sich die Hand schütteln. Ich finde, das reicht an Berührung.« Seine Frau Magdalena schüttelte den Kopf und streichelte ihm liebevoll über die Wange. »So ein Quatsch«, sagte sie. »Jeder braucht Berührungen.« Ich habe mal einen wunderschönen Satz gelesen, von der Fotografin Almut Adler: »Tastsinn ist das Fingerspitzengefühl der Liebe.«

Der Satz gefiel mir unheimlich gut, und ich erinnerte mich plötzlich an ein Erlebnis mit meinem Erstgeborenen. »Dieses Gefühl kennen wir doch alle«, sagte ich. »Das erste Mal, als mein Sohn Nicky mir über die Wange streichelte und ›Dada‹ sagte, habe ich gedacht, ich schmelze weg wie ein Eisblock in Florida. Das Gefühl, mit meiner Margie Wange an Wange zu tanzen, oder die Empfindung, wenn sie beim Gehen nach meiner Hand greift. Sie hat eine unbewusste, wunderschöne Angewohnheit, wisst ihr? Es passiert meistens, wenn wir im Auto oder im Kino zusammensitzen. Dann fängt sie langsam an, ganz nebenbei meinen Arm zu streicheln. Wenn ich sie frage, warum sie das tut, sagt sie: ›Meine Finger vergewissern sich, dass wir uns noch lieben.‹ Wenn ich sie frage, woher ihre Finger das wissen, antwortet sie: ›Die spüren das.‹«

Alle Damen – bis auf Helene natürlich – seufzten unisono, mit einem seligen bis sehnsüchtigen Blick in den Augen. Und mir wurde auf einmal heiß im Gesicht. O Gott – Helene, Uschi und Carmela – das waren ja alles Witwen! Wie gefühllos von mir … Aber Carmela sah wohl, dass ich rot wurde, und rettete mich aus der Verlegenheit.

»Das braucht doch nisst nur mit der Frau oder der Mann ssu ssein«, sagte sie mit ihrem entzückenden spanischen Akzent, »du musst alle berühren, die du liebst! Tochter, Sohn, Neffe, Nissste, Onkel, Tante, Freund, Freundin! Das iss so wisstiss!« Und sie nahm Helene in den Arm. Die wurde erst stocksteif – und entspannte sich dann zusehends in der Umarmung, bis sie sich ruckartig löste und das Zimmer verließ. Nicht nur mir traten die Tränen in die Augen.

Die Stunde war vorüber, und auf dem Heimweg war ich sehr nachdenklich und driftete wieder in die Vergangenheit ab.

Ich war etwa acht Jahre alt, und mein Vater kam nach einer langen Geschäftsreise wieder nach Hause. Als ich ihn sah, lief ich auf ihn zu und wollte ihn umarmen. Er hob die Hand, stoppte mich, bevor ich ihn berühren konnte, und sagte: »Männer in diesem Haus umarmen sich nicht.«

Ich habe ihn ein Leben lang nie umarmt. Das hatte zur Folge, dass ich ihn immer respektiert, ihm aber nie wirklich vertraut habe. Ich nahm mir damals vor, mit meinen eigenen Kindern anders zu sein und sie so oft wie möglich in den Arm zu nehmen.

Mit kleinen Kindern ist das wunderbar, und sie lieben es, wenn man mit ihnen kuschelt und schmust. In der Pubertät ist das allerdings anders. Da wehren sie sich mit Händen und Füßen gegen jede Körperlichkeit. Da ist es leichter, einen Oktopus zu umarmen. Später, nach der Pubertät, gibt sich das Gott sei Dank wieder, und eine innige Umarmung zwischen Vater und Sohn kann manchmal mehr ausdrücken als hundert Worte.

Berührungen sind für uns Menschen lebenswichtig. Es ist

die erste Sprache, die wir als Babys verstehen, und sie bleibt zeit unseres Lebens die unmittelbarste Art der Verständigung. Händeschütteln, Schulterklopfen, eine Umarmung oder ein lässiges Abklatschen – all diese Berührungen übermitteln eine stumme, klare Botschaft mit direkter Wirkung. Ohne dass wir es bewusst merken, geht es uns besser!

Ich habe zu Hause nachgelesen, woran das liegen kann. Und ich habe folgenden Rat für Sie: Wenn Ihr Mann sich Sorgen macht oder Ihre Frau erschöpft und überfordert ist – nehmen Sie Ihren Partner erst mal in den Arm! Eine liebevolle Berührung führt nämlich zu einer direkten Entspannung beim Berührten und zur Ausschüttung des Hormons Oxytocin. Das baut Stresshormone ab und wird mit Gefühlen wie Liebe, Vertrauen und Ruhe in Verbindung gebracht. Das Gehirn erkennt solche Berührungen ganz richtig als Zeichen der Verbundenheit und Erleichterung von Sorgen und Problemen. Die Zentren im Gehirn, die für Problemlösungen zuständig sind, entspannen sich sofort nach der Berührung. Die Haut gibt dem Hirn das Signal: »Da will uns jemand helfen!«

Ich finde, es ist ein großes Problem unserer Gesellschaft, dass sie immer berührungsärmer wird. In früheren Zeiten haben sich die Menschen grundsätzlich mit einem Händedruck begrüßt und Geschäfte mit Handschlag besiegelt. Heute haben wir (zumindest in Grippezeiten) Angst, uns bei anderen anzustecken. Und ein Geschäft wird durch einen schnellen Mausklick besiegelt. Das führt bei vielen Menschen zu Einsamkeit und einem Gefühl der Entfremdung und macht uns auf Dauer krank.

Also, lieber Leser: Springen Sie über Ihren Schatten und

klopfen Sie Ihrem Freund auf die Schulter, wann immer es geht. Und falls Sie, liebe Leserin, keinen Partner haben – nehmen Sie Ihre beste Freundin in den Arm und drücken Sie sie mal ordentlich!

Ich glaube, Helene hat es geholfen.

15. Kapitel

Margie, ihr schmeckt's nicht!

Ich koche wirklich gern. Gerade in meinem Jungbrunnen-Jahr, in dem ich weniger, gesünder und sehr viel bewusster gegessen habe, hat mir das Kochen immer großen Spaß gemacht. Besonders, wenn Margie dann genüsslich mit den Augen rollte und demonstrativ schmatzend das italienische Handzeichen für »Perfetto!« machte. Wie anfangs gesagt, ich bin Löwe. Und wir Löwen brauchen das Lob wie die Fische das Wasser, die Schützen den Umzug oder die Skorpione den Turnschuh eines ahnungslosen Touristen …

Warum ich so viel über Sternzeichen rede? Wegen unserer Oma. Die ist Skorpion. Und zeichnet sich durch die typischen Eigenschaften dieses Sternzeichens aus: Intelligenz, Zuverlässigkeit, einen beißenden Humor, Unbestechlichkeit … und eine natürliche Arroganz. Anfangs habe ich deshalb gedacht, dass es an Letzterem lag, wenn sie meinen liebevollen Herdkreationen mit einer fein säuberlich vorm Teller aufgestellten Reihe von Würzmitteln zu Leibe rückte. Salz, Pfeffer, Paprika, Chili und Senf mussten her, »damit das auch nach was schmeckt, William«.

Ich habe nie nachgesehen, was Omas chinesisches Sternzeichen ist. Aber bei dem Overkill an Schärfe muss sie definitiv »Feuerspuckender Drache« sein. Nach dem Essen

Drachenfutter für die Oma – es muss ja nach was schmecken!

gab's dann immer einen Becherovka, um die gereizten Ma-
genwände zu beruhigen. Auf Dauer konnte das nicht gesund sein! Hatte das vielleicht auch was mit dem Alter zu
tun? Mein Wallraff-Radar schlug aus. Das war bestimmt wie-

der ein Bereich, in dem ich fündig werden konnte. Um dem Geheimnis der »Geschmacklosigkeit« meines Essens auf die Spur zu kommen, machte ich mich also einmal mehr auf den Weg zu meinem HNO-Arzt Dr. Hammerstein.

»Dr. Hammerstein – unserer Oma schmeckt mein Essen nicht! Ist die Zunge kaputt? Und kann man etwas dagegen machen?« Dr. Hammerstein schüttelte den Kopf. »Mit der Zunge hat das weniger zu tun. Das Problem bei Ihrer Groß-mutter scheint eher die Nase zu sein.«

Da musste ich ihm hundertprozentig recht geben. Dass Oma ihre Nase in alles reinsteckte, war manchmal wirklich ein Problem. Aber die Verbindung mit dem Essen war mir noch nicht ganz klar. Dr. Hammerstein seufzte. »Okay – fangen wir ganz von vorne an. Um sechs bin ich zum Joggen verabredet – bis dahin können Sie mich ausquetschen. Wissen Sie, was die Geschmackspapillen sind?« Das hatte ich schon mal gehört. »Diese kleinen Pünktchen auf der Zunge?« »So ungefähr«, nickte Dr. Hammerstein. »Die Papillen leiten das, was wir auf die Zunge bekommen, an die Geschmacks-sinneszellen weiter. Und die können nur vier Geschmacks-richtungen unterscheiden.«

»Erdbeer, Schoko, Vanille und Nuss?«, fragte ich. Dr. Hammerstein schüttelte den Kopf. »Süß, salzig, sauer und bitter. Sonst nichts.« Das fand ich jetzt ein bisschen primitiv. »Moment mal. Es gibt doch eine Menge von Gourmetkö-chen und Restaurantkritikern, die von ihrer feinen Zunge le-ben!« Wieder daneben. »Stimmt nicht«, sagte Dr. Hammer-stein. »Die leben von ihrer Nase. Alles, was wir an feinen, differenzierten Aromen schmecken, ist ein Zusammenspiel der Riechzellen in der Nase mit den Geschmackspapillen auf der Zunge. Haben Sie nie festgestellt, dass das Essen nicht mehr schmeckt, wenn Sie erkältet sind?«

Klar. Da hatte er recht. Ich hatte tatsächlich schon mal völlig frustriert mit meiner Schnupfennase in einem Drei-Sterne-Restaurant gesessen. Ich hatte Monate vorher reservieren müssen und wollte den Tisch auf keinen Fall aufgeben! Das Essen sah auch super aus – aber rein geschmacklich hätten sie mir auch eine Dose Ravioli servieren können. Die teuerste Dose Ravioli aller Zeiten, wohlgemerkt.

Dr. Hammerstein erklärte mir das genauer. »Die Aromamoleküle im Essen dringen über die Mundhöhle in die Nase ein und lösen dort Impulse aus, die ans Gehirn weitergeleitet werden.« Ich nickte begeistert. »Kenn ich von unserem Stamm-Italiener! Ein starker Impuls war zum Beispiel jedes Mal, beim Kellner sofort eine zweite Flasche dieses schweineleckeren 1998er Barolo zu ordern, koste es, was es wolle! Ähm ... wobei ich ja zum Essen seit Neuestem nur noch ein Glas Wein genieße.« Dr. Hammerstein sah mich beeindruckt an. »Gute Idee. Ich muss sagen, Sie sehen auch wirklich schon viel fitter aus als vor ein paar Wochen. Haben Sie auch schon abgenommen?« »Ja!«, sagte ich nicht ohne Stolz. »Es sind schon drei Kilo runter, und ich fühle mich auch deutlich besser im Kopf und im Körper.« »Das freut mich, Herr Mockridge.« »Und mich erst!«

Begeistert erzählte ich ihm, dass ich auch wieder viel feinere Geschmacksnerven entwickelt hatte, seit ich angefangen hatte, langsamer und bewusster zu essen. Ich bat ihn, mir noch mehr über diese Riechzellen zu erzählen – und vor allem, warum sie bei Oma nicht mehr funktionierten. Dr. Hammerstein versuchte, es mir mit einfachen Worten zu erklären.

»Die Riechzellen, oder auch olfaktorischen Sinneszellen, hausen zu Millionen in einem ganz kleinen Bereich im Dach der Nasenhaupthöhle. Dort nehmen sie Duftimpulse auf und leiten sie auf kürzestem Weg über den Riechnerv direkt ans Gehirn weiter.«

Mir kam sofort ein Beispiel in den Sinn: »Wenn die Oma bei uns zu Hause also den frisch gebackenen Apfelkuchen aus dem Ofen holt, melden meine Riechzellen das nach oben weiter, und mein Gehirn gibt wiederum sofort drei Befehle an mich:

1. Sabbern
2. Betont unauffällig in die Küche schlendern
3. Oma ein Kompliment machen, um das erste Stück abgreifen zu können, bevor die Jungs olfaktorisch was mitkriegen.«

Dr. Hammerstein lachte. »Genau. So oder so ähnlich läuft das. Wenn alles klappt, wie es soll. Wenn nicht, und Sie eines Tages ratlos vor einem leer gefutterten Backblech stehen, weil *Sie* nichts mitgekriegt haben, unterscheidet man zwischen zwei Arten von Riechstörungen: Es gibt sinunasale Störungen und nicht-sinunasale Störungen.« Ich sah ihn an wie ein Auto. Schon wieder Fremdwörter!

Aber Dr. Hammerstein fuhr unbeirrt fort. »Keine Angst, das klingt komplizierter, als es ist. Sinunasal heißt nämlich nichts anderes als: Nase verstopft.«

Aha. Wenn Sie also demnächst Ihren Enkel ermahnen wollen, nicht zu popeln, können Sie sich als wahrhaft medizinisch bewandert erweisen: »Alexander! Hör sofort auf, deine sinunasale Blockierung manuell zu entfernen – und schmier sie vor allem nicht wieder unter Tisch!« Außer Popeln können laut Dr. Hammerstein auch Allergien, Polypen oder gekrümmte Nasenscheidewände der Grund für eine sinunasale Störung sein – oder, wie der Volksmund sagt, für »Nade tu«.

Aber das war nicht Omas Problem. Sie hatte offenbar eine nicht-sinunasale Störung. Die entsteht nämlich unter anderem durch ein Trauma, eine Verätzung oder häufigen Umgang mit Gift- und Schadstoffen. Auf gut Deutsch: Boxernase, Koksernase und Rauchernase. Und dann natürlich durch das Alter. »Es ist so wie mit den Haarsinneszellen im Innenohr – Sie erinnern sich, Herr Mockridge?«, fragte Dr. Hammerstein. Ich nickte eifrig. »Klar, der kanadische Ahornblatt-Pullover, der sich am Kragen abnutzt!« »Genau. Die Riechzellen regenerieren sich im Alter nicht mehr so gut – genau wie alle anderen Zellen auch. Daher werden sie einfach immer weniger und können ihren Job nicht mehr erledigen.« »Verstehe«, sagte ich, »so ähnlich wie die Zugbegleiter bei der Deutschen Bahn.«

»Genau. Und das macht Probleme. Viele alte Leute kriegen es nämlich einfach nicht mehr mit, wenn die Milch sauer geworden, die Leberwurst in eine andere Daseinsform übergegangen ist oder der Toaster schon seit zehn Minuten qualmt. Im Ernst, Sie sollten für die Oma unbedingt einen Rauchmelder anschaffen, wenn sie wirklich nichts mehr riecht!« »Das hab ich natürlich schon längst!«, antwortete ich entrüstet – nahm mir aber im Stillen vor, endlich auch eine Batterie einzusetzen.

»Wie häufig ist das denn eigentlich mit dem nicht-sinunanu … Dingsbums?«, fragte ich den Doktor. »Tja, tatsächlich erwischt es fast jeden von uns«, sagte er. »Fast jeder zweite der über 65-Jährigen ist betroffen. Neben den oben erwähnten, buchstäblich lebensgefährlichen Auswirkungen, die so eine altersbedingte Riechstörung mit sich bringt, geht das Ganze eben auch zulasten der Lebensqualität. Überlegen Sie doch mal: der Duft von frisch gemahlenem Kaffee, wenn man die Tüte aufmacht!« Ich bekam leuchtende Augen. »Oh ja … Knusprige, noch warme Brötchen, die ihr Aroma verströmen und uns wie ferngesteuert sabbernd in die offene Tür der Bäckerei ziehen!«

Plötzlich tat mir Oma unendlich leid. War das ein Schicksal, das mir unweigerlich auch bevorstand? Dr. Hammerstein schüttelte den Kopf. »Tatsächlich können Sie da vorbeugen. Den Verlust des Geruchssinns kann man verlangsamen. Durch Training!« Ich horchte auf. Na, das war doch gerade wirklich mein Thema! »Echt? Wie geht denn so was?«, wollte ich wissen.

»Riechen Sie so viel wie möglich. Gehen Sie an keiner Blume vorbei, ohne die Nase reinzustecken. Gleiches gilt für Tee, Gewürze, Rotwein, Whisky, gebrannte Mandeln und andere, mit schönen Assoziationen verknüpfte Dinge.

Augen zu, tief einatmen, Hirnschublade auf und den Geruch zusammen mit schönen, erinnernswerten Bildern und Worten abspeichern. Dann können Sie sich den Geruch später ganz gezielt ins Gedächtnis rufen, auch wenn die Nase ihn nicht mehr so deutlich meldet. Es ist wirklich wahr: Riechgymnastik wirkt dem Abbau der Riechzellen entgegen. Also, Herr Mockridge – gehen Sie mit offener Nase durchs Leben, speichern Sie Erinnerungen ab, und schnuppern Sie sich glücklich!«

Das brauchte er mir nicht zweimal zu sagen. Ich habe

eine Menge Erinnerungen, die sofort wieder da sind, wenn ich den entsprechenden Geruch wahrnehme. Dr. Hammerstein erklärte mir das so: »Bestimmte Düfte sind in unserem Gehirn zusammen mit bestimmten angenehmen oder unangenehmen Erinnerungen in derselben Schublade abgelegt worden. Wenn wir diesen Duft jetzt aufnehmen, kommt – schwupp – völlig ungefragt die dazugehörige Erinnerung mit auf die Party.«

Wie recht er hatte …

Ich habe meine Frau vor 33 Jahren zum ersten Mal »gerochen«. Sie hatte sich bei einem großen Casting für die Springmaus angemeldet und kam 25 Minuten zu spät. Ich war mitten drin in einer Übung, da flog die Tür zur Probebühne auf, und eine geballte Ladung junge Frau wirbelte durch den Raum. Ihre wilden schwarzen Locken lagen irgendwie alle auf einer Seite, zwei Rollschuhe hingen an Schnürsenkeln um ihren Hals, und sie hatte den Pullover verkehrt herum angezogen. Sie holte einmal Luft, und dann ging es los: »Ich weiß ich bin ein paar Minuten zu spät aber unten am Rhein war der Wind so stark und ich kam mit den Rollschuhen gar nicht dagegen an und dann fand ich im Theater den Lift nicht und musste die Treppe nehmen aber da kamen mir diese Bühnenarbeiter mit einem Klavier im Treppenhaus entgegen und ich konnte ja gar nicht vorbei und das Klavier musste dann ganz nach unten wo der Orchestergraben ist und erst als wir da unten waren konnte ich an denen vorbei und wieder die Treppe hoch laufen und jetzt bin ich da und wo ist dieser Typ der das Casting leitet ich hab nicht viel Zeit?«

Ich fand das alles nicht sehr witzig und sagte: »Der *Typ*

bin ich, und du bist nicht ›ein paar Minuten‹ zu spät, sondern inzwischen (Blick auf die Uhr) fast eine halbe Stunde. Leg die Rollschuhe ab und geh auf die Bühne. Ich gebe dir gleich eine Übung.«

Sie ließ die Rollschuhe fallen und zog sich den Pulli mit Schwung über den Kopf. Es war auf einmal, als ob jemand das Fenster zur Bundesgartenschau aufgerissen hätte. Ein unbeschreiblicher Duft erfüllte den Raum. Es hatte was von Frühlingsblumen und frisch gewaschener Baumwolle. Der Duft war nicht nur betörend, sondern auf seltsame Weise vollkommen vertraut. Als ob ich ihn aus meiner Kindheit kannte und nur jahrelang vergessen hatte.

Sie sprang auf die Bühne zu den fünf anderen jungen Teilnehmern, wo sie gemeinsam eine stumme Szene improvisieren sollten – eine Sinnesübung namens »Was riechen wir«. Sie zog sich kurz mit ihren Partnern zurück, dann bauten sie mit Stühlen einen Bus auf und stiegen langsam nacheinander ein. Als Letzte stieß die »Zuspätkommerin« dazu. Sie setzte sich und schaute stur nach vorn. Ganz langsam verwandelte sich ihr neutrales Alltagsgesicht in eine unfassbar witzige Mischung aus Verwunderung, Ekel und Panik. Sie musterte ihren Nebenmann mit einem »Sie-Schwein-wie-wärs-mit-Waschen«-Blick, schüttelte den Kopf und setzte sich zu einer etwas fülligeren Teilnehmerin eine Reihe weiter. Wieder verwandelte sich ihr Gesicht, und ich hatte kurz die Befürchtung, sie würde mir gleich die Bühne vollkotzen. Sie hielt mit einer Hand ihren Mund, mit der anderen ihren Bauch und stand mit wackligen Beinen auf. Inzwischen lachten alle Teilnehmer im Publikum vor Vergnügen, und ich konnte auch kaum noch an mich halten. Jetzt stellte sie sich in den Gang zwischen zwei übelriechende Mitreisende und versuchte die Luft anzuhalten.

Dieses wunderbare Gummigesicht wechselte die Farbe von Pink über Rot nach Purpur, und immer wieder schnappte sie kurz nach Luft, was alles nur schlimmer machte. Um nicht ohnmächtig zu werden, griff sie mit beiden Händen nach oben an eine imaginäre Stange und hielt sich fest. In diesem Moment verließen alle Fahrgäste fluchtartig den Bus und schnappten wild nach frischer Luft. Allein im Bus stand sie nun da, glücklich, dass der Übeltäter endlich weg war – und dann roch sie kurz an ihrer Achselhöhle, rollte mit den Augen und wurde ohnmächtig.

Wir alle hielten uns die Bäuche vor Lachen, und mir war klar, dass vor mir ein komödiantisches Naturtalent stand. Ich fragte sie, wie sie dazu käme, so was zu spielen. Sie erklärte uns, dass sie in Rom immer mit dem überfüllten Bus zur Schule fahren musste. Diesen Geruch von Menschen, die bei 45 Grad Bauch an Bauch aneinander stehen mussten, würde sie nie vergessen. Sie stand vor mir und berichtete von den übelsten Gerüchen, die man sich überhaupt vorstellen kann, und ich schaute sie völlig verknallt an und roch nur Blumen und Baumwolle. Und da soll einer behaupten, Liebe geht durch den Magen. Bei mir stieg sie in die Nase und ging direkt weiter ins Herz.

Es ist ein Wunder, was dieses mehr oder weniger ansehnliche Organ namens Nase (in dem es tatsächlich ein Einzelteil namens »Riechkolben« gibt!) auch psychisch bei uns anrichten kann. Laut Dr. Hammerstein hat die menschliche Nase circa 350 Rezeptoren. Wir können also circa 350 verschiedene Gerüche unterscheiden. Mike Krüger sogar 360.

Ganz schön viele, finden Sie? Hund, Ratte oder Maus können circa 1000 Düfte unterscheiden! Und diese Fähigkeit ist für sie überlebenswichtig, weil sie auch riechen können, wie ihr Gegenüber drauf ist.

Das ist bei uns Menschen nur in ganz seltenen Fällen möglich. Gut, wenn Margie zwei wohldosierte Spritzer Chanel No. 5 drauf hat, weiß ich – Bill, es ist Hochzeitstag! Putz dir die Zähne, heute Abend wird es tierisch unsittlich! Aber im Großen und Ganzen ist es eher schwierig, die Gemütslage anderer zu riechen. Angst zum Beispiel können Hunde sofort mit ihrem Riechkolben feststellen. Das konnte mein Mathelehrer allerdings auch. Deshalb hat dieser sadistische Bluthund mich zielsicher immer genau dann an die Tafel zitiert, wenn ich keine Hausaufgaben gemacht hatte.

Das sei allerdings ein anderes Thema, meinte Dr. Hammerstein. »Jetzt reden Sie vom ›Passiv-Riechen‹.« Ich sah ihn fragend an. »Wie meinen Sie das?« »Na ja … Ihr Mathelehrer hat ganz offensichtlich den Angstschweiß gerochen, den Sie ausgeströmt haben – im Klassenzimmer ›roch‹ es nach Ihrer Angst. Zumindest das bessert sich im Alter. Ist doch ein Trost, oder?«

Tatsächlich können alte Menschen zwar schlechter als junge Menschen riechen, sie selbst riechen aber gleichzeitig besser. Klingt paradox, stimmt aber. Neueste Tests, die von Geruchsforschern in Philadelphia durchgeführt wurden (in der Stadt, nicht im Frischkäse), haben jedenfalls ganz erstaunliche Erkenntnisse zu Tage gefördert: Alte Leute riechen lecker!

Dr. Hammerstein erklärte mir, wie die Forscher darauf gekommen waren: In einem groß angelegten Geruchsvergleichstest bekamen Freiwillige jeden Alters Baumwollpads verpasst, die sie drei Tage unter den Achselhöhlen tragen mussten (fragen Sie mich nicht, wie die gehalten haben … wahrscheinlich sind die Leute wie Pinguine mit an den Körper geklemmten Armen durch die Gegend gewatschelt).

Nach Ablauf der drei Pinguin-Tage wurden die duftenden Pads Versuchspersonen unter die Nase gehalten, die ihre Eindrücke schildern sollten. Und wissen Sie, was das Verblüffende war? Der Geruch der älteren Menschen wurde durchweg als »am angenehmsten und am wenigsten intensiv« empfunden! Und bevor ihr euch jetzt zu sehr freut, Jungs: Am allerbesten sind die älteren Mädels weggekommen. Mich wundert das übrigens gar nicht – ich hab es nämlich selbst erlebt. Ich habe jahrelang mit Deutschlands bekanntester und ältester Hausmeisterin »Else Kling« alias Annemarie Wendel in der Lindenstraße gedreht und war immer wieder begeistert von diesem wunderschönen Duft, der sie stets umwehte. Als dann Weihnachten vor der Tür stand und ich wie so oft noch nichts für meine Holde hatte, sprach ich sie dann endlich mal darauf an. »Du, Annemarie – wie heißt dieser tolle Duft? Und wo kann ich den kaufen?« Sie grinste mich an und schüttelte den Kopf. »Naa, Bua, des kannst ned kaufen – des bin I!« Leider kann man »Eau de Annemarie« nicht in Flakons füllen. Aber wahrscheinlich ist dieser Duft auch nur für mich so besonders toll, weil ich so viel Persönliches damit verbinde.

Die Probanden, die an den Baumwollpads schnuppern mussten, hatten übrigens keine Ahnung, was sie da vor sich hatten. Sonst wären die Ergebnisse völlig anders ausgefallen. Wenn man ihnen vorher zum Beispiel gesagt hätte: »Das ist ein reifer alter Kanadier, 47er-Jahrgang, Bonn-Endenicher

Südlage«, hätte es sicherlich negative Bewertungen gehagelt. Und das liegt laut Dr. Hammerstein am Kontext! Wer nämlich zufälligerweise im Restaurant beim Riechen an einem aromatischen Rohmilchkäse vom Tischnachbarn in ein Ge-

Es geht nichts über einen guten Käse.

spräch über Sportsocken verwickelt wird, der assoziiert den Käse unweigerlich mit Stinkefüßen.

Und so ähnlich wäre es mit dem Etikett »alter Mensch« gelaufen. Die geruchlichen Erinnerungen an den letzten Besuch bei Oma Erika im Seniorenstift setzen sich als negative Assoziationen fest, und der Geruch des Pinguin-Pads wird sofort als unangenehm »alt« bewertet.

Ich fragte Dr. Hammerstein, wie es überhaupt kommt, dass ältere Menschen, speziell Damen, angenehmer riechen als die jüngeren. »Das liegt in erster Linie an der Abwesenheit eines Stoffes, den Sie als Vater von sechs Jungs zur Genüge kennen«, grinste er. »Testosteron!«

Da musste ich ihm zustimmen. »Wenn Sie mal morgens um sieben in eins unserer Jungszimmer gehen, wissen Sie eins: Die Fähigkeit, möglichst lang die Luft anzuhalten, kann nicht nur beim Freitauchen Leben retten!«

Dr. Hammerstein lachte. »Jepp! Und Iltisse sind geruchstechnisch bei Weitem nicht so schlecht wie ihr Ruf«, ergänzte er. »Das Abbauprodukt des Testosterons, das sogenannte Androstadienon, sorgt nämlich für einen sehr, sehr, sehr intensiven Geruch. Deshalb riechen Frauen besser als Männer. Und alte Männer besser als junge. Und das liegt nicht nur daran, dass die Alten im Gegensatz zu einigen Jungs mittlerweile wissen, wie Deo funktioniert. Sondern auch daran, dass die Haut im Alter weniger Talg hervorbringt, dass die Sekrete der Drüsen sich verändern – und dass eben im fortgeschrittenen Alter der männliche Körper weniger Testosteron und somit auch weniger Androstadienon produziert.«

»Okay«, nickte ich zufrieden. »Das hat dann wenigstens den Vorteil, dass wir weniger nach Iltis duften und mehr nach angenehm reifem Mann.«

Oder nach reifem Limburger. Wenn man sich nicht wäscht. Denn die ganze Wohlriecherei funktioniert natürlich nur bei vernünftiger Körperpflege. Auch das musste ich eine Zeit lang bei meinen Jungs schmerzhaft erfahren (ich habe mir damals eine vorübergehende Dysosmie gewünscht – so nennt man laut Dr. Hammerstein eine Riechstörung), bevor dann das andere Extrem kam und täglich sechsmal für neunzig Minuten die Dusche lief. Tagesverbrauch 5000 Liter Trinkwasser und drei Liter Axe-Duschgel »Dark Temptation« (da hab ich mir dann eine *dauerhafte* Dysosmie gewünscht).

Gegen den Körpergeruch hilft übrigens auch ein handelsübliches Stück Seife »White Riechtnachnix«, rechtzeitig und regelmäßig benutzt. Körpergeruch entsteht nämlich nicht durch Schweiß, sondern durch die Abbauprodukte der Bakterien, die sich das Zeug zu Gemüte führen. Dabei besteht Schweiß zu 99 Prozent aus Wasser – sagt Dr. Hammerstein. Deshalb stinkt es ja auch in der Sauna nicht (außer manchmal nach »Dark Temptation«). Aber das restliche Prozent hat es in sich: Harnstoffe, Ammoniak, Fettsäuren, Zucker … herrlich für Bakterien. Die mampfen, verarbeiten und vermehren sich am liebsten da, wo 's warm und feucht ist. Also im tropischen Klima des menschlichen Körpers – in der Zone unter unseren Achseln oder in den Socken.

Als ich Dr. Hammersteins Praxis erschöpft, verschwitzt (aber wohlriechend) verließ, war mir klar, warum Oma nicht mehr so gut riechen kann. Und warum wir Alten – unter Umgehung einiger No-Gos – total gut riechen. Solange wir nicht »Sir Irisch Moos« oder »Tosca« benutzen – denn diese Düfte rufen bei unserem Gegenüber die Assoziation »Omma & Oppa« hervor. So gesehen ist »Black Temptation« vielleicht doch nicht so übel. Aber verraten Sie das bloß nicht meinen Jungs!

16. Kapitel

Der Griff nach dem Strohhalm

Es war November geworden. Meine Wette mit mir selbst lief schon seit drei Monaten – und so langsam spürte ich die ersten Veränderungen. Mein Ausdauertraining in Verbindung mit der vernünftigen Ernährung hatte dafür gesorgt, dass ich die Stufen zum Eingang von »Vital und Fit« mittlerweile bewältigen konnte, ohne Mel gleich nach einer Sauerstoffmaske fragen zu müssen. Ein bisschen außer Atem war ich allerdings immer noch – da war, im wahrsten Sinn des Wortes, noch Luft nach oben.

Mein Trainer Andi war auch nicht unzufrieden mit mir. »Super, Bill – das Cardioprogramm hat schon angeschlagen. Zieh das auf jeden Fall weiter durch! Das ist nach wie vor der Schlüssel zu einem längeren Leben. Wenn es einen Jungbrunnen gibt, dann müsste er ›Ausdauer‹ heißen. Dein Cardiotraining stärkt Lunge, Herz und Kreislauf und sichert dir mehr Zeit auf dieser Erde.«

Wow. Das hörte sich gut an – für meinen Geschmack allerdings auch ein bisschen zu einfach. »Aber …?«, fragte ich ein wenig misstrauisch. »Kein Aber!«, lachte Andi. »Sondern ein dickes UND! Jetzt wird es Zeit für dein Krafttraining.« Aha. Ich war ein bisschen skeptisch. Schließlich war mir der Androide Mehmet mit seinen absurden Muskelbergen immer noch in lebhafter Erinnerung. Was würde Margie sagen, wenn ich vor lauter Schultern bald nicht mehr durch unsere Tür passte?

Andi lachte, als er mein Gesicht sah. »Keine Angst, aus dir wird kein Mr. Universum! Wir wollen in erster Linie verhindern, dass deine Muskelmasse immer geringer wird. Und dafür müssen wir welche aufbauen!«

Ich sah ihn verdutzt an. Was sollte das denn heißen? Mein Bauch war zwar in den letzten Jahren mehr geworden – aber hieß das im Umkehrschluss, dass die Muskeln weniger wurden? Ernährte sich mein Bauch von meinen Muckis?

Während Andi mir die einzelnen Geräte zeigte, erklärte er mir, wie er das meinte. »Es ist so, Bill: Jeder Mensch verliert im Alter Muskelmasse. Das fängt schon ab dreißig an. Pro Lebensjahrzehnt verlierst du um die drei Prozent Muskelmasse. Und ab sechzig sind es bis zu zehn Prozent in zehn Jahren.« Ich war verblüfft. »Echt? Und was passiert damit?« Andi grinste und zeigte auf meinen Bauch. »Die Muskelmasse wird durch Fettgewebe ersetzt. Aber weißt du, was das Gute ist? Du kannst den Abbau jederzeit stoppen und die Entwicklung umkehren! Durch regelmäßiges Krafttraining baust du neue Muskelmasse auf – und je mehr Muskelmasse du hast, desto mehr Körperfett verbrennst du. Und zwar ständig. Sogar im Schlaf!«

Die Vorstellung gefiel mir. Schlank im Schlaf – und dafür musste ich bloß ein paar Gewichtchen stemmen. »Wenn's weiter nichts ist«, dachte ich und begann mit dem Training der Bauch- und Rückenmuskulatur. Aua … die hatte ich anscheinend schon echt lange nicht mehr gespürt! Aber ich wollte mir vor Andi keine Blöße geben. »Hau noch ein paar Kilo drauf«, schnaufte ich. »Das pack ich!«

»Das wär 'ne ganz schlechte Idee«, meinte Andi. »Beim Krafttraining ist es besser, mit weniger Gewicht anzufangen und langsam zu steigern. Das ist eine Faustregel: Immer die Wiederholungszahl vor dem Gewicht erhöhen! Wenn du regelmäßig trainierst, steigt die Leistungsfähigkeit automatisch proportional an. Dann kannst du langsam steigern.« Das konnte ich mir im Moment noch nicht so vorstellen …

»Wir machen also gar kein Bodybuilding?«, japste ich. Andi schüttelte den Kopf. »Das ist altmodisch. Und nur was für junge Kerle, denen es aufs Aussehen ankommt. Du trainierst zweimal die Woche mit leichten bis mittelschweren Gewichten, und schon kannst du nachhaltig Knochenschwund stoppen, Muskelmasse wieder aufbauen und die Gelenke freier, elastischer und geschmeidiger machen. Merk dir einen Satz: Dein Cardiotraining lässt dich länger leben, aber das Training mit Gewichten gibt dir mehr Lebensqualität!«

»Und wie lange mach ich das hier?«, fragte ich Andi. »Grundsätzlich solltest du immer bei vierzig bis sechzig Prozent deiner maximalen Leistungsfähigkeit liegen«, sagte er. »Das entspricht einem Training mit circa fünfzehn bis zwanzig Wiederholungen in einer Runde. Pro Gerät solltest du mindestens drei Runden absolvieren. Und zwischendurch machst du eine Minute Pause. In insgesamt einer halben Stunde solltest du dann fürs Erste durch sein.«

Es wurde eine lange halbe Stunde.

Roger, der Arzt im Ruhestand, sah meinen leicht verkniffenen Gesichtsausdruck und gesellte sich zu mir. »Dranbleiben, Bill – du tust deinem Körper was Gutes!«

Ich sah ihn mit einem gequälten Lächeln an. »Echt? Ich hab

eher das Gefühl, mir den Rücken zu brechen.« Roger lachte. »Nee, Junge! Im Gegenteil! Du fängst gerade an, deine Stützmuskulatur aufzubauen. Damit entlastest und stabilisierst du die Knochen und Gelenke. Außerdem kannst du einer ganzen Menge von altersbedingten Krankheiten vorbeugen.«

Das hörte sich interessant an – wieder ein Weg mehr, die Zeiger der Uhr zurückzudrehen! »Pass auf, Roger – lass mich hier mal kurz in Ruhe zusammenbrechen. Und wenn ich nach dem ersten Training dann wider Erwarten noch lebe, lad ich dich zu einem Eiweißdrink ein. Und du erzählst mir noch mal genau, wieso ich mich hier quäle!« Roger war einverstanden, gab mir einen aufmunternden Klaps und begann mit seinem Hanteltraining.

Nach der Trainingseinheit saß ich ziemlich groggy mit Roger an Mels Theke und hatte einen Proteinshake vor mir stehen, der gar nicht so übel war und nach Schoko schmeckte. »So, jetzt leg mal los, Roger – von was für Krankheiten hast du gesprochen?«

»Osteoporose, Arteriosklerose, Bluthochdruck, Arthrose … such dir was aus!«, sagte Roger. »Das sind alles Krankheiten, die hauptsächlich im fortgeschrittenen Alter auftreten. Und stell dir vor – gegen alle kann man mit ausreichender Bewegung was tun. Nehmen wir erst mal die Arthrose. Die Gelenke verändern sich im Lauf der Jahre durch die ständige Belastung. Stell dir vor, das hier ist dein Kniegelenk.«

Er nahm den Strohhalm aus seinem Drink und bewegte ihn an diesem geriffelten Knickdingsbums hin und her. »Mit den Jahren wird die schützende Knorpelschicht um das Gelenk herum immer dünner. Sie ist auch nicht mehr so elastisch wie früher – das heißt, die Beweglichkeit des Gelenks nimmt ab. Und das kann zu Schmerzen führen.« Ich verzog mitfühlend das Gesicht, als er das arme Strohhalm-Gelenk jetzt mühsamer und mit einem knirschenden Geräusch auf und ab bewegte, während ein paar Tropfen Schokoshake auf die Theke fielen.

»Das geht schleichend los, und irgendwann ist es dann so weit. Du merkst, wie die Gelenke aneinanderreiben, manche Bänder leiern aus und andere verkürzen sich auf einmal, Kapseln nutzen sich ab, Sehnen werden hart und brüchig, und die Gelenkschmiere trocknet aus. Körperliche Bewegungen tun auf einmal weh.«

Ich nickte. »Hab ich alles schon erlebt – bei meinen Freunden und mir selbst. Es ist plötzlich tierisch anstrengend, einem Bus hinterherzulaufen. Schwimmen, Skilaufen, Tennisspielen oder eine ausgedehnte Liebesnacht sind alles Dinge, die man sich vorher gut überlegt.« Roger wusste genau, wovon ich sprach. »Die Leute fangen an, auf Treppenlaufen, Fußballspielen oder eine schöne Bergwanderung zu verzichten. Radtouren werden seltener. Immer hat man eine Ausrede parat …« »Kenn ich«, sagte ich. »›Ich muss noch viel arbeiten‹ oder ›Ich hab heute einfach keine Zeit‹ oder ›Ich habe mir irgendwie den Rücken verknackst‹.«

»Und das ist dann auch irgendwann keine Ausrede mehr, sondern Realität«, sagte Roger. »Das Nichtstun hat Konsequenzen. Der Körper baut ab, und die Gelenke werden steif. Es knackt und knirscht überall und hörbar am Körper. Und das tut auch noch tierisch weh – und wird zu einer ausgewachsenen rheumatischen Erkrankung.«

Er nahm sich wieder den armen Strohhalm vor, um seine Erklärungen zu verdeutlichen.

»Die Abnutzung des Gelenkknorpels nennt man ab einem gewissen Stadium Arthrose. Das passiert häufig mit dem Kniegelenk, der Hüfte und den Fingern.« Ich nickte und erzählte Roger von Karl-Friedrichs Problemen, sein Hemd zuzuknöpfen. »Eine Arthrose verschärft das Problem des nachlassenden Tastsinns natürlich«, sagte Roger. »Und andersherum kann eine Arthrose so schmerzhaft sein, dass man die Gelenke schont und möglichst wenig benutzt – und dadurch lässt der Tastsinn dann auch stärker nach.«

»Aber was kann man denn gegen Arthrose tun?«, fragte ich ihn. »Ich meine, bevor der Strohhalm ganz kaputt ist?« Roger legte den Halm beiseite. »Tja, das ist ein Problem«, sagte er. »Kommt drauf an, wie weit fortgeschritten sie ist. Einmal verschwundenes Knorpelgewebe kann vom Körper nicht mehr ersetzt werden. Die Folge ist, dass sich die Knochen an die veränderte Situation anpassen und sich im Gelenkbereich umbilden. Und das bedeutet noch mehr Schmerzen, Schwellungen und Bewegungsprobleme – bei Hüftarthrose kann so dann irgendwann ein künstliches Hüftgelenk fällig werden.«

»Und dagegen kann man echt nichts machen?«, fragte ich. »Doch, klar! Kommt drauf an, wie frühzeitig man die Krankheit erkennt. Krankengymnastik ist gut, Wärmebehandlung, außerdem können Medikamente Schmerzen lindern und Entzündungen hemmen. Aber dafür musst du erst mal 'nen Termin kriegen. Es gibt orthopädische Praxen an jeder Ecke, aber die Wartezimmer sind knallvoll! Und meistens haben die Ärzte keine Zeit für langwierige Behandlungen und kurieren nur noch schnell die Symptome. Ein halbes Jahr später aber sind die Schmerzen wieder da, und in vielen Fällen noch stärker als vorher.«

»Mann, ist das frustrierend«, seufzte ich. Aber Roger schüttelte den Kopf. »Der Punkt ist, es nicht so weit kommen zu lassen. Vorbeugen, Bill! Deshalb bist du ja hier!«

Ich nahm ratlos den Strohhalm zur Hand und bog das Gelenk hin und her. »Also, bei den Muskeln versteh ich das ja. Die werden trainiert und aufgebaut und entlasten dann die Gelenke. Aber das mit den Knorpeln ist doch Verschleiß – wie bei meinen abgefahrenen Winterreifen! Sollte ich die Gelenke dann nicht lieber schonen?«

Roger schüttelte den Kopf. »Nee, Bill. Im Gegenteil! Das Wort ›Gelenkverschleiß‹ ist irreführend. Die Praxis hat nämlich gezeigt, dass Leute, die körperlich wenig tun, häufiger Arthrose kriegen als Menschen, die sich aktiv und viel bewegen. Das gilt übrigens auch für die Knochen.«

Er fasste den Strohhalm jetzt in der Mitte an. »Der Kalziumgehalt nimmt mit den Jahren ab, die Knochen werden dadurch instabiler, brüchiger und weniger belastbar. Im schlimmsten Fall führt das zu Osteoporose. Wenn alte Leute stürzen, bricht dabei häufig der Schenkelhalsknochen.«

Knack! Der Strohhalm knickte mit einem hässlichen Geräusch in der Mitte durch. Ich verzog das Gesicht.

»Wenn das Ganze die Knochen der Wirbelsäule betrifft, hast du zusammen mit der Abnutzung der Bandscheiben Probleme mit Rückenschmerzen. Manche Wirbel drücken dann auch aufs Rückenmark, und du leidest unter Kribbeln, Schmerzen beim Gehen oder sogar Lähmungen.«

Auf einmal kam ich mir wieder ziemlich alt vor – wahrscheinlich, weil mir meine Rückenmuskeln gerade deutlich gezeigt hatten, wie wenig ich sie benutzte.

»Und du glaubst wirklich, mit meinem Krafttraining

kann ich das alles aufhalten?« Roger strich den Strohhalm wieder gerade und nickte aufmunternd. »Auf jeden Fall!«, sagte er überzeugt. »Du musst dich regelmäßig bewegen, deinen Körper fordern – aber nicht überfordern. Und dich ausgewogen ernähren. Damit hast du die besten Chancen, in fünfzehn Jahren so rumzulaufen wie unser Paul!« Er winkte zu Paul herüber, der gerade zur Theke geschlendert kam und Mel zuzwinkerte.

Ich winkte ebenfalls. So wie Paul wollte ich definitiv auch sein, wenn ich mal so alt war. »Alles klar, Roger«, sagte ich. »Ich bin dabei. Wenn ich morgen vor lauter Muskelkater noch aufstehen kann.« Roger grinste. »Auch da kann man vorbeugen«, sagte er. »Komm mal nach dem Duschen mit in die Sauna – das wird dir guttun!«

Ich nickte etwas zögerlich. In die Sauna – mit lauter alten Leuten? Damit hätte man mich früher jagen können. Andererseits war ich selbst mit 67 nicht mehr ganz der junge Johnny Weissmüller, der ich mal gewesen bin. »Pfeif drauf«, dachte ich und machte mich auf den Weg zur Dusche, »wieso eigentlich nicht?«

17. Kapitel

Alles aus einem (Auf-)Guss

Als Roger und ich die Sauna betraten, saßen schon drei andere auf den Bänken – damit war der Raum dann auch voll. Das Thermometer zeigte sportliche achtzig Grad, und der Schweiß floss in Strömen.

Die Atmosphäre war wesentlich intimer als in einer der großen Saunawelten, aber nicht weniger entspannt. Ich wurde freundlich begrüßt und offen angeschaut. Alles klar ... Gucken war hier nicht verboten, und die Leute hatten kein Problem mit der räumlichen Nähe. Ich war anfangs ein bisschen irritiert, mit Leuten zusammenzusitzen, die alle die Sechzig schon hinter sich hatten und entsprechend wenig Ähnlichkeit mit den knackigen Jungs und Mädels in den Wellness-Broschüren aufwiesen. Doch dann sah ich an mir selbst herunter und musste zugeben, dass ich hier hervorragend hereinpasste.

Tatsächlich waren, auf den vorsichtigen zweiten Blick, meine Mitschwitzer körperlich deutlich attraktiver und besser in Schuss, als ich gedacht hätte. Eigentlich kein Wunder. Alle hier bewegten sich regelmäßig und intensiv. Sie trainierten, tanzten, joggten, fuhren Ski, spielten Tennis oder machten Gymnastik. Das drückte sich in einem körperlichen Selbstbewusstsein aus, das mir gut gefiel.

Uns gegenüber saß Elke, eine fröhliche und aktive Rothaarige mit milchweißer Haut, etwas barockem Körperbau und einer natürlichen Unbefangenheit. Sie unterhielt sich leise mit der sehnigen, braungebrannten Monika. Beide waren sicher schon siebzig. Einen größeren Kontrast als den zwischen diesen beiden Frauen kann man sich nicht vorstellen – und doch wirkten beide auf ihre Art sinnlich und gut aussehend.

Peter, ein durchtrainierter ehemaliger Vier-Sterne-General von Ende sechzig, räkelte sich breitbeinig auf der Eckbank und präsentierte sein Drei-Sterne-Geschütz. Selbstverständlich ohne Tarnbehaarung. In den nächsten Wochen würde ich feststellen, dass das für den Großteil der bei uns Trainierenden zutraf – ungehemmter Wildwuchs ist auch in der Generation 60plus ziemlich out. Aber das ist und bleibt natürlich Geschmackssache.

Ich persönlich finde Körper, egal ob dick oder dünn, sowieso nur dann unästhetisch, wenn sie schlaff und ungepflegt aussehen. Wichtig ist doch, dass der Mensch sich körperlich nicht gehen lässt. Denn was die Maßstäbe und die Definition von Schönheit von Körpern angeht, ändert sich die Wahrnehmung definitiv im Laufe der Zeit. Als junger Mann wäre ich nie auf die Idee gekommen, mit einer Frau um die fünfzig ins Bett zu gehen. Jetzt ist Margie 56 und immer noch meine Traumfrau. Und ich kann von Glück reden, dass sie auf diesen 67-jährigen Kerl steht!

Roger riss mich aus meinen Gedanken. »Alles gut, Bill? Verträgst du die Temperatur?« Ich grinste. »Hey, ich bin Kanadier. Wir Holzfäller sind so was wie die Finnen von Nordamerika. Alles super – schwitzen ist mein Ding. Keine Ahnung, woran das liegt, aber danach fühl ich mich immer sauber, frisch und total entschlackt.«

Roger nickte. »Kein Wunder«, sagte er. »Als Mediziner kann ich dir sagen, dass du deinen Körper tatsächlich von innen reinigst. Ist ein faszinierender Prozess!«

Ich machte mein mentales Notizbuch startklar – hier gab es wieder was zu lernen! »Schieß los«, bat ich.

»Also, pro Minute in der Sauna verlierst du zwanzig bis dreißig Gramm Schweiß. Das ist nach einer Viertelstunde immerhin fast ein halber Liter!«

»Den pfeif ich mir dann ja auch doppelt und dreifach mit Wasser und Apfelschorle wieder rein«, sagte ich.

»Das ist auch gut so!«, meinte Roger. »Es sollten auf jeden Fall auch ein paar Mineralien dabei sein, weil du beim Saunagang ordentlich Salz verlierst. Und geh nie durstig in die Sauna! Du bist ja kein Jockey, der sich schnell ein paar Kilos wegschwitzen will!« Jetzt mischte sich auch General Peter ein. »Die Hauptsache ist doch, dass der Kreislauf in Schwung kommt, Jungs!« Roger nickte. »Klar – das passiert natürlich auch. Durch die Hitze erweitern sich die Blutgefäße, und die doppelte Blutmenge kann durchgepumpt werden. Die Atemfrequenz erhöht sich, das Blut wird mit Sauerstoff angereichert – deshalb ist die Dachterrasse in den Saunapausen eine gute Idee. Und die Herzfrequenz steigt um ungefähr fünfzig Prozent an.«

»Und was ist mit den Abwehrkräften?«, wollte Elke wissen. »Ich geh jede Woche in die Sauna und kriege echt keine Erkältung mehr!« Auch das konnte Roger erklären.

»Beim Saunieren steigt die Temperatur im Körperinneren um ein bis zwei Grad an. Das hat so einen ähnlichen Effekt wie Fieber: Dein Körper reagiert darauf mit der Aktivierung der Abwehrzellen. Außerdem wird die Durchblutung der Schleimhäute erhöht, Sekrete fließen besser, das Fassungsvermögen der Lunge wird höher, weil die Sauna eine muskelentspannende Wirkung hat – alles zusammen ist natürlich super für die Bronchien!«

In der Ruhepause genossen wir alle die frische Luft auf der Dachterrasse und gönnten unserer Lunge, unserer Haut und unserem Kreislauf noch zwei weitere Saunagänge. Inzwischen hatten sich auch Gespräche über ganz andere Themen entwickelt. Meinen Mitschwitzern waren meine eigenen Zweifel und Startprobleme auf dem Weg zu meinem neuen Ich nämlich alles andere als fremd.

»Ich weiß genau, was du mit dieser Suche nach der ›alten Frische‹ meinst, Bill«, sagte Monika. »Dieses Wahnsinnsgefühl, am Anfang des Lebens zu stehen. Alles ist neu, und nichts ist unmöglich. Du hast den Wind im Rücken und fliegst durchs Leben, und alles klappt auf Anhieb.«

Sie bekam einen verträumten Gesichtsausdruck. Ich nickte ihr ermutigend zu. Ich wusste, in welchem Land sie sich gedanklich gerade befand. Elke offenbar auch. »Mann, hab ich mit Mitte zwanzig auf die Kacke gehauen«, grinste sie. »Love, Peace and Understanding! Ihr hättet meine WG sehen müssen – da gab's mehr Verkehr als auf dem Kamener Kreuz!« Alle lachten, doch Monika wurde schnell wieder ernst.

»Aber dann, irgendwann im Leben, ohne dass du es merkst, verlierst du diese große Leichtigkeit des Seins. Der Wind dreht sich, und die Wellen klatschen dir ins Gesicht, und du hast das Gefühl, gegen alles ankämpfen zu müssen.

Irgendwann verlierst du die Kraft und fängst langsam an aufzugeben.«

Genau so hatte ich das auch empfunden. »Ich hab eine Untersuchung darüber gelesen«, sagte ich. »Laut Statistik sind Frauen mit 47 und Männer mit 49 am unglücklichsten und empfinden ihr Leben als Last. Das war bei mir auch so. Genau an diesem kritischen Punkt im Leben war ich ganz oft depressiv und mutlos. Und aus dieser depressiven Stimmung heraus hab ich angefangen, meinen Körper zu vernachlässigen. Ich bin unsicher geworden und hab mir nicht mehr viel zugetraut. Mann, war ich froh, dass ich Margie hatte. Die war damals Ende dreißig und hat mir ganz schön in den Arsch getreten!«

»Tja, und jetzt bist du hier«, stellte Peter trocken fest. Ich nickte. »Ja, jetzt bin ich hier. Und ich glaube, jetzt brauchen wir alle dringend ein Bier – für die ›Mineralien‹!«

18. Kapitel

Das A bis Z der Triebe

Das nächste Treffen mit meinen Theaterleuten in den »Goldenen Zeiten« nahm einen denkwürdigen Anfang. Als ich unseren Probenraum betrat, war da offenbar eine hitzige Diskussion im Gange. Uschi, Carmela und Jupp hockten gebannt um eine Zeitschrift herum, während der Rest etwas abseits saß.

»... und so etwas ist wirklich legal?«, fragte Karl-Friedrich gerade ungläubig. Er sah ziemlich konsterniert aus. »Na klar!«, antwortete Uschi. »Da wird doch keiner zu irgendwas gezwungen!« Jupp grinste. »Janz im Jegenteil. Dat klingt nach Wunschkonzert!« Uschi und Carmela kicherten.

Ich war verwirrt. »Kann mir mal einer sagen, worum es geht?«, bat ich. »Um Sexualassistenz!«, erklärte Uschi mit roten Wangen. »Hier ist ein Bericht über eine Agentur, bei der man Dienstleister buchen kann. Die kommen dann nach Hause oder ins Heim, zu Leuten, die keinen Partner haben.« Ich verstand immer noch nicht. »Du meinst, Callgirls? Geht das denn so einfach in so 'ner Seniorenresidenz?«

Carmela schüttelte den Kopf. »Das iss was ganss anderess! Es geht um Reden, Berühren, und Sstreisseln ...« »Und wenn man Glück hat, gibt's auch einen Orgasmus«, ergänzte Uschi trocken.

Ich erfuhr, dass es sich tatsächlich um eine seriöse Agentur handelte, deren Mitarbeiter – weiblich und männlich – man im Internet »buchen« konnte. Es waren allesamt Menschen, die sich darauf spezialisiert hatten, die erotischen Bedürfnisse von Älteren zu befriedigen. Körperliche Nähe und Intimität standen dabei im Vordergrund. »Aber was heißt das jetzt genau?«, wollte ich wissen.

»Hier steht, dass jeder entscheidet, welche Form von Nähe er oder sie genießen will«, sagte Uschi. »Aber auch, dass der Dienstleister freiwillig entscheidet, was er macht und was nicht. Das steht aber vorher schon im Profil. Da kann man sich auch Fotos angucken, wenn man angemeldet ist.«

Helene saß mit zusammengekniffenen Lippen da und schüttelte den Kopf. »Das ist doch nichts anderes als Prostitution!« Uschi schüttelte entschieden den Kopf. »Typisch Helene! Nur, weil du 'n bisschen verklemmt bist, musst du die Leute doch nicht in die Schmuddelecke stellen!« Helene war empört. »Moment mal! Die bieten Sex für Geld! Wo ist denn da bitte der Unterschied!?«

»Der steht hier schwarz auf weiß!«, sagte Uschi. Sie las vor. »Unsere Sexualbegleiter berühren, massieren und streicheln ihre Kunden. Nicht angeboten werden Geschlechtsverkehr jeglicher Art, Oralverkehr und Zungenküsse.«

Helene stand auf. »Das reicht mir jetzt«, sagte sie. »Ich muss an die frische Luft. Tut mir leid, aber ich bin wohl, wie du so nett sagst, etwas ›verklemmt‹!« Karl-Friedrich schloss sich an – das Thema war ihm offensichtlich ebenso peinlich. »Kommst du, Magdalena?«, fragte er seine Frau. Doch die blieb sitzen. »Später, Schatz«, sagte sie. »Ich finde das Thema interessant. Außerdem ist Bill extra gekommen, um mit uns zu proben. Ich bleibe hier.«

Verblüfft und offenbar beleidigt ging Karl-Friedrich. »Entschuldigt«, sagte seine sanfte Frau. »Er redet nie über diese Dinge. Schade eigentlich …« Sie blickte nachdenklich vor sich hin.

Uschi bemühte sich, die Stimmung wieder aufzuhellen. »Also, ich find das super mit den Sexualassistenten!«, strahlte sie. »Würd ich glatt mal ausprobieren. Schade, dass es so was nicht hier in Bonn gibt.« Jupp grinste sie frech an. »Isch würd den Job sofort übernehmen! Wobei … jenau jenommen tu isch dat ja schon. Ehrenamtlisch.« Er zwinkerte Uschi zu. Sie fing an zu kichern. Carmela stimmte in das Gelächter mit ein. Und mir ging ein Licht auf. Da lief doch was!

Aber jetzt war auch meine »wissenschaftliche« Neugier geweckt. Sex war doch ein total wichtiger Bereich im Leben. Hier hatte ich offenbar Leute vor mir, mit denen man über das Thema gut reden konnte. Die Chance musste ich nutzen!

»Wie ist das denn bei euch mit dem Sex?«, fragte ich. »Hat sich da mit dem Alter was geändert?«

»Klar!«, meinte Jupp. »Dat fluppt alles nit mehr sofort. Man braucht wat mehr Zeit. Und die nimmt man sich auch. Dat is ja dat Schöne!« Carmela nickte. »Früher, mit meinem Mann, da war die gansse Sssache in ssehn Minuten erledisst. Dem war es am wisstissten, dass er immer konnte. Die spanisse Macho-Potenz! Aber was iss wollte, hat er eigentliss nie so risstiss gemerkt.«

Freimütig erzählte sie von dem Freund, den sie ein paar Jahre nach dem Tod ihres Mannes hatte. Da waren beide schon über sechzig, und dieser Mann – mit Bauch, Falten,

Glatze und gelegentlichen Erektionsproblemen – war so ganz anders gewesen. »Wir haben viel über Ssex gessprochen. Er hat mir erssählt, wass er gern hat, und miss gefragt, was iss mir wünsse! Da war es ganz egal, dass wir niss perfekt aussahen!«

Auch Uschi und Jupp plauderten weiter aus dem Nähkästchen. Sie sahen Sex nicht mehr als »Leistungssport«, bei dem es darum geht, einander möglichst oft und möglichst schnell zu einem möglichst rekordverdächtigen Höhepunkt zu bringen. »Seit ich die Wechseljahre hinter mir hab, bin ich viel entspannter«, sagte Uschi. »Ich hab nicht mehr so oft Lust, aber wenn, weiß ich genau, was ich will. Mein Körper hat sich verändert, aber das ist eben so. Bei uns genau wie bei den Männern.«

Jupp nickte. »Da jibt et ja Möglischkeiten. Früher hab isch die blauen Pillen jenommen wie Smarties. Aber die jehn auf et Herz. Jetzt isset mir ejal, wenn dä kleine Jupp mal nit steht. Man kann ja auch andere schöne Sachen donn.«

Uschi nickte eifrig. »Genau – man muss nur ein bisschen Fantasie entwickeln. Oder die richtigen Bücher lesen – wartet mal kurz!«

Sie verschwand für zwei Minuten und kam mit einem Buch zurück, das sie vor uns auf den Tisch legte. Neugierig griff ich danach. »*Make more love*? Ist das ein Aufklärungsbuch?«

»Genau«, sagte Uschi, »aber extra für alle über fünfzig! Guckt euch mal die Bilder an!« Wir rückten zusammen und blätterten das Buch durch. Da waren wunderschöne, ganz natürliche Schwarzweißfotos von Paaren beim Küssen, Streicheln und beim Sex – und alle waren über sechzig, unperfekt, nicht mehr schlank oder faltenfrei, aber unbefangen und voller Freude und Zärtlichkeit.

Die Bilder lösten neue Gefühle und Gespräche bei uns aus. Ich glaube, Magdalena traute sich nicht, selbst was zu erzählen. Sie hörte aber sehr aufmerksam zu. Offenbar hatten sie und Karl-Friedrich in dieser Beziehung Probleme. Mir tat es leid, dass er und Helene peinlich berührt gewesen und so schnell verschwunden waren, und ich hoffte, dass sie das Theater jetzt nicht gleich wieder an den Nagel hängen würden.

Meine Hoffnung wurde nicht enttäuscht, denn kurz darauf kamen die beiden zurück. »Können wir das Niveau jetzt mal wieder um ein paar Zentimeter heben?«, fragte Helene mit hochgezogenen Augenbrauen. »Ich dachte, wir sind zum Theaterspielen da!«

Das ließ ich mir nicht zweimal sagen. »Okay – aber ihr habt mich auf eine Idee gebracht. Wie wär's, wenn wir eine Revue rund um die Liebe im Alter machen? Da gehört Sex natürlich dazu, aber es gibt ja auch ganz viele andere Bereiche! Ich stelle mir eine bunte Mischung vor aus zärtlichen, frechen, bissig-bösen, witzigen und traurigen Songs und Szenen. Da ist doch für jeden was dabei! Was meint ihr?«

Alle fanden die Idee gut, und wir starteten gleich mit einem Impro-Spiel, das »A bis Z« heißt. Zwei Spieler improvisieren einen Dialog. Der erste Satz des ersten Spielers muss dabei mit einem A beginnen. Die Antwort des zweiten Spielers mit einem B, darauf kommt ein Satz des ersten Spielers, der mit C beginnen muss – und so weiter, bis zum Z.

Natürlich sollte es nach wie vor ums Thema Sex gehen – es war gerade viel zu interessant, um es gleich wieder fallen zu lassen. Zu meiner großen Freude meldete sich Helene freiwillig, »um das Niveau auf einem erträglichen Level zu halten«. Sie und Jupp bildeten das erste Paar. »Also, folgende Situation«, sagte ich. »Helene ist Verkäuferin in einem Sexshop, Jupp ist Kunde. Alles ist erlaubt!« Helene verdrehte die Augen, stellte sich aber hinter ihre imaginäre Ladentheke und begrüßte ihren Kunden. Sie spielte die Szene mit einem äußerst trockenen Humor und ließ sich von Jupps Spiellaune so sehr anstecken, dass am Ende eine herrliche Slapstick-Nummer entstand.

Jupp: **A**lso, isch such wat Schönes für minge Fründin. Isch hab bloß noch keine.

Helene: **B**ei *der* Suche kann ich nicht behilflich sein.

Jupp: **C**hancen hat man nur, wenn man jut vorbereitet is.

Helene: **D**essous sind immer eine gute Idee.

Jupp: **E**cht? Isch weißet nit ... Ungerbutze?

Helene: **F**änden Sie Sexspielzeug passender?

Jupp: **G**eil, ganz genau!

Helene: **H**ab ich mir gedacht.

Jupp greift nach einem imaginären Gegenstand und hält ihn Helene vor die Nase.

Jupp: **I**s so 'n Vibrator wat Feines?

Helene: **J**e nachdem, wie man damit umgeht.

Jupp: **K**ann isch den mal ausprobieren?

Helene: **L**assen Sie sich von mir nicht abhalten.

Jupp schaltet das Ding an und beginnt, wie wild am ganzen Körper zu zucken.

Jupp: **M**ann, jeht dä ab ... wat is dat für ne Knopf?

Helene: **N**icht auf Stufe zehn stellen!

Jupp dreht an dem Knopf und rennt jetzt wild zuckend im Kreis herum. Helene rennt hinter ihm her.

Jupp: **O**h nää … isch kann dat Ding nit mehr halten!

Helene: **P**assen Sie doch auf – die Gummipuppe!

Jupp: **Q**uasseln Se nit, helfen Se mir!

Helene: **R**ennen Sie nicht so rum!

Jupp: **S**ie haben jut reden, ich steh unter Strom!

Helene fasst Jupp am Arm und fängt ebenso an zu zucken, bevor sie den Vibrator endlich ausstellt.

Helene: **T**atsächlich … War wohl ein Montagsmodell.

Jupp fasst sich an die Brust.

Jupp: **U**ps. Minge Herzschrittmacher! Dat wird teuer …

Helene (alarmiert): **V**ielleicht möchten Sie doch ein paar schöne Dessous? Auf Kosten des Hauses?

Jupp: **W**ieso nit … Und packen Sie dä Vibrator mit ein. Minge Sohn is Elektriker.

Helene: **X**ylophonspieler ist meiner. (misstrauisch) Sagen Sie mal, haben Sie gerade simuliert?

Jupp: **Y**es, Madame. War doch lustig! (flirtend) Wann haben Sie Feierabend?

Helene: (grinsend) **Z**wanzig Uhr. Zu mir oder zu Ihnen?

Die zwei heimsten einen Riesenapplaus ein. Ich war froh, dass alle so einen Spaß hatten und wir das Thema auf eine lockere und unverfängliche Art weiter verfolgen konnten. Nach dem Ende der Stunde bat ich alle, bis zum nächsten Mal ein paar Ideen zu unserer Revue aufzuschreiben – alles, was sie zum Thema Liebe, Sex und Zärtlichkeit schon immer mal loswerden wollten, sollte verarbeitet werden. Das war auch sicher leichter, als vor allen »die Hosen runterzulassen«.

»Hey, wir brauchen auch noch einen Namen für die Truppe«, fiel mir ein. Da meldete sich Magdalena. »Wie wäre es mit ›Die Goldtimer‹?« Den Namen fanden alle super, und wir verabschiedeten uns in bester Stimmung. Kurz bevor ich ging, suchte ich Blickkontakt zu Uschi und ließ *Make more love* unauffällig in Magdalenas Handtasche gleiten. Uschi hob den Daumen und nickte mir zu. Gute Idee!

Ich ging wie elektrisiert nach Hause. Da war ich auf ein Superthema gestoßen! Sex war immer schon eine der Urgewalten des Lebens und doch ganz bestimmt lebensverlängernd und die Lebensqualität verbessernd! Was gab es da für Rezepte? Was genau klappte besser und was schlechter als in der Sturm- und Drangzeit – und wie sollte man darauf reagieren? Ich musste sofort mehr über Sex im Alter herausfinden.

Der gute alte Bill Wallraff konnte einer seiner Lieblingsbeschäftigungen auf den Grund gehen!

19. Kapitel

Es ist alles nur Chemie (oder nicht?)

Auf dem Heimweg machte ich einen Zwischenstopp beim Buchladen, kaufte alles, was es zum Thema Sex in den Regalen gab (und das war eine Menge), und erwiderte die fragenden Blicke der Kassiererin hocherhobenen Hauptes. »Das ist alles wissenschaftliche Recherche«, erläuterte ich ihr. Sie nickte und hatte sichtlich Probleme, ernst zu bleiben. »Klar, Professor Mockridge. Viel Spaß – und grüßen Sie Ihre Frau.« Manchmal fände ich es schon schöner, in einer anonymen Großstadt zu leben.

Zu Hause stürzte ich mich mit Feuereifer in die Lektüre der Bücher, die ich nur für das Aufrufen einiger Info-Seiten im Internet und den ein oder anderen Anruf bei Dr. Peters unterbrach. Boah – war das 'ne komplizierte Materie! Aber ich lernte eine Menge faszinierender Details darüber, was vor, während und nach der schönsten Sache der Welt in unserem Körper passiert. Das musste ich unbedingt Margie erzählen!

»Engel, wusstest du eigentlich, dass der Plexus hypogastricus zwei Nervensysteme trägt? Die parasympathischen Nervenfasern steuern das Zustandekommen der Erektion, und die sympathischen lösen den Orgasmus aus. Die gehören natürlich beide zum unwillkürlichen Nervensystem. Irre, oder?«

Margie sah mich an, als hätte ich sie nicht alle. »Hey, Holzfäller – mir ist ein Orgasmus auch sympathisch, wenn er ausgelöst wird. Aber den Rest von deinem Gequassel hab ich nicht verstanden. Kannst du mal versuchen, so 'ne Art Deutsch zu reden?«

Ups. Da war mein Forschergeist wohl mit mir durchgegangen. Ich versuchte, mein in den letzten Stunden erworbenes Wissen ein bisschen verständlicher und übersichtlicher rüberzubringen. Schließlich will ich ja auch Ihnen, liebe Leser, den Spaß am sympathischen und parasympathischen Sex nicht vermiesen.

»Also, ich fang besser mal von vorne an«, sagte ich und schnappte mir meine Notizen. »Du glaubst nicht, wie viel Chemie so am Sex beteiligt ist! Die Sexualhormone zum Beispiel: Testosteron und Östrogen. Die arbeiten beide sowohl in Männer- als auch Frauenkörpern. Aber du hast mehr Östrogen als ich, und ich hab mehr Testosteron als du.«

Margie nickte. »Da bin ich aber froh. Ich hab keinen Bock auf Vollbart und Glatze. Und du siehst mit Brüsten bestimmt beknackt aus.« Da musste ich ihr recht geben. »Das Spannende ist aber, wie der Körper mit den verschiedenen Hormonen jongliert, je nachdem, was gerade los ist! Also, Testosteron zum Beispiel steuert unseren Geschlechtstrieb. Je häufiger man Sex hat, desto mehr Testosteron hat man im Blut. Und je mehr Testosteron, desto mehr Lust hat man – und desto stärker ist das Empfinden beim Sex! Deshalb ist der Sex im Alter bei den Leuten am besten, die ihr Leben lang oft und gerne Sex hatten.«

»Logisch«, meinte Margie. »Das ist wie beim Fahrradfahren. Wenn du das als Kind nicht vernünftig gelernt hast,

kannste später auch nicht bei der Tour de France mitradeln.«
Das brachte mich zurück zum Thema Chemie. »Da haben
sich ja auch 'ne Menge Fahrer Anabolika spritzen lassen –
also nix anderes als hoch konzentriertes Testosteron. Aber das
Zeug ist ja längst nicht alles, was der Körper beim Sex zu bieten hat. Pheromone zum Beispiel! Das sind die Duftstoffe,
die wir produzieren – und auf die ihr Frauen instinktiv reagiert!« Margie nickte. »Ich mach instinktiv das Fenster auf,
wenn du vom Joggen kommst. Nee, war nur Spaß. Das ist
echt so – ich kann dich gut riechen, Holzfäller. Das macht
mich schon an.«

Ich nickte mit leuchtenden Augen. »Siehst du? Das liegt
am Androstendion – das ist ein Abbauprodukt vom Testosteron. Wenn Frauen das wahrnehmen und erregt werden, steigt
die Atemfrequenz. Und der Blutdruck. Und dann kommt
das Stresshormon Kortisol dazu – das schärft die Aufmerk-
samkeit.« Ich sah ihr tief in die Augen. »So, und jetzt pass
mal auf!«, sagte ich und küsste sie – so aus rein wissenschaftli-
chem Interesse. Es wurde ein längerer Kuss, und wir umarm-
ten uns fest. Ich machte mich von meiner Frau los und holte
erst mal tief Luft.

»Hast du's gemerkt?«, fragte ich. »Beim Küssen sinkt der
Kortisolpegel wieder. Zärtlichkeit hilft also beim Stressab-
bau. Und bei Männern bildet sich dafür jetzt vermehrt der
Botenstoff Oxytocin.« Margie kuschelte sich weiter an mich.
»Hmm … und was macht das Zeug dann so?« »Das sorgt dafür, dass man bei einem Menschen bleiben und ihn beschüt-
zen will.«

»Haben wir tonnenweise im Blut«, murmelte mein Grauschopfengel. »Weil wir uns oft berühren und streicheln«, er-

klärte ich und ließ meinen Worten Taten folgen. »Am meisten Oxytocin kreist übrigens während des Orgasmus durchs Gehirn.« Margie sah mich an. »Sag mal – ist das jetzt der Sympathicus oder der Parasympathicus, den ich da unten spüre?«

Ich erkannte die Frage ganz richtig als eine rhetorische und sah, wie sich eine entzückende Röte über ihr Dekolleté ausbreitete. »Das ist übrigens die Sexualröte«, bemerkte ich. »Der sogenannte Sex Flush. Durch die Erregung wird die Durchblutung der Haut angekurbelt, verstehst du?«

Margie hielt mir den Mund zu. »Weißt du was, Holzfäller? Genug gequatscht für heute. Komm mal mit nach oben. Und hey – wehe, das liest einer!«

Sie werden verstehen, liebe Leser, dass ich Margies Wunsch nach Privatsphäre respektieren muss – auch wenn es aus wissenschaftlicher Sicht noch sehr interessant für Sie geworden wäre.

Lassen Sie mich das Thema Hormone also kurz theoretisch zu Ende führen. Auf dem Weg zum Orgasmus schüttet der Körper Adrenalin aus. Dieses Hormon sorgt ja sonst in gefährlichen Situationen dafür, dass wir unsere Energiereserven für Flucht und Kampf mobilisieren – wie unsere Vorfahren, die Höhlenmenschen, das regelmäßig tun mussten. Das Herz schlägt schneller, und der Fettabbau wird gesteigert (ein weiterer guter Grund für regelmäßigen Sex, oder?).

Nach dem Höhepunkt wird das Adrenalin abgebaut. Stattdessen übernimmt das Prolaktin – das ist das Milchbildungshormon. Und das sorgt in dem Moment bei Frauen wie bei Männern für ein internes Schild: »Pause, Leute. Das reicht jetzt erst mal.« Bei Männern geht die Natur dann noch auf Nummer sicher, indem kurz nach dem Orgasmus der Testosterongehalt im Blut in den Keller geht. Das ist ein Grund dafür, dass wir – je nach Alter – eine mehr oder weniger lange Ruhepause brauchen, bevor wir eine zweite Runde in Erwägung ziehen können.

Schamlos: Bill & Margie beim Sex!

Bei Frauen sieht das perfiderweise anders aus: Da steigt der Testosteronwert nach dem Orgasmus! Wahrscheinlich ist das ein uralter Trick aus der Steinzeit, um sicher zu gehen, dass es wirklich zu einer Befruchtung kommt. Das Gegenmittel kennen Sie ja mittlerweile: das gute alte Oxytocin.

Kuscheln, streicheln, in Löffelchenstellung einschlafen – was kann es Schöneres geben?

Gute Nacht, Freunde!

20. Kapitel

Sex im Zug

Vierzehn Tage später, zu Beginn der Adventszeit, spielte ich mein Bühnenprogramm »Was ist, Alter« bei den Wühlmäusen in Berlin. In der Zwischenzeit war ich fleißig im Internet gesurft und hatte *Make more Love* durchgelesen, um mehr über Sex im Alter herauszufinden. Eine der zwei Autorinnen ist eine dänische Sexologin und heißt Ann-Marlene Henning.

Die Frau ist ein echter Kracher: eine attraktive, fröhliche Fünfzigjährige, die erst Jura studiert hat, dann Model wurde und schließlich Psychologin. Heute hat sie in Hamburg eine Praxis für Paar- und Sexualtherapie, schreibt Bücher und betreibt als frech-witzige, kompetente Moderatorin einen eigenen Videoblog im Internet.

Ich schaute mir mit wachsendem Vergnügen einige der kurzen Aufklärungsfilme an, als plötzlich Margie hinter mir stand. »Was guckst du denn da, Holzfäller? – Nee, ne? Also, wenn schon Sexfilmchen, dann sollten die Leute doch wenigstens nackig sein, oder?«

Ich wollte das Missverständnis gerade aufklären, da klickte sie schon selbst auf »Stoßtechniken, Teil 1« und hatte genauso viel Spaß an der erfrischenden Art von Ann-Marlene und dem befreundeten Experten, den sie vor die Kamera geholt hatte. Der Sexologen-Kollege demonstrierte gerade (angezogen!) in lustigem Dänisch auf dem Küchenboden den Unterschied zwischen den Stößen »Spatz« und »Wal« … herrlich unverkrampft, witzig und in der Tat lehrreich, wie ich am sehr interessierten Gesichtsausdruck meiner Frau ablesen konnte. Perfekt – mit dieser Frau Henning musste ich unbedingt reden!

Wie der Zufall es wollte, war sie zur selben Zeit wie ich in Berlin und würde mit dem Zug zurück nach Hamburg fahren. Das war meine Chance! Meine Agentin Annika stellte den Kontakt zwischen uns her, und wir verabredeten uns in Wagen 23.

Der Großraumwagen war ziemlich leer, und ich erkannte Ann-Marlene sofort wieder. Wir begrüßten uns, setzten uns an den Tisch und hatten schnell einen guten Draht zueinander. Ann-Marlene duzte mich ganz selbstverständlich und fing auch gleich an, mich neugierig nach meinem Buchprojekt auszufragen.

»Find ich super, dass du so positiv übers Alter redest«, sagte sie. »Ich habe letztens eine Gruppe von Senioren gefragt, was im Leben für sie zählt. Weißt du, was sie geantwortet haben? Spüren, lachen, leben.«

Das fand ich wunderschön und erzählte ihr von meinen Goldtimern, der tollen Ausstrahlung, aber auch den Blockaden, die ich bei Helene und Karl-Friedrich gespürt hatte. Irgendwie schienen sie das Gefühl zu haben, dass die Zeit für Sex vorbei war.

Ann-Marlene nickte. »Verrückt, oder? Dabei sollte es genau andersherum sein. Die Senioren, von denen ich dir erzählt habe, sagten mir: ›Ich hab ja nicht mehr so viel Zeit, da will ich das Leben genießen. Und da gehört Sex nun mal dazu!‹«

Da sprach sie mir aus der Seele – und Menschen wie Uschi oder Jupp mit Sicherheit auch. Aber was war mit denen, die Probleme mit dem Sex im Alter hatten?

»Da muss ich ein bisschen weiter ausholen«, sagte Ann-Marlene. »Als Allererstes geht es darum, zu akzeptieren, dass sich mit dem Alter vieles ändert. Natürlich ist der Körper nicht mehr perfekt und knackig, natürlich klappt es nicht mehr so schnell mit der Erektion, und natürlich dauert es länger, bis der Körper auf Erregung reagiert. Warum sollte es beim Sex im Alter anders sein als in allen anderen Bereichen?«

Ich stimmte ihr zu. »Hannelore Elsner hat mal gesagt: ›Wer nicht älter werden will, der muss halt früher sterben.‹«

Ann-Marlene lachte. »Klasse. Eine tolle Frau! Und ein toller Spruch. Ich kenn aber auch einen – sogar von Goethe! Den kann ich mir gut merken, weil er sich reimt … ›Gerne der Zeiten gedenk’ ich, da alle Glieder gelenkig – bis auf eins. Doch die Zeiten sind vorüber, steif geworden alle Glieder – bis auf eins.‹«

Jetzt musste *ich* lachen. Der alte Goethe hatte den Nagel auf den Kopf getroffen. Und Ann-Marlene ging gleich weiter ans Eingemachte. »Das passiert vielen Männern – geht so ab fünfzig los. Wie war denn deine Andropause, Bill?«

Ich schluckte. »Äh … Andropause? Ich wusste gar nicht, dass ich so was hatte …« Sie erklärte mir, dass bei Männern nach der Pubertät der Testosteronspiegel kontinuierlich und unmerklich sinkt. Aber erst in der Lebensmitte wird der Verlust an Testosteron wirklich spürbar – und viele Männer geraten in körperliche und seelische Schwierigkeiten. Sie fühlen sich schlecht, leiden oft unter Schlafstörungen und bekommen Probleme mit dem täglichen Leistungsdruck. Sie haben auf einmal weniger Lust – und wenn, hält die Erektion oft nicht lang genug. Eine Menge Männer spüren dann einen Riesenfrust oder fallen sogar in Depressionen.

»Tja, also … wenn ich ehrlich sein soll, hatte ich in meinen Fünfzigern auch ein ziemliches Tief. Mir ging es eine Zeit lang richtig schlecht. Da denk ich ungern dran zurück – im Vergleich dazu bin ich heute, mit 67, ein unfassbar glücklicher, unbeschwerter Mensch.«

Ann-Marlene nickte. »Dann hast du die Phase offenbar gut überstanden und bist drangeblieben, auch wenn es mit dem Sex vielleicht mal nicht so gut gelaufen ist. Das Schlimmste ist, sich in solchen Gefühlen zu verlieren und aufzugeben. Eine Menge Männer geraten in einen Teufelskreis: Sie glauben, sie können nicht mehr ›ihren Mann stehen‹, setzen sich total unter Druck, die Frau spürt das natürlich, und dadurch wird es immer schlimmer. Manche Paare hören dann frustriert ganz mit dem Sex auf. Und zack – wird der Mann als ›impotent‹ abgestempelt und die Frau als ›frigide‹.«

Das klang ganz schön frustrierend. »Aber wie mach ich denn weiter, wenn es nicht mehr geht? Also wenn ich als Mann – rein theoretisch – keinen mehr hochkriege?«, wollte ich wissen. Aus dem Augenwinkel sah ich, dass die zwei Männer, die ein paar Reihen weiter saßen, interessiert die Köpfe hoben und genau zuhörten.

»Dann musst du dir was anderes einfallen lassen!«, sagte Ann-Marlene. Beim Sex geht es doch nicht nur um Penetration – es gibt so viel mehr als rein und raus! Es geht um Körperkontakt, Streicheln, Küssen, sich gegenseitig erspüren und verwöhnen. Du kannst deiner Frau auch dann Vergnügen verschaffen, wenn er mal nicht steht. Und umgekehrt. Auch ein schlaffer Penis spürt ja etwas.«

Die Männer in Reihe 12 zuckten zusammen. Ann-Marlene bemerkte das genau wie ich, lächelte und sprach unmerklich lauter.

»Ernsthaft: Wenn der Druck zu groß wird, muss man den Teufelskreis durchbrechen«, erklärte Ann-Marlene. »Und spüren, was wirklich wichtig ist. Willst du die Rolle spielen, die die Gesellschaft von dir verlangt? Oder ganz auf deinen Partner eingehen und erfahren, was ihm wichtig ist?«

Sie erzählte mir vom »Double Standard of Aging«. »Das ist sozusagen der George-Clooney-Effekt. Männer und Frauen im selben Alter werden unterschiedlich wahrgenommen. Frauen mit grauen Haaren und nicht mehr so knackiger Figur fallen bei der Männerwelt aus dem Raster. Männer mit grauen Schläfen dagegen sind für Frauen sexy, reif und interessant – egal ob sie einen Bauch kriegen oder Haare verlieren.«

»Nicht, dass Clooney da Probleme hätte«, warf ich ein und strich mir über die kahle Stirn.

»Stimmt«, lachte Ann-Marlene. »Aber bei Nicht-Hollywoodstars ist es nun mal so, dass ältere Frauen als unattraktiv gelten, ältere Männer nicht. Man sollte also meinen, dass die Frauen die größeren Probleme mit dem Sex haben. Es ist aber andersrum: Die Männer scheitern oft an den hohen Ansprüchen, die an sie gestellt werden. Dabei geht es bei gutem Sex nicht darum, möglichst schnell und eindrucksvoll Leistung zu erbringen. Ein Mann sollte seine Männlichkeit nicht nur auf den Penis fokussieren.«

»Das ist leicht gesagt«, meinte ich. »Genau das wird von

einem Mann doch sein ganzes Leben lang erwartet. Immer zu können!« Ann-Marlene nickte. »Und solange sich diese Erwartungen nicht ändern, werden Männer immer ein Problem haben, sobald es nicht mehr so klappt. Und was machen sie dann?«

Ich überlegte. »Viele, die ich kenne, greifen zu Viagra. Und viele andere zu 'ner jüngeren Freundin. Oder zu beidem – wenn das Herz noch stark genug ist.«

Ann-Marlene schüttelte lachend den Kopf. »Ein Klassiker. Klar kann Viagra helfen, wenn die Erektionsprobleme körperliche Gründe haben. Aber die Probleme sind meistens eben nicht nur körperliche. Es geht um Anspannung – oben und unten, im Kopf und im Körper. Und die muss gelöst werden! Eine jüngere Freundin ist vielleicht erst mal ein neuer, stärkerer Reiz. Aber auch der nutzt sich irgendwann ab. Männer mit Potenzproblemen wären da meistens besser mit einer gleichaltrigen Frau bedient.«

»Wieso das denn?«, wollte ich wissen. Und nicht nur ich. Auch die Herren in Reihe 12 und die zwei reiferen Damen in Reihe 15. Überhaupt schien sich der Wagen langsam, aber sicher mit unauffällig lauschenden, interessierten Zuhörern zu füllen.

»Erfahrene, reife Frauen kennen diese Ängste und können damit umgehen, statt den Druck noch mehr zu erhöhen. Der Penis braucht im höheren Alter eben etwas mehr Geduld und Hingabe – es gibt da eine Menge guter Techniken, um ihn wieder zum Leben zu erwecken. Und was die blauen Pillen angeht: Wenn es oben im Kopf nicht funkt und der Mann nicht erregt ist, funktionieren die Dinger unten auch nicht!«

Ich war verblüfft. »Echt? Ich dachte, Viagra ist eine Wunderdroge?« Ann-Marlene schüttelte den Kopf. »Sorry. Das ›Wundermittel‹, zu dem manche Männer greifen, heißt SKAT. Führt hundertprozentig zu einer Erektion.«

Ich lache. »Ist klar … Verwechselst du das nicht mit Strip-Poker? Die Rentnerrunde in meiner Stammkneipe kloppt jeden Tag Skat – aber ich kann mir nicht vorstellen, dass man bei ’nem Omablatt eine Latte kriegt.«

Ann-Marlene amüsierte sich königlich, während die drei Geschäftsleute vier Tische weiter zweifelnd auf ihr Skatblatt schielten. »SKAT bedeutet ›Schwellkörperautoinjektionstherapie‹ erklärte sie. Man spritzt sich ein Potenzmittel direkt in den Schwellkörper – das funktioniert dann auf jeden Fall.« Den drei Männern fielen die Karten aus der Hand, und mir fiel mein Grinsen aus dem Gesicht, als ich mir das bildlich vorstellte.

Sie lachte. »Ist nichts für Leute mit einer Spritzenphobie. Und natürlich müssen auch hier die Einstellung und die Hingabe stimmen. Da sind wir wieder bei Oben und Unten. Auch SKAT macht aus einem schlechten Liebhaber keinen guten – sondern einen schlechten mit einer Hammer-Erektion!«

Ich wechselte schnell das Thema. »Und was ist mit älteren Frauen, die keine Lust mehr auf Sex haben? Oder vielleicht das Gefühl haben, alles verlernt zu haben? Oder nicht mehr attraktiv zu sein?«

»Tatsächlich kann man Sex ›verlernen‹«, sagte Ann-Marlene. »Wer sein ganzes Leben lang gern und oft Sex hatte, hat im Alter auch mehr Spaß daran. Und andersrum. Was man nicht übt, verkümmert! Übrigens kann es passieren, dass ältere Frauen Beschwerden beim Sex haben, weil durch den niedrigeren Östrogenspiegel im Körper die Schleimhaut dünner und empfindlicher geworden ist. Das hält manche sogar ganz vom Sex ab, weil sie ihn mit Schmerz verbinden und sich dann verkrampfen. Aber das ist nichts, was man hinnehmen muss!

Trockenheit ist ein Zeichen dafür, dass die Frau nicht wirklich erregt ist. Wenn das nämlich der Fall ist, wird sie immer feucht sein und keine Probleme haben! Da spielt das Alter überhaupt keine Rolle. Also Kopf frei machen – und es vielleicht mal unterstützend mit Gleitcreme probieren. Die kann übrigens eine Menge Spaß machen – und zwar beiden!«

Unsere weibliche Zuhörerschaft machte sich wahrscheinlich gerade eine geistige Notiz. Ann-Marlene gab hier einige wichtige Impulse, was sie grinsend zur Kenntnis nahm. Dann wurde sie aber noch mal ernst.

»Eins ist mir noch ganz wichtig: Es geht beim Sex nicht um die Häufigkeit, sondern um die Qualität. Und dafür kann und soll man sich ruhig Zeit lassen. Das ist doch der große Vorteil von älteren Menschen: Sie müssen sich nicht mehr unter Druck setzen oder einem Ideal hinterherhecheln. Viele verwechseln Schnelligkeit mit Leidenschaft, Bill. Das ist Quatsch! Es geht beim guten Sex um Intensivierung. Wenn man lernt, den Beckenboden bewusst mit weniger Druck einzusetzen und einfühlsam wie in einer gemeinsamen Welle auf den Körper des anderen reagiert, kann man die Erregung langsam aber sicher steigern. Wir fühlen mehr, der Sex wird inniger – aber auch geiler und leidenschaftlicher!«

Mir fiel eine Zeile aus einem neuen Lied meines Freundes Leonard Cohen ein. Ich suchte den Song auf der Playlist und spielte ihn Ann-Marlene vor:

»I like to take my time, I like to linger as it flies, a weekend on your lips, a lifetime in your eyes.«

»Wunderbar«, meinte Ann-Marlene begeistert. »Das ist genau das, was ich meine. Zeit lassen. Genießen. Akzeptieren, dass man sich verändert hat. Und vor allem: reden!«

»Aber das ist doch das Problem«, sagte ich. »Viele aus meiner Generation, und erst recht die noch älteren, würden nie über Sex reden.« »Genau das würde aber helfen, die meisten Probleme zu lösen«, sagte Ann-Marlene. »Stell dir ein Paar vor, das sich wirklich liebt. Er hat Probleme mit der Erektion, schämt sich und zieht sich zurück. Und sie glaubt, er fühlt sich nicht mehr zu ihr hingezogen. Beide sind unglücklich! Dabei könnten die beiden die meisten Probleme lösen, wenn sie ihre Sprache wiederfinden!«

Wieder musste ich an Karl-Friedrich und Magdalena denken. Ob da der Hase im Pfeffer lag? »Was würdest du diesen Paaren raten, Ann-Marlene?«, fragte ich, als der Zug Hamburg erreichte und sie schon nach ihrem Mantel griff.

»Ich würde ihnen raten, mutig zu sein, Bill. Aufeinander zuzugehen. Sich auch mal was Neues zu trauen. Und sich bewusst zu machen, dass die Zeit viel zu kostbar ist, um auf so etwas Wunderbares wie Sex und Zärtlichkeit zu verzichten.«

Ich glaube, schöner kann man es nicht sagen.

21. Kapitel

A very Mockridge Christmas

Wissen Sie, wie schwer es ist, in der Vorweihnachtszeit auf Süßigkeiten zu verzichten? Natürlich wissen Sie das. Bei jedem Einkauf rufen dir die frischen, schokoladenüberzogenen Lebkuchen und die samtweichen Marzipankartoffeln aus den Supermarktregalen zu: »Nimm mich, Bill! Du wirst es nicht bereuen, Baby! Oh, yeah, komm schon – ich bin käuflich!«

Harte Zeiten. Ich lebte nämlich jetzt schon seit vier Monaten fast ohne Zucker und hatte mich eigentlich ganz gut daran gewöhnt. Ich hatte immer viel Eiweiß, Gemüse und ein paar gesunde Kohlehydrate in Form von Vollkornbrot, Vollkornnudeln und Kartoffeln zu mir genommen. Obst natürlich auch, aber nicht zu viel davon – wegen des Fruchtzuckers.

Dr. Peters hatte mir erklärt, dass der Insulinspiegel im Blut immer wieder stark ansteigt, wenn man regelmäßig Zucker zu sich nimmt. Und dann passiert Folgendes im Körper: Die Muskel- und die Fettzellen nehmen verstärkt Glukose auf, und die Fettspeicherung im Körper wird angeregt. Der Blutzuckergehalt sinkt sehr schnell wieder – man fühlt sich unterzuckert. Mit fatalen Folgen: Man kriegt Heißhunger auf noch mehr Süßes! Wieder wird Insulin ausgeschüttet, und das Ganze geht von vorn los.

Ich fand das damals sehr einleuchtend und ließ meine geliebte Schokolade einfach weg. Aber das reichte Dr. Peters noch nicht: Auch das köstliche, frische Baguette mit Käse, das ich mir früher oft zum Rotwein gegönnt hatte, war eine echt schlechte Idee. Wussten Sie, dass ein Baguette 1300 Kalorien hat? Und jetzt rechnen Sie da noch mal den leckeren, siebzigprozentigen Rohmilchkäse und die köstliche Salzbutter drauf. Da landen Sie beim Energiebedarf eines kanadischen Holzfällers!

Gut, ich bin ein kanadischer Holzfäller – aber so was hab ich mir früher als Nachtisch reingepfiffen. Nach dem Abendessen. Erinnern Sie sich noch an diesen Bio-Versuch in der Schule? Man musste ein Stück Weißbrot so lange kauen, bis es süß schmeckte. Das war 'ne ziemlich schleimige Angelegenheit, aber sie hat folgende Erkenntnis gebracht: Die Stärke im Weißbrot verwandelt sich in Zucker! Mit ein paar Scheiben Baguette knallen Sie Ihren Blutzuckerspiegel also genauso hoch wie mit ein paar Stück Schokolade.

In der Zeit meiner Ernährungsumstellung merkte ich ziemlich bald einen interessanten Effekt. Ich hatte keinen Heißhunger mehr auf Süßes! Wenn man den Blutzucker-Insulin-Teufelskreis einmal durchbrochen hat, fällt es tatsächlich nicht mehr ganz so schwer, auf Zucker zu verzichten.

Und so war ich bestens für die Vorweihnachtszeit gewappnet. Bis Margie diese Packung Dominosteine aufriss und mir der unwiderstehliche Duft nach Marzipan, Lebkuchen und dunkler Schokolade in die Nase stieg. Und schneller als Margie »Dr. Peters!« schreien konnte, war die Packung leer.

Aber wissen Sie was? Die Waage zeigte am nächsten Tag kein Gramm mehr. Für den Rest der Zeit verkniff ich mir die

Süßigkeiten (bis auf ein, zwei geklaute Stückchen heimlich im Vorüberschlendern) und kam gut klar. Abgesehen vom Christstollen natürlich. Aber der zählt nicht. Christstollen muss man vor Weihnachten essen – sonst brennt der Baum. Alte Mockridge-Weisheit.

Die Zeit bis Weihnachten verging wie im Flug. Arbeit, Training, Theater mit den Goldtimern – im Nu stand der 23. Dezember vor der Tür. Reunion Day!

Es ist nämlich so: Der sehnlichste Wunsch von mir und meinem Grauschopfengel ist, dass alle sechs Jungs wieder bei uns einziehen. Nur über Weihnachten, wohlgemerkt. Ich habe mich zu sehr daran gewöhnt, meine Frau ganz für mich zu haben, und möchte sie jetzt nicht mehr Tag und Nacht mit sechs Konkurrenten teilen. Auch nicht, wenn die aus meiner Werkstatt stammen.

Alle sechs sollten also am 23. Dezember zum Mittag aufkreuzen. Zwei der Jungs wohnen in Köln, zwei in Berlin und zwei in England. Natürlich kamen gerade die zwei Kölner, die höchstens 25 Kilometer von Bonn-Endenich entfernt leben, auf den letzten Drücker an. Inzwischen waren die Engländer und Berliner mit ihren Taschen und Rucksäcken schon längst eingezogen und hatten natürlich auch die erste Wahl der Schlafzimmer bekommen.

Ja, es hat sich bei uns zu Hause einiges geändert im Laufe der Jahre. Ich habe zum Beispiel, als Luke damals auszog, um in Kanada an der Uni zu studieren, sein Zimmer übernommen und es kurzerhand in meine ganz private Männerhöhle verwandelt. Obwohl – Quatsch. Eigentlich ist es eher eine Mönchszelle. In einer Männerhöhle dürfen ja Dartscheibe, Bierkasten, Fernseher und Pirelli-Kalender nicht fehlen.

Meine Zelle ist dagegen ganz spartanisch eingerichtet. Bett, Schreibtisch, Stuhl, Bücherregal und an der Wand wunderschöne Kunstkopien von Renaissance- und Barockgemälden. Im Hintergrund tönt aus geschickt versteckten Lautsprechern ganz sanft und kaum wahrnehmbar meine Ambient Music, und aus beiden Fenstern schaue ich in die hohen Äste unserer Tannenbäume im Garten. Ein Ort der

Hier bin ich Mönch, hier schlaf ich ein.

Stille und der inneren Einkehr, an dem nur ich weilen darf. Jedes Ding ist handverlesen und hat in der Zelle seinen eigenen Platz. Alles dient einer höheren Ordnung – nämlich meiner! Ommmmm … Herrlich!

Margie hat ebenfalls ihr eigenes Reich. Damals, als Lenny

auszog, um in England Musik zu studieren, hat sie sein Zimmer besetzt. Im wahrsten Sinne des Wortes. Da ist jeder Zentimeter im Raum besetzt, bemalt und belegt. Wenn meine Zelle einem (fein angeordneten) Raum von Jan Vermeer ähnelt, sieht Margies Zimmer aus wie ein barocker Himmel von Rubens.

Als Teo und Luke am Abend aus dem »fernen« Köln ankamen, mussten sie »Schnick, Schnack, Schnuck« spielen, um zu entscheiden, wer die letzten Betten im Keller bekommen sollte. Teo gewann und bekam daraufhin das schöne Gästezimmer mit dem Dielenboden. Luke trollte sich in das alte Spielzimmer mit dem Ninja-Turtles-Teppich.

Als endlich alle zusammen waren, saßen wir spät abends in der Küche und planten generalstabsmäßig das Fest. Bei uns gibt es nämlich alte Mockridge-Traditionen, die Jahr für Jahr an Weihnachten stattfinden müssen:

Den Baum holen immer alle sieben Männer. Für das Essen an allen drei Tagen sind Dad, Lenny und Nicky zuständig, für Dekoration, Krippen (wir haben an die vierzig Krippen) und Tischdecken sind Margie, Teo und Liam verantwortlich. Jeremy kümmert sich um die Kerzen für den Baum, den Kranz und den Tisch, die Oma überwacht alles und macht laufend Verbesserungsvorschläge. Luke setzt sich bei jeder Gelegenheit ans Klavier und unterhält die Familie.

Der Ablauf ist fein abgestimmt, und jeder weiß, was er zu tun hat. An Heiligabend ist zum ersten Mal Bescherung. Jeder packt eine Kleinigkeit aus – denn die eigentlichen Geschenke bringt bei uns Santa in der Nacht zum ersten Weihnachtstag. Danach gibt es das »Bethlehem Dinner«, bestehend aus Lebensmitteln aus der Zeit von Maria und Josef. Fisch, Obst, Oliven, Nüsse und Schafskäse. Und Brot natürlich – auf das ich an diesem Abend ausnahmsweise nicht verzichte, versteht sich.

Nach dem Essen sitzen wir dann immer um den Baum, schließen Wetten darüber ab, welche Kerze am längsten brennt, und erzählen uns gegenseitig, was wir in diesem Jahr alles erlebt haben.

In der Nacht, bevor wir schlafen gehen, stellen wir eine Tasse heiße Schokolade für Santa Claus auf den Kaminsims und legen sieben Stück Zucker für die Rentiere daneben. Tja, ich lebe lange und gerne in Deutschland, aber ein wenig »Canadian Christmas« muss schon sein. Santa Claus kommt in der Nacht, landet mit seinem Schlitten auf dem Dach, quetscht sich mit seinem Geschenkesack durch den Schornstein und legt die Geschenke unter den Baum. Dann stärkt er sich mit der Schokolade, steckt die Zuckerstücke für die Rentiere ein und macht sich auf den Weg zum Nachbarhaus.

Wenn wir am nächsten Morgen aufstehen und ins Wohnzimmer gehen, liegen – Holla die Waldfee! – schon wieder Geschenke unter dem Baum. Zwei Bescherungen. Für neun Leute. Um die Geschenkpapierberge zu entsorgen, brauche ich immer eine Schneeschippe. Am ersten Weihnachtstag kochen Lenny und ich dann traditionell Ente à l'Orange, Knödel, Rotkraut, und zum Nachtisch gibt es heiße Himbeeren mit Vanilleeis.

An diesem Tag reden wir viel über Pläne, Vorhaben und all das, was wir uns gegenseitig für das neue Jahr wünschen. Bei neun Menschen kommt da eine Menge Hoffnung zusammen.

Der zweite Weihnachtstag ist der Tag des Abschieds. Da

wird ganz groß gefrühstückt, zusammengepackt und sich verabschiedet. Da gibt es jede Menge heftige Umarmungen, Schulter- und Rückenklopfen, komplizierte »Hand shakes« und deftige Sprüche. Und dann ist das Haus wieder still.

In diesem Jahr hatten der Grauschopfengel und ich aber keine Zeit, die Stille im Haus zu genießen. Wir packten selber unsere Koffer, um für zwei Wochen in die USA zu verschwinden. Eine Woche L.A. und danach eine Woche Miami. Wir wollten Freunde besuchen, shoppen, schwimmen und viel Sonne tanken. Die geballte Infusion von Kinder-Input hatte wie immer bewirkt, dass wir uns seelisch verjüngt fühlten. Aber körperlich und geistig waren wir doch ganz schön platt. Die letzten vier Monate hatten es in sich gehabt – ich wollte meine Routine bewusst brechen, um den Kopf wieder frei zu bekommen.

22. Kapitel

Die Stadt der Party-Engel

Am 27. Dezember landeten wir mittags in Los Angeles, der »City of Angels«. Himmlisch waren dabei in erster Linie die Temperaturen. In unserer Boeing-Zeitmaschine waren wir innerhalb von dreizehn Stunden aus dem kalten Bonner Schmuddelwetter in die kalifornische Sonne gebeamt worden – ein Upgrade von vier auf 25 Grad im Schatten. Bingo!

Wir waren also trotz des langen Fluges sehr sonniger Stimmung. Bis wir am Gepäckband vergeblich auf Margies Koffer warteten. Dem hatte es in Deutschland offenbar besser gefallen als uns – er würde erst in der Nacht aus Frankfurt hinterherfliegen und zu uns ins Hotel geschickt werden.

Ziemlich grummelig stiegen wir ins Taxi und ließen uns nach Downtown L. A. kutschieren. Als wir dann aber im Hotel eincheckten, war die schlechte Laune wie weggeblasen. Das »Standard Hotel«, das uns unser Sohn Nicky empfohlen hatte, war alles andere als Standard. Angesagt und abgefahren eingerichtet, mit einer tollen Dachterrasse, von der man eine großartige Aussicht über Downtown hat.

Downtown L. A., das Herz dieser Riesenstadt, erlebt zurzeit eine großartige Wandlung zum hippen Künstlerviertel. Die alten Gebäude werden saniert, es entstehen neue, coole Lofts. Hochmoderne Büros und originelle Verkaufsflächen werden angeboten. Das zieht natürlich neue Clubs und Restaurants an. Und die wiederum die Jungen, Reichen und Schönen. Und mittendrin der Holzfäller und der Grauschopfengel.

Interessanterweise kam ich mir überhaupt nicht fehl am Platz vor – obwohl Margie und ich den Altersdurchschnitt mal locker um zwanzig Jahre angehoben hatten. Die ganze Belegschaft war so unsagbar freundlich und ungezwungen, dass wir uns sofort zu Hause fühlten.

Wir wohnten sechs Tage im »Standard«, und nach dieser Zeit wusste Margie alles über jeden: Hochzeitspläne, Geburten, Seitensprünge, Krankheiten und berufliche Probleme – irgendwie kommt meine Frau mit allen Leuten ins Gespräch und kann sich auch noch alles merken. Vom spanischen Zimmermädchen zum französischen Oberkellner, von der tschechischen Marketing-Assistentin bis zum persischen Bartender – alle liebten Margie! Als wir am ersten Januar Richtung Miami abreisten, hätte man meinen können, hier werden Familienmitglieder gewaltsam auseinandergerissen.

Bis es so weit war, teilten wir die Tage in L. A. gerecht auf – zur Hälfte Shopping und zur Hälfte Kultur. Margie ging shoppen und ich ins Museum. Das haben wir jeden Vormittag so gemacht, uns in der Mittagszeit getroffen und sind dann noch mal gemeinsam losgezogen. Zum Shoppen.

»Holzfäller, das musst du dir holen!«, rief Margie dann begeistert. »Das sieht so klasse aus und steht dir hundert Pro!« Letzten Endes habe ich dreimal so viel gekauft wie sie. Und das war auch noch okay für sie! Meine Frau shoppt eigentlich nicht für sich, sondern in erster Linie für die Familie,

Freunde – und für die Kinder von spanischen Zimmermädchen natürlich. Als schließlich kurz vorm Abflug die verlo-
renen Koffer wieder auftauchten, mussten wir uns beide
zugleich draufsetzen, um die vollgestopften Dinger richtig zu-
zukriegen.

Natürlich waren wir auch gemeinsam im Museum und
im Theater. Im Comedy Club trafen wir eine alte Freundin.
Debra DiGiovanni kommt wie ich aus Toronto. Sie ist ein
saukomischer Standup-Comedian mit übersprudelndem ita-
lienischen Temperament, wunderhübschem Gesicht und der
Statur von Dirk Bach.

Debra ist vor einem halben Jahr in die Stadt der Engel
gezogen und hat einen Riesenspaß daran, die kalifornischen
Gesundheitsfanatiker zu provozieren. Mit ihren 1,65 und
den 125 Kilo Körpergewicht ist sie in der Tat eine ziemliche Ausnahmeerscheinung. Auf der Bühne erzählte sie eine
brüllend komische Geschichte, in der sie bei einem Escort-
service anfängt. Sie begleitet allerdings keine Geschäftsleute
ins Hotel, sondern Supermodels beim Stadtbummel. Debra
schlüpfte unnachahmlich komisch in die Rolle eines Models
und flötete: »I just love Debra – sie sieht aus wie ich vor fünf
Jahren. Ohne sie geh ich nie mehr essen. Die Frau ist der
beste Appetithemmer auf dem Markt!«

Die Tage verflogen, und der Silvesterabend brach an. In
Amerika heißt dieser Abend »New Years Eve« und wird groß
gefeiert. Besonders im »Standard Hotel«. Im Ernst, so was
hab ich noch nie erlebt. Schon morgens um acht fingen die
Vorbereitungen an. Das ganze Hotel einschließlich Dachterrasse wurde extra für den Abend umdekoriert und in eine
gigantische Party-Zone verwandelt. Wir luden Debra und

meinen alten Freund Don zur Party ein und freuten uns darauf, wie in alten Zeiten »abzuzappeln«.

Don Allison kenne ich aus meiner Zeit in der Schauspielschule in Kanada. Er ist ein unglaublich liebenswürdiger Gentleman, der im Kino und TV mit Vorliebe als eiskalter CIA-Boss, Senator oder knallharter General besetzt wird. Dabei ist Don privat das genaue Gegenteil. Ein sehr liberaler, freundlicher Mensch, der gerne mal ein Tütchen durchzieht und mit seinen siebzig Jahren großartig aussieht.

»Bill, wie siehst du denn aus?«, entfuhr es Don, als wir uns in der Bar trafen. »Kein German Schnitzel und Bier mehr?« Auch Debra schüttelte demonstrativ den Kopf. »Abgemagert bis auf die Knochen! Margie muss dich mal wieder aufpäppeln.«

Margie lachte. »Nix da. Am Holzfäller ist noch mehr als genug dran.« Ich protestierte. »Hallo!? Das sind mittlerweile alles Muskeln!« Ich erzählte Don und Debra von meiner Wette mit mir selbst, meinen diversen Fehlstarts und den Erfolgen. Don, der selbst sehr schlank und durchtrainiert ist, nickte anerkennend, während Debra sich demonstrativ schüttelte. »In so 'n Fitnessstudio kriegen mich keine zehn Pferde. Meine Fitness hol ich mir auf dem Dance Floor. Los, Bill – zeig mal, ob du wirklich Kondition hast!«

Stellen Sie sich eine Kombination aus Katy Perry, Lady Gaga und John Belushi vor – dann kriegen Sie eine Ahnung davon, was es bedeutet, mit Debra auf der Tanzfläche zu sein. Wir tanzten durch bis kurz vor zwölf, nass geschwitzt und nur unterbrochen von ein paar notwendigen Abstechern zur Bar und zum Klo. Wobei das in Amerika niemand so nennen würde.

Es ist toll, wie viele hübsche Worte die Amis erfinden, um nicht »Toilette« sagen zu müssen. »Powder room« find ich schön (ob sich das auf Gesichtspuder oder Koksen bezieht, hängt von der Location ab). »Restroom« ist auch super. Kennen Sie jemanden, der sich auf dem Klo ausruht? Aber der schönste Name ist und bleibt »Comfort room«. Toll! Zu Hause bei mir ist das Klo natürlich meine Komfortzone. Wo sonst kann man als Mann so lange ungestört lesen? Aber im Englischen heißt »to comfort« auch »trösten, aufmuntern« – und so einen Raum brauchen wir doch alle mal, oder?

Jedenfalls kam Margie auf einmal atemlos auf die Tanzfläche gesprintet und schrie mir über die gefühlten 5000 Dezibel irgendwas ins Ohr. »Holzfäller! Ich …tone … …offen!« »Du hast den Ton nicht getroffen?« »Nee! … hab … …ma Sto… …offen, …lo!« Ich starrte sie an. »Was für 'n Stoff hast du gesoffen? Margie, sei vorsichtig!« Margie schüttelte genervt den Kopf und brüllte noch lauter. Ohne Erfolg.

Ich musste an Dr. Hammerstein denken. Offenbar fiel es mir tatsächlich schwerer als früher, Nutzschall von Störschall zu unterscheiden. Don und Debra lachten mittlerweile aus vollem Hals über unsere kleine Slapsticknummer – die völlig aufgedrehte Frau, die wie ein HB-Männchen mit hochrotem Kopf brüllt, und der alte Knacker, der sich ratlos die Hand hinter die Ohrmuschel klemmt.

Debra tanzte zum DJ rüber, klaute sich ein drahtloses Mikro und drückte es Margie in die Hand. In diesem Moment war das Lied zu Ende, und es herrschte kurz Stille. Durch den ganzen Saal schallte Margies Stimme mit Donnerhall: »ICH HAB EMMA STONE GETROFFEN! AUFM KLO!!! DER TOTALE HAMMER!!!«

Alle drehten sich zu uns um. Auch eine zierliche junge Frau mit roten Haaren und großen Augen.

»Hi!«, sagte Emma und winkte lachend zu uns herüber. Margie wurde knallrot – und das passiert ihr echt selten.

Um zwölf Uhr waren wir auf der Dachterrasse, zählten runter von zehn bis null, fielen uns in die Arme und sangen »For auld lang syne«. Unter uns funkelten die Lichter von Downtown L. A., und vor uns lag ein weiteres spannendes Lebensjahr – und die zweite Hälfte meiner Wette.

Später saßen wir in der gemütlichen Bar und unterhielten uns. Don stellte uns einen alten Freund vor. »Das ist Greg«, sagte er. »Sie nennen ihn auch Magic Greg.« »Cool – was bist du?«, wollte Debra wissen. »Zauberkünstler oder Stripper?«

Greg lachte. »Keins von beiden. Obwohl Zauberkünstler teilweise stimmt. Ich bin Schönheitschirurg.« Natürlich wollten die Frauen sofort wissen, wen er Prominentes unterm Messer gehabt hatte. Aber Greg schüttelte den Kopf.

»Sorry, girls. Erstens gibt's auch für Zauberdocs die Schweigepflicht, und zweitens heißt es bei mir meistens Laser statt Messer.« Greg erzählte, dass er das Feld der Busenvergrößerungen und Nasenkorrekturen im Großen und Ganzen den Kollegen überlassen und sich auf die Korrektur von Alterserscheinungen spezialisiert habe. Das weckte natürlich sofort meine Neugier, und ich versuchte, so viele Informationen wie möglich aus ihm herauszuquetschen.

»Es ist faszinierend, was mit der Haut im Alter passiert«, sagte Greg. »Weil sich die Hautzellen – wie alle anderen Körperzellen – nicht mehr so schnell teilen, bilden sich die verschiedenen Hautschichten langsamer nach und werden mit

Liebe Schönheitschirurgen: Rettet den Truthahnhals!

der Zeit dünner und empfindlicher. Auch das kollagene Bindegewebe ist weniger elastisch als in der Jugend.«

Er erklärte, dass Kollagene die Fasern sind, die die Haut stützen und dafür sorgen, dass sie sich dehnen kann. Abgebaute Fasern werden nicht mehr so schnell ersetzt. Auch die Durchblutung der Haut nimmt ab, und die Fettschicht unter der Haut wird kleiner.

»Bei mir nicht!«, lachte Debra. »Kunststück«, sagte ich. Du bist ja erst Anfang vierzig!« Aber Greg stimmte ihr zu.

»Der große Vorteil von molligen Menschen ist ihre glatte Haut, bis ins hohe Alter. Mit Falten wirst du kaum Probleme haben. Bei dünnen Menschen wird auch die Haut im Alter schneller dünn und trocken. So entstehen Falten – und den Rest erledigt die Schwerkraft.« Er zeigte auf meinen Hals.

»Bei dir kann man es ganz gut sehen – das Unterhautfettgewebe am Hals ist weniger geworden, und der vordere Hautmuskel, der Platysma, tritt stark hervor. Das nennt man auch …«

»Truthahnhals«, platzte Margie dazwischen. »Und da lässt du gefälligst die Finger von! Mein Holzfäller bleibt, wie er ist!«

Greg lachte und hob abwehrend die Hände. »Alles klar! War ja auch nur ein Beispiel für das, was ich mache.« Ich war neugierig geworden. »Also, angenommen es würde mich stören – was würdest du denn da vorschlagen?« Ich ignorierte Margies warnenden Blick und konzentrierte mich auf Gregs Antwort.

»Zuerst würde ich es mit Botox versuchen«, meinte Greg. »Das ist ein biologisches Gift, das die Muskeln gezielt lähmt – so können wir eine Glättung und ein harmonisches Gesamtbild erreichen. Das hält drei bis sechs Monate, danach muss man die Behandlung wiederholen.« »Abgelehnt«, meinte Margie trocken. »Der Holzfäller ist schon lahm genug. Das dauert ewig, wenn der mal staubsaugen soll!«

»All right«, meinte Greg. »War ja auch nur ein Beispiel.

Man kann auch andere Substanzen spritzen, wie zum Beispiel Hyaluronsäure – das Zeug ist eine Anti-Aging-Wunderwaffe. Es kann bis zum Tausendfachen seines Eigengewichts an Wasser aufnehmen und es dann langsam an die Umgebung abgeben. Das Hautbild erscheint viel straffer und frischer. Polymilchsäure ist auch manchmal erfolgreich – das ist ein Stoff, der natürlicherweise im Körper vorkommt und die Kollagenbildung anregt. Bei dir …«, er schaute sich meinen Hals noch einmal näher an, »würde ich aber doch zu ein paar kleinen Schnitten raten.«

Okay, Thema durch.

»Äh … was schneidest du denn sonst so? Und wie?«, lenkte ich ab. Greg erklärte die unterschiedlichen OP-Techniken. In erster Linie unterschied er zwischen einem »Mini-Lifting«, bei dem nur die oberste Hautschicht gestrafft wird (das hält dann aber nicht besonders lang) und dem SMAS-Lift, bei dem auch die unteren Gewebsschichten präpariert, reduziert und mit Nähten gestrafft werden.

»Und wenn ich überhaupt keine OPs will?«, fragte Margie. »Dann kannst du rechtzeitig vorbeugen«, sagte Greg. »Die Haut sollte immer gut durchblutet werden. Abrubbeln mit einem harten Frotteehandtuch. Peeling. Abbürsten. Möglichst nur alle zwei Tage duschen – mit nur so viel Seife wie nötig. Und dann genügend Feuchtigkeit zuführen – von außen mit einer guten, kollagenhaltigen Creme, von innen durch viel Wasser. Das ist das Lebenselixier!«

Er zählte noch weitere Waffen im Kampf gegen die Hautalterung auf. »Die wichtigsten sind der Sonnenschirm und die raucherfreie Zone«, sagte Greg. »UV-Strahlung fördert den Kollagenabbau. Und zusammen mit Umweltgiften regt sie die Bildung von freien Radikalen an. Das sind äußerst aggressive Verbindungen, die die Hautzellen schädigen und die Hautstruktur verändern. Je länger die Haut den schädlichen Einflüssen ausgesetzt ist, desto schneller versagen die natürlichen Reparaturmechanismen. Die Haut altert – und das Risiko für Hautkrebs steigt!«

Es war mittlerweile drei Uhr nachts, und so faszinierend ich das Thema auch fand, so sehr sehnte ich mich nach meinem Bett. »Gute Idee, Bill«, sagte Greg. »Schlafen hilft enorm gegen die Hautalterung!« Ich bat Greg, mir im wachen Zustand noch mehr über den Alterungsprozess zu erzählen.

Ich verabredete mich mit ihm für den Tag vor unserem Abflug zum Golfen, dann verabschiedeten wir uns von unseren Freunden und ließen uns in unsere herrlich bequemen Betten sinken. Himmlisch ... die zwei Endenicher Party-Engel waren zwar total erledigt, aber glücklich. Und innerhalb von Sekunden eingeschlafen.

23. Kapitel

Dornröschen und die Fadenwürmer

Zwei Tage später stand ich pünktlich um neun Uhr auf dem Golfplatz, um mich mit »Magic Greg« zu treffen. Ich liebe Golf – lange Spaziergänge an der frischen Luft, viel Bewegung und ein großes Glücksgefühl, wenn einem ein guter Schlag gelingt.

Leider liebt Golf mich nicht besonders zurück. Ich habe zwar dank meines jahrelangen Trainings mit den Boulebrüdern ein ziemlich gutes Auge, wenn es ums Einputten geht. Aber mein Schwung ist eine echte Katastrophe. Da brauch ich wohl noch ein paar Jahrzehntchen, um die Top-Handicap-Klasse von Kollegen wie Dennis Quaid oder Samuel L. Jackson zu erreichen. Und die sind immerhin auch schon 61 und 67! Umso besser, dass Greg mir gleich was über das Aufhalten des Alterungsprozesses erzählen würde.

Erst mal demonstrierte er mir allerdings, dass die Lebenszeit sich ordentlich in die Länge zieht, wenn man warten muss. Er kam nämlich fast eine Stunde zu spät.

»Sorry, Bill«, strahlte er mich gut gelaunt an, »hab verpennt. Es war einfach zu schön im Bett … Aber dafür bin ich jetzt topfit! Wollen wir?« Während wir in gemächlichem Tempo von Green zu Green zogen, erklärte mir Greg, wieso ihm ein guter Nachtschlaf so wichtig war.

»Guter Schlaf hält jung«, verkündete er. »Mit dem Satz kann man schon mal eine der wichtigsten Erkenntnisse in der Altersforschung zusammenfassen.« Ich war ein bisschen enttäuscht. »Also, für die Antwort hätte ich auch unsere Oma fragen können, Greg. Die schwört auf ihren Schönheitsschlaf.« Greg nickte zustimmend. »Good girl. Wie alt ist sie?« »89 Jahre und kerngesund«, antwortete ich. »Na also!«, rief Greg. Da hast du deinen Beweis. Ich nenne es das ›Sleeping-Beauty-Prinzip‹.«

Greg sah mir wohl an, dass ich jetzt ziemlich verwirrt war. »Sleeping Beauty? Die heißt in Deutschland Dornröschen. Was hat denn jetzt das Märchen damit zu tun?« Greg ließ mich erst mal zappeln. Er grinste, holte aus und schlug mit einem perfekten Swing ab. Ich versuchte es ihm nachzumachen, rutschte ab, und mein Ball titschte ein paar müde Meter über den Rasen, bevor er liegen blieb. Shit!

Während wir weitergingen, erklärte Greg mir seine Theorie. »Dornröschen ist eine knackige Achtzehnjährige, als sie sich mit der Spindel sticht und einschläft. Sie schläft hundert Jahre lang. Der Prinz kämpft sich durch dichte Dornenhecken, klettert den Turm rauf in ihr Schlafzimmer – und was findet er? Eine 118 Jahre alte, verschrumpelte Greisin?« Ich schüttelte den Kopf. »Nee. Eine wunderhübsche, junge Frau.« Greg nickte. »Exakt. Sie ist im Schlaf jung geblieben. Und das liegt am Melatonin.«

Ich hatte so meine Zweifel, ob die Gebrüder Grimm über Melatonin Bescheid wussten, als sie das Märchen in ihre Sammlung aufnahmen. Ich hätte da eher auf höhere Mächte getippt. Und tatsächlich schien dieses Zeug ein Wundermittel zu sein. »Melatonin ist ein Schlafhormon«, sagte Greg.

»Das heißt, es macht sich an die Arbeit, während wir schlafen. Es fährt die Körperfunktionen runter, Herzkreislaufsystem und Nervensystem laufen im Schongang, und die Zellteilung wird angeregt. Übrigens werden, ausschließlich während wir schlafen, die Flüssigkeits- und Fettdepots unter der Haut aufgefüllt – deshalb haben wir nach einem guten Nachtschlaf eine glattere Haut!«

Ich sah mir Greg genauer an – tatsächlich hatte er ein ziemlich glattes, frisches und gesund aussehendes Gesicht, das er offenbar nicht einem seiner Chirurgenkollegen verdankte. »Es ist ja eine Binsenweisheit, dass Schlaf den Organismus belebt, uns entspannt und uns neue Energien gibt. Während wir bei dauerndem Schlafmangel einfach scheiße aussehen und wie erschlagen sind«, meinte Greg.

»Aber dagegen kann man ja mit einem starken Kaffee und einer teuren Gesichtscreme was machen«, merkte ich an. »Ich hab oft einfach nicht die Zeit, acht oder neun Stunden zu schlafen.«

Greg schüttelte den Kopf. »Großer Fehler«, sagte er. »Es geht nämlich nicht nur ums Aussehen. Die Zellteilung – und damit die Erneuerung von Gewebe – wird nur in bestimmten Schlafphasen eingeleitet. Wenn man auf Dauer nicht genug Schlaf hat, kann diese Zellteilung nicht ungestört stattfinden. Damit reduziert sich die Lebensdauer deiner Organe. Fazit: Du stirbst früher.«

Er erzählte mir von Untersuchungen an Kindern, die an Progerie leiden. Die betroffenen Kinder altern bis zu zehnmal schneller als gesunde Kinder und sterben meist als vierzehnjährige Greise. In ihren Körpern ist fast kein Melatonin vorhanden. Dagegen leben Menschen mit bestimmten

Blindheitserkrankungen überdurchschnittlich lang. Blinde haben mehr Melatonin im Körper als Sehende, weil Dunkelheit die Ausschüttung dieses Hormons anregt – sobald Licht auf eine gesunde Netzhaut fällt, wird die Melatoninbildung dagegen gehemmt. »Du kannst also davon ausgehen, dass der körperliche Verfall früher anfängt und schneller passiert, wenn der Körper sich nicht ausreichend regenerieren kann«, sagte Greg. »Unser Körper verfügt nämlich über eine ›alternde Uhr‹ – die Zirbeldrüse. Die ist für die Melatoninausschüttung zuständig. Und wenn die Zirbeldrüse merkt: ›Hey, ich bin alt! Ich sterbe bald!‹, dann gibt sie diese Information ganz egoistisch an die restlichen Körperzellen weiter, indem sie weniger Melatonin abgibt. Und dann altert der ganze Körper. Zwei Altersforscher haben in einem Test alten Mäusen die Zirbeldrüse von jungen Mäusen eingepflanzt – und umgekehrt. Weißt du, was passiert ist?«

Ich ahnte es schon. »Die jungen Mäuse sind gealtert.« Greg nickte. »Exakt. Schlapp, müde, stumpfes Fell – und nach gut 500 Tagen waren sie tot. Die alten Mäuse mit den jungen Zirbeldrüsen wurden topfit, strotzten vor Energie und starben erst im biblischen Alter von 1000 Tagen.«

Ich war beeindruckt. »Wow! Das klingt ja einfach. Wo krieg ich denn jetzt 'ne neue Zirbeldrüse her?« Greg lachte und schlug einen weiteren Ball – mit beneidenswerter Energie. »Brauchst du nicht. Allerdings nehmen eine Menge Leute Melatonin ein. Hilft zum Beispiel gegen Jetlag. Außerdem ist es ein sehr starkes Antioxidans.« Ich kratzte mir ratlos den vor Informationen brummenden Schädel. »Und was ist das jetzt schon wieder?«, fragte ich. »Es bindet freie Radikale, die unsere Zellen angreifen, zu Krankheiten führen und uns altern lassen«, erklärte Greg.

»Moment mal«, sagte ich, »wenn das Zeug also schädliche Einflüsse neutralisiert und außerdem dafür sorgt, dass die Zellen sich besser regenerieren, dann brauchen wir uns doch nur tonnenweise Melatonin reinzupfeifen, und schon werden wir uralt!«

Greg wiegte skeptisch den Kopf. »Das glauben einige Kollegen tatsächlich. Sie sagen, dass wir im Schnitt 120 Jahre alt werden können, wenn die freien Radikalen durch Antioxidantien zu 100 Prozent abgewehrt werden. Aber ich wäre vorsichtig mit der Einnahme von Melatonin. Denk an Dornröschen!«

Ich überlegte. »Du meinst, mit zu viel von dem Zeug im Blut werden wir gar nicht mehr wach?« Greg nickte. »Im Winter, wenn es lange dunkel ist, fühlen wir uns müde und schlapp.« Das wusste ich. Über die Winterdepression hatte ich ja schon einiges von meiner Augenärztin erfahren. »Wir brauchen das Licht für unser Wohlbefinden«, sagte ich. »Ganz genau«, sagte Greg, »und da hilft ein hoher Melatoninspiegel nicht gerade. Der bleibt im Winter nämlich auch tagsüber hoch – weil es so dunkel draußen ist. Das beste Mittel dagegen ist ein langer Spaziergang in der Sonne.«

»Also soll ich nicht in den nächsten Drugstore gehen und mir das Dornröschen-Hormon kaufen?«, fragte ich. »Nicht nötig«, sagte Greg. »Unterm Strich bleibe ich dabei, was eure Grandma sagt: Schlaf lange und gut, und du bleibst länger gesund!«

Das fand ich jetzt wirklich nachvollziehbar – vor allem, seit ich wusste, was da alles in meinem Körper passierte, während ich auf der Matratze schnarchte. Wir kamen zum nächsten Loch, und ich versuchte, meinen Ball aus fünf Metern Entfernung einzuputten. Mit viel Gefühl, Bill, lass dir Zeit, konzentrier dich … Mist. Zu wenig Schlaf gehabt! Das Ding kullerte einen Meter am Ziel vorbei. Ich ließ einen unübersetzbaren kanadischen Fluch vom Stapel. Während Greg seinen Ball mühelos grinsend im Loch versenkte, redete er weiter.

»Guter Schlaf ist das eine, Bill. Die anderen Säulen für ein langes Leben sind gesunde Ernährung, Bewegung und die Vermeidung von Stress. Reg dich also nicht auf, wenn du den Ball nicht richtig triffst, – du willst doch deine Zellalterung stoppen.«

Leicht gesagt – der Kerl war ein Crack, und man hat als Endenicher Boulekopp ja auch seinen Ehrgeiz. Dennoch versuchte ich, seinen Rat zu befolgen und die Golfrunde eher als Spaziergang zu sehen – mit der Gelegenheit, weitere interessante Informationen übers Altern aus Greg herauszuholen.

»Wieso altern wir überhaupt?«, wollte ich wissen. »Das kann doch nicht nur die Schuld dieser blöden kleinen Zirbeldrüse sein.« Greg lachte. »Nee, daran ist die Evolution schuld«, sagte er. »Du hast sechs Kinder, sagst du?« »Jepp! Alles Jungs!«, antwortete ich stolz. »Tja, also aus Sicht der Evolution hat dein Körper seine Pflicht getan. Du hast dich fleißig fortgepflanzt und kannst jetzt ruhig den Löffel abgeben.«

Ich starrte ihn an. »Sag mal – was für 'ne Art Arzt bist du eigentlich, Greg?« Er schlug mir lachend auf die Schulter. »Hey, du hast gefragt!«, erinnerte er mich. »Es ist wirklich so – im Lauf der Evolution ist der menschliche Körper immer perfekter geworden, weil nur die ›funktionierenden‹ Körper ihre Gene weitergeben konnten.« Ich nickte, etwas beruhigt. »Deshalb sehen meine Jungs auch alle so blendend aus«, sagte ich.

»Okay – und jetzt sind deine Jungs in dem Alter, selbst Kinder zu zeugen«, sagte Greg. »Dein Körper dagegen ist inzwischen so alt, dass du der Evolution egal bist. Krankheiten, die sich erst im Alter entwickeln – also nach der Fortpflanzungsphase –, sind für die langfristige Entwicklung der Spezies des Menschen unwichtig. Deshalb werden die auch nicht von der Evolution ausgemerzt. Das Ergebnis: Es gibt jede Menge Krankheiten, die speziell im Alter auftreten und das Leben verkürzen!«

Ich nickte grimmig. »Scheiß Darwin«, grummelte ich. Da hatte mir das Dornröschenbeispiel doch besser gefallen. Greg lachte schon wieder – ein ansteckendes Lachen, das, wie ich ja wusste, gesund ist. Ich lachte also eine Runde mit – besonders herzlich, als auch Greg endlich mal einen Schlag versiebte und eine Grassode quer übers Green drosch.

Greg verwischte seine Spuren, so gut es ging, und nahm ein paar Grashalme in die Hand, die er mir jetzt hinhielt. »Es gibt Hoffnung für dich, Bill. Hier, stell dir vor, die Grashalme sind unsere Chromosomen. Am Ende eines jeden Chromosoms gibt es eine Art Schutzkappe, die das Erbgut während einer Zellteilung beschützt. Diese Schutzkappen nennt man Telomere. Man hat herausgefunden, dass die Dinger bei jeder Zellteilung kürzer werden.« Er knipste nach und nach Stücke eines Grashalms ab. »Am Ende kann die Zelle sich nicht mehr teilen und stirbt ab.« Er ließ das letzte Fitzelchen Gras zu Boden fallen. »Das Körpergewebe kann sich durch diesen Zellverlust nicht mehr so gut regenerieren. Und was passiert dann?«

»Wir altern«, sagte ich. »Genau«, nickte Greg. »Einerseits ist das Alter, das wir erreichen können, genetisch festgelegt. Wenn es eine Menge Hundertjähriger in deiner Familie gibt, ist die Chance groß, dass du ihre Langlebigkeitsgene geerbt hast.« Das beruhigte mich. In der Tat war meine Mutter 101 geworden! »Cool – das erhöht die Wahrscheinlichkeit, dass du von Haus aus längere Telomere hast. Andererseits kannst du die Länge der Telomere beeinflussen, und längere Telomere bedeuten theoretisch ein längeres Leben.«

Er erzählte mir von einem Versuch, in dem die Telomere von genetisch identischen Fadenwürmern künstlich verlängert worden waren. Die Viecher lebten danach deutlich länger.

»Und wie kriegen wir Menschen es hin, dass die Telomere länger werden?«, wollte ich wissen. »Das ist ähnlich wie mit dem Melatonin«, sagte Greg. »Es gibt eine chinesische Pflanze, die als Telomer-Aktivator funktioniert. Mittlerweile hat man ein Präparat hergestellt, das diesen Wirkstoff hoch konzentriert enthält. Durch die regelmäßige Einnahme sollen die Telomere wachsen. Das lassen sich die Hersteller natürlich teuer bezahlen.«

Konnte ich mir denken. Wenn es den Jungbrunnen in Pillenform gab, dann war da unendlich viel Kohle drin. »Aber du hast doch am Anfang was von gesundem Lebenswandel erzählt«, erinnerte ich Greg.

»Ganz genau – es gibt nämlich Studien an der University of California drüben in San Francisco, die das belegen. Die Kollegen haben eine Langzeitstudie mit 35 Versuchspersonen gemacht. Zehn von ihnen haben fünf Jahre lang total gesund gelebt: täglich Bewegung, Yoga, viel Obst und Gemüse und Stressbewältigungstechniken. Und was meinst du, war das Ergebnis?« »Die Telomere sind bei ihnen nicht kürzer geworden«, tippte ich. »Nicht nur das!«, sagte Greg begeistert. »Sie haben sich im Schnitt um zehn Prozent verlängert! Bei den 25 Männern, die ganz normal gelebt haben, haben sich die Telomere im Schnitt um drei Prozent verkürzt.«

Wow! Ich war beeindruckt. War das wirklich so einfach? Da musste doch ein Haken dran sein! Aber Greg schüttelte den Kopf. »Kein Haken, Bill! Ein ungesunder Lebensstil trägt dazu bei, dass sich die Zellen häufiger teilen müssen. Und dabei werden die Telomere automatisch kürzer. Klar sind zehn Versuchspersonen viel zu wenig repräsentativ – aber der Versuch hat eindeutig gezeigt, dass kurze Telomere und frühzeitige Alterung kein Schicksal sind, das man hinnehmen muss. Das Rezept für den Jungbrunnen, den du suchst, hast du schon längst umgesetzt. Gesund und bewusst leben!«

Den Rest der Golfrunde absolvierte ich in allerbester Laune – obwohl ich mit meiner Schlagtechnik nach wie vor keinen Blumentopf gewinnen konnte. »Ich hab eine Idee, Greg«, sagte ich. »Wenn ich so weitermache wie bisher, gut schlafe, gesund esse, entspannt bleibe und mich gut ernähre, bin ich mit 87 topfit. In der Zeit arbeite ich an meinem Handicap – und in zwanzig Jahren treffen wir uns hier wieder. Deal?«, sagte ich zu Greg.

»Deal«, grinste Greg und schlug ein. »Wobei die Wissenschaft in zwanzig Jahren vielleicht schon so weit ist, dass du 120 werden kannst. Und in fünfzig Jahren – wer weiß? Vielleicht wirst du dann tausend!«

Ich lachte. »Sagen die Gebrüder Grimm …« Greg lachte

mit. »Nee – das sagt Aubrey de Grey, ein ziemlich genialer Freak aus Schottland. Der arbeitet daran, das Altern ganz abzuschaffen. Vielleicht erleben wir's noch …«

Augenzwinkernd verabschiedete er sich von mir. Auch für mich wurde es Zeit, ins Hotel zurückzugehen. Morgen würde ich mit Margie für eine Woche nach Florida fliegen. Und ich wusste auch schon ganz genau, was ich mir für eine Lektüre besorgen würde!

24. Kapitel

Die schöne neue Welt der Tausendjährigen

Als wir am nächsten Tag am LAX Airport nach Miami einccheckten, hatte ich drei Kilo Übergewicht. Das lag aber nicht etwa an Milkshakes und kalifornischen Riesenburgern, sondern an den vielen Büchern und Zeitschriften in meinem Handgepäck, die sich mit den Ideen von Aubrey de Grey befassten.

Nachdem wir es uns für die knapp sechs Stunden Flug von Küste zu Küste bequem gemacht hatten, fing ich an, mich durch meinen Lesestoffstapel hindurchzufressen, während Margie die Kopfhörer aufsetzte und sich entspannt zurücklehnte, um Musik zu hören.

O boy! Ich kann Ihnen sagen – wenn man sich auf diese Gedanken erst mal einlässt, wird es einem geradezu schwindelig. Margie guckte auch ein paar Mal besorgt zu mir rüber, während ich abwechselnd die Stirn runzelte, fieberhaft weiter las, dann wieder blass wurde und vor mich hin starrte oder auch entschieden den Kopf schüttelte.

»Alles klar, Holzfäller?«, fragte sie besorgt und bestellte mir bei der Stewardess einen Kamillentee. Ich nickte. Dabei war überhaupt nicht alles klar. Was ich da las, war schräg, beunruhigend, einleuchtend, Hoffnung machend und irgendwie abstoßend in einem. Und sehr, sehr verwirrend. Ich ver-

Professor Aubrey Dumblegrey: der Genetik-Zauberer mit Rasierhemmung

suche trotzdem, es Ihnen in möglichst einfachen Worten zusammenzufassen. Ich will ja nicht, dass Sie etwas verpassen!

Also. Aubrey de Grey ist ein Genie. Und ein schräger Vogel. Der Mann ist 52 Jahre alt, hat an der University of Cambridge in England studiert und geforscht und sieht aus wie Professor Dumbledore mit braun gefärbtem Bart. Außerdem ist er – genau wie der gute alte Voldemort bei

Harry Potter – auf der Suche nach dem Stein der Weisen, der ewiges Leben verspricht. Nur, dass sein Stein »Gentherapie« heißt.

De Grey ist davon überzeugt, dass man das Altern abschaffen kann. Also nicht nur aufhalten, das Leben ein bisschen länger und gesünder gestalten – sondern ganz abschaffen! Für den Professor ist Altern kein gottgegebenes Schicksal, sondern eine Krankheit wie alle anderen. Nur, dass es die *eine* Krankheit mit definitiv tödlichem Ausgang ist. Täglich sterben weltweit 100 000 Menschen an den Auswirkungen dieser Krankheit namens Alter – und das will de Grey verhindern.

Von Haus aus ist der Mann eigentlich ein Computerspezialist. Er hat zunächst Informatik studiert, lernte dann seine Frau, eine Genetikerin, kennen und fing an, sich für das biologische Altern zu interessieren. Er las alles, was es dazu an Forschungen gab, und war am Ende stocksauer. Die Leute waren ja jungbrunnentechnisch komplett fantasielos! Mit Kinderkram wie Melatonin oder der Verlängerung von Telomeren gab de Grey sich gar nicht erst ab. Er sagte sich, dass es grundsätzlichere Methoden geben musste, um dem Alter den Garaus zu machen.

Er fing also an, sich in den unterschiedlichsten Bereichen der Biologie und der Medizin fit zu machen. De Grey analysierte Krebsstudien, las alles über Bodenbakterien, wurde autodidaktischer Experte für Gentherapie und Stammzellenforschung und ging typischen Alterskrankheiten wie Diabetes, Parkinson und Alzheimer auf den Grund.

Am Ende bastelte de Grey aus all dem Wissen, das er sich angeeignet hatte, eine Theorie zusammen, mit der er sein großes Ziel verwirklichen wollte: das ewige Leben. Und obendrein noch in jugendlicher Frische!

Ich stupste Margie an. »Stell dir vor, wir beide würden ewig leben! Das Alter könnte uns nichts anhaben, und wir würden für immer so bleiben, wie wir sind! Wäre das nicht irre, wenn es wirklich Unsterbliche gäbe?«

Sie zuckte die Achseln. »Die gibt's doch längst. Ich sag nur ›Tanz der Vampire‹. Vergiss das mal lieber – mit Blutwurst kannst du mich jagen, Holzfäller!«

Recht hatte sie – die Vorstellung, niemals alt zu werden, hatte was Gruseliges. Aber faszinierend war sie auch! Aubrey de Grey führt in seiner Theorie sieben Todbringer auf, die schuld am Altern unseres Körpers sind. Und er weiß auch, mit welchen Methoden man das verhindern kann. Theoretisch jedenfalls. Ich geb mal ein paar Beispiele:

Arteriosklerose und Blindheit entstehen, weil bestimmte Zellen durch Ablagerung von »Müll« innerhalb der Zelle krank werden und nicht mehr funktionieren. Bodenbakterien können solche Ablagerungen »auffressen«. Also schlägt de Grey vor, dass man das Erbgut dieser Bakterien in die betroffenen Zellen einschleust.

Alzheimer entsteht durch Ablagerungen außerhalb der Zelle – die können durch kleine, in die Zelle gespritzte Eiweißmoleküle abgebaut werden.

Um Krebs zu verhindern, müsste man sich einfach alle zehn Jahre gentechnisch veränderte Stammzellen einsetzen lassen, denen ein bestimmtes Gen für ein Zellteilungsenzym fehlt – schon können Krebszellen nicht mehr wachsen.

So geht es weiter mit den Lösungsvorschlägen – dabei denkt de Grey nicht wie ein Arzt, sondern eher wie ein Mechaniker. Die Maschine Mensch muss mit dem richtigen Material und dem richtigen Werkzeug nur perfekt gewartet und regelmäßig repariert werden, und schon hat sie eine unendliche Kilometerleistung zu erwarten.

Das klingt alles ziemlich verrückt. Aber tatsächlich ist es Forschern schon jetzt gelungen, Labormäuse zu züchten, die ein Drittel länger leben als gewöhnliche Mäuse. Und zwar bis zum Schluss aktiv, stark, topfit und mit funktionierendem Erinnerungsvermögen. Das würde auf den Menschen übertragen bedeuten, dass wir bei voller Gesundheit, Körperkraft und geistiger Klarheit 120 würden!

In einem Artikel traf ich auf meine alten Freunde, die Fadenwürmer. Forschern an der University of California war es gelungen, deren Leben von durchschnittlich zwanzig Tagen auf bis zu sechs Monate zu verlängern. Moment mal … wenn man das jetzt auf den Menschen überträgt … Ich zückte mein iPhone und tippte auf der Taschenrechner-App herum.

»Unglaublich!«, platzte ich heraus. »Margie! Wenn ich ein Fadenwurm wäre, könnte ich umgerechnet 720 Jahre alt werden!« Margie sah mich an, als hätte ich sie nicht alle.

»Wenn du ein Fadenwurm wärst, wär ich nicht seit 33 Jahren mit dir verheiratet«, sagte sie trocken und setzte sich die Kopfhörer wieder auf.

Auch wieder wahr. Ich blätterte weiter durch meine Fachmagazine. Eins schien klar: Bei den meisten medizinischen Forschungen zum Thema Altern konzentriert man sich auf die Bekämpfung von Diabetes, Krebs und Herz-Kreislauf-Erkrankungen. Und es wäre ja auch wirklich großartig, wenn man diese verfluchten Krankheiten zu 100 Prozent heilen könnte, oder?

Echte Jungbrunnen-Cracks wie de Grey können da aber nur müde drüber lächeln. Denn wenn diese Haupttodesursachen alter Menschen wirklich restlos ausgerottet werden könnten, würden wir im Schnitt »nur« vierzehn Jahre länger leben. Könnte man es dagegen schaffen, das Altern an sich zu verhindern, dann würden diese altersbedingten Krankheiten gar nicht erst entstehen!

De Grey hat ernsthaft vor, den Tod nicht nur um ein paar Jahre oder Jahrzehnte hinauszuzögern. Der Mann will die biologische Uhr zurückdrehen! Wenn erst einmal die perfekte gentechnische Menschmaschinenwartungstechnik zur Verfügung steht, ist er sicher, dass wir uns in unser jüngeres Ich zurückverwandeln können. »Je nachdem, wie oft und wie gründlich Sie sich der Therapie unterziehen, können Sie die Ewigkeit in Ihren Zwanzigern verbringen«, sagte er mal in einem Interview.

Ich stellte mir vor, wie das wäre. Wieder so auszusehen wie mit zwanzig … Na ja, im Grunde brauchte ich mir da nur die entsprechenden Fotos meiner Jungs anzugucken. Es gibt Schlimmeres! Jung, knackig, gut aussehend – *aber* mit meiner Lebenserfahrung. Hey, ich könnte Frauen haben …!

Ups. Ich schickte einen kurzen, schuldbewussten Blick rüber zu Margie, die meine Gedanken sonst ziemlich gut lesen kann. Sie hatte die Augen geschlossen, nahm meine Hand und drückte sie zärtlich. Ich Idiot. Ich HATTE meine Traumfrau – und die wär dann ja auch wieder rattenscharfe zwanzig! UND eine total erfahrene Liebhaberin! Hammer – Aubrey rocks!

Ich blätterte eifrig weiter, weil ich unbedingt erfahren wollte, wann der Jungbrunnen à la de Grey voraussichtlich in Flaschen gefüllt und unters Volk gebracht werden könnte. Da gab es sehr unterschiedliche Einschätzungen – von »Niemals im Leben, der Typ hat 'n Knall« bis »In fünfzehn Jahren ist es so weit«.

Hey, natürlich werden die Menschen in fünfzehn Jahren noch nicht tausend. Das ist zum heutigen Zeitpunkt Science-Fiction. Aber der gedankliche Trick bei der Sache ist folgender: Nehmen wir an, in zwanzig Jahren ist die Gentherapie so weit, dass sich die Lebenszeit des Menschen durch Verlangsamung des Alterns verdoppeln lässt. Dann wäre Nicky, mein Ältester, 51. Und er hätte noch mal 51 Jahre vor sich – ohne zu altern. Lebenserwartung: Topfitte 102!

Noch mal zwanzig Jahre später wäre die Wissenschaft dann aber vielleicht schon so weit, die Uhr rückwärts zu drehen – er wäre jetzt 71, würde aber wieder so aussehen wie 31. Und inzwischen würde die Lebenserwartung durch den medizinischen Fortschritt sich vielleicht noch mal verdreifachen – er würde also kerngesunde, jugendliche 306. Nach weiteren hundert Jahren könnten die Genetiker aber noch ganz andere Kunststücke vollbringen!

Und so könnte es immer so weiter gehen, bis man eben bei seinem gewünschten optischen Alterszustand angekommen ist und das tatsächliche Lebensalter nur vom Pass abzulesen ist.

So, jetzt wissen Sie, wie Aubrey de Grey schließlich zu der Überzeugung kam, dass wir Tausende von Jahren alt werden können. Wenn wir vorher nicht vom Bus überfahren werden.

»Meinst du, es gibt in tausend Jahren noch Busse?«, fragte ich Margie nachdenklich. »Keine Ahnung. Aber wenn, dann kommen sie garantiert 'ne Viertelstunde zu spät«, sagte sie. »Willst du nicht auch mal die Augen zumachen, Holzfäller? Du hast jetzt vier Stunden am Stück gelesen. Deine Augen sehen aus, als hättest du dir auf dem Klo 'n Joint reingezogen.«

Ich nickte und legte meine Unsterblichkeitslektüre weg. Schlafen … eine gute Idee.

Ein paar Minuten später wachte ich schon wieder auf, reckte mich und vertrat mir ein bisschen die Beine, um den Kamillentee loszuwerden. Auf der Bordtoilette wunderte ich mich – was war das denn für 'n kräftiger Strahl? Normalerweise ging das mit dem Pinkeln sehr viel geruhsamer zu. Ich musste die Stewardess unbedingt nach der Teesorte fragen. Beim Händewaschen warf ich einen Blick in den Spiegel und schrie überrascht auf. Ich war zwanzig Jahre alt!

Schulterlanges, dunkles Haar, ein faltenloses Gesicht, scharfe Augen ohne einen Hauch von Altersweitsichtigkeit! Wow … ich musste UNBEDINGT wissen, was das für ein Tee war!

Aufgeregt öffnete ich die Klotür und stand auf einer grünen Wiese. Ich drehte mich langsam im Kreis und sah mich um. Wo war ich denn hier gelandet? Die Wiese war ein vielleicht zwanzig Quadratmeter großes Viereck, von einem Zaun umgeben, und ringsherum standen himmelhohe, silberglänzende Wolkenkratzer. Ich legte den Kopf in den Nacken, konnte aber nicht sehen, wo sie aufhörten und wo der Himmel anfing.

Es zischte und brummte – auf der anderen Seite des Zauns hielt ein Linienbus, voll mit jungen Menschen, die gelangweilt vor sich hin starrten. Der Bus hatte keine Räder, sondern schwebte eine Handbreit über dem Boden. Mit offenem Mund starrte ich den Bus an, bis mich eine laute Stimme aus meiner Erstarrung holte:

»Ihre Parkzeit ist abgelaufen. Bitte verlassen Sie den Rasen – andere Erholungssuchende danken es Ihnen.« Einer der zwanzigjährigen Passagiere stieg aus und nahm meinen Platz ein. Ich stand unschlüssig vor dem Bus, bis der Fahrer ungeduldig hupte und mich hineinwinkte.

Ich setzte mich neben einen jungen Typen mit langen Haaren und langem, zerzausten Bart. »Hey, Bill«, sagte er. »Willkommen in meiner Welt.« Ich nickte. »Hey, Aubrey. Du hast es also tatsächlich geschafft. Was haben wir denn für ein Jahr?«

Während der Bus abhob und sich mit Hunderten von anderen Bussen zwischen den Wolkenkratzern einen Weg durch die Megacity bahnte, erzählte mir Aubrey, dass wir das Jahr 3015 schrieben. Alle Krankheiten waren ausgerottet, die Menschen in Aubrey City waren allesamt kerngesunde, attraktive Zwanzigjährige, die hochintelligent, spezialisiert und gebildet waren, weil sie Hunderte von Jahren Zeit gehabt hatten, Wissen anzusammeln.

»Wahnsinn!«, sagte ich. »Das muss ich unbedingt Margie erzählen! Fahren wir zu ihr?« De Grey schüttelte bedauernd den Kopf. »Sorry. Margie ist vor 400 Jahren vom Bus überfahren worden.«

Ich starrte ihn an. »Was!? Ich lebe seit 400 Jahren ohne die Frau meines Lebens? Wie soll das denn gehen!?« Ich spürte eine tiefe Verzweiflung. Aber Aubrey zuckte nur mit den Schultern. »Hey, man gewöhnt sich dran. Und wird vorsichtig. Seit keiner mehr am Alter und an Krankheiten stirbt, haben die Leute natürlich tierisch Angst vor Unfällen. Aber die ›de Greyhounds‹ sind sicher. Sieh dich um!«

Ich tat, was er sagte, und sah lauter leere, gleichgültige Gesichter. »Mann, ich muss den Job wechseln«, sagte einer der Passagiere gerade, »200 Jahre Finanzamt ist echt lang genug.« »Aber du bist Beamter auf Lebenszeit«, wandte sein Nachbar ein. »Willst du das wirklich aufgeben?«

Das war blanker Horror. In so einer Welt wollte ich nicht leben! Schon gar nicht ohne meine Margie! Wer wollte das schon – unendlich lange existieren, in unendlichem Frust und unendlicher Langeweile! »Aubrey, das ist doch Wahnsinn!«, stieß ich hervor. »Das Leben ist doch nur so kostbar für uns, weil wir wissen, dass es irgendwann vorbei ist! Wenn wir ewig leben, ist es doch nichts mehr wert!«

Aubrey lachte. »Na klar. Sag das mal einem, der in absehbarer Zeit den Löffel abgeben muss. Der wird da ganz anders drüber denken.« Aber ich schüttelte entschieden den Kopf. »Nein, das hier ist der totale Irrsinn. So ein Leben kann man seinen Kindern doch nicht wünschen.«

Aubrey sah mich an. »Kinder? Was meinst du damit? Schon mal was von Überbevölkerung gehört? Kinder gibt es seit gut 600 Jahren nicht mehr. Überleg doch mal, Bill – wir können nicht unsterblich sein und dann immer neue Gören in die Welt setzen. Das funktioniert rein mathematisch nicht!«

Ich starrte ihn an. »Was heißt das?« De Grey lachte. »Das heißt, dass das Prinzip der biologischen Fortpflanzung überholt ist. Es gibt schon lange keine Kinder mehr!«

In diesem Augenblick raste ein zweiter fliegender Bus frontal auf uns zu. Ich sah ihn immer näher kommen, alle Zwanzigjährigen hinter mir schrien voller Panik – und ich wachte schweißgebadet auf.

»Margie! Haben wir Kinder!?« Tröstend tätschelte meine Frau mir die Hand. »Allerdings. Und die sind Gott sei Dank nicht mehr in dem Alter von dem Rotzlöffel da vorne.« Sie zeigte auf einen frechen Sechsjährigen, der zwei Reihen vor uns gerade mit einer Hand einen Löffel voll Joghurt in Richtung Stewardess flitschte, während er mit der anderen einen kapitalen Popel zum Vorschein brachte und dabei so laut lachte, dass die Leute ringsum aus dem Schlaf schreckten. Auf meinem Gesicht breitete sich ein mildes Lächeln aus. »Ist der goldig!«, sagte ich entzückt.

Und da war für Margie endgültig klar, dass ich einen an der Klatsche haben musste. Aber ich war einfach nur froh, dass es dieses Kind gab. Noch eineinhalb Stunden bis zur Landung in Miami. Ich schnappte mir einen Kopfhörer, switchte durch die Videokanäle und fand einen Disney-Film. Mit einem erleichterten Seufzer ließ ich mich in eine heile Welt fallen, in der unsere Kinder die Zukunft sind und wir Alten ihnen irgendwann glücklich und zufrieden Platz machen.

25. Kapitel

Don Juan und die Florida Boys

Es war einmal ein spanischer Konquistador. Er hieß Juan Ponce de León und war – neben seinem Hauptberuf als Eroberer – hobbymäßig auf der Suche nach dem Jungbrunnen. Im Jahr 1512 trieb er sich in Puerto Rico herum, fand da aber nix und wurde stattdessen Gouverneur. Aus Langeweile terrorisierte er die Ortsansässigen, bis ihn ein Gerücht erreichte. Ein paar hundert Seemeilen weiter nördlich sollte er sich befinden – der Quell der ewigen Jugend!

Juan fackelte nicht lange, sondern stach sofort in See, Richtung Norden. Erste Station war die Dominikanische Republik – hier war zwar alles inklusive, aber die Jugend kriegte man trotzdem nicht umsonst. Ein paar Wochen später klapperte er die Bahamas ab. Er musste feststellen, dass seine spanischen Landsleute fast alle Ureinwohner verschleppt und versklavt hatten, und konnte niemanden mehr nach dem Weg fragen. Er probierte also wahllos Wasser aus sämtlichen Quellen, Flüssen, Seen und Pfützen, spürte keine Wirkung und machte sich enttäuscht auf die Weiterfahrt.

Zu Ostern 1513 entdeckte er schließlich einen wunderschönen, langen Sandstrand. Das Wetter war herrlich, blauer Himmel, Palmen, Sonnenschein … Auf Spanisch heißt Os-

El Conquistador: der erste Florida Boy

tern übrigens auch »Pacua Florida«. Und so war schnell ein
Name für dieses paradiesische Fleckchen Erde gefunden.

Begeistert durchkämmte Juan Florida von oben bis unten
nach dem sagenhaften Jungbrunnen – ohne Erfolg. Frustriert segelte der erste Florida Boy der Welt weiter, wurde aber
nirgendwo anders fündig.

Acht Jahre später kam er zurück und nahm das Land für

den spanischen König in Besitz. Die Floridaner wollten aber keinen spanischen König und wehrten sich. Juan Ponce de León wurde von einem Giftpfeil getroffen, segelte beleidigt nach Kuba und starb in Havanna. Er wurde 61 Jahre alt – was für diese Zeit eine ganz ordentliche Leistung war. Ob Don Juan vorher den Jungbrunnen gefunden hat, hat er niemandem verraten. Gebracht hätte es ihm jedenfalls nichts. Denn gegen Giftpfeile kann auch die ewige Jugend nichts ausrichten.

Jetzt fragen Sie sich, wieso ich Ihnen diese Geschichte erzähle. Erst mal ist der Jungbrunnenforscher Juan natürlich so was wie ein Kollege von mir (nur dass ich prinzipiell kein Pfützenwasser trinke und keine Ureinwohner verschleppe). Zweitens fand er, nachdem er das Rentenalter erreicht hatte, Florida so super, dass er am liebsten für immer dageblieben wäre. Und das gilt bis heute für die meisten Rentner in den USA. Sie lieben Florida!

Der durchschnittliche Bewohner des »Sunshine State« ist 54 Jahre alt. Damit hat Florida den höchsten Altersdurchschnitt in den gesamten USA! Mehr als zwei Millionen Rentner leben dort – bei nicht mal 20 Millionen Einwohnern.

Das alles hat mir Saul erzählt. Saul ist ein 75-jähriger ehemaliger New Yorker, der mit seiner Frau seit zehn Jahren in North Miami Beach lebt. Wir haben ihn und seine Frau Amy in einer Bar in Miami kennengelernt und einen super Abend mit den beiden verbracht. Saul bestellte Mai Tais für uns alle und sprach einen Toast aus – auf das Paradies auf Erden.

»To the Sunshine State! Alt werden müssen wir alle – aber es muss nicht bei schlechtem Wetter sein, oder?«

Dem konnte man nur zustimmen. Die beiden wirkten

unglaublich entspannt und glücklich. Kein Wunder, dachte ich. Die machen schließlich seit zehn Jahren Dauerurlaub! »Bei den vielen Sonnenstunden im Jahr muss man ja gut drauf sein«, sagte ich. »Stimmt«, meinte Amy. »Wir haben hier so viel Licht und Wärme. Das ist toll für Körper und Seele. In New York hatte ich im Winter immer schlimme Gelenkschmerzen. Die sind hier wie weggeblasen.«

Wir erzählten ihnen, dass wir auch gerade eine Auszeit vom kalten deutschen Schmuddelwetter nahmen und eben noch in L. A. gewesen waren. »Wieso seid ihr eigentlich nicht nach Kalifornien gezogen?«, fragte Margie. »War euch das zu weit von zu Hause? Da ist es doch auch lecker warm!«

Saul winkte ab. »Wir sind ja nicht nur wegen der Sonne hier. In Florida stimmt die Infrastruktur. Die haben sich total auf ältere Menschen eingestellt. Hier gibt es zum Beispiel überall große Parkplätze für Gehbehinderte. Und das Verkehrsministerium hat gerade noch die Straßenschilder vergrößern lassen – und die Mittelstreifen dicker gemalt.«

»Ohne Scheiß?« Margie konnte das gar nicht glauben. »Da würde in Deutschland keiner drauf kommen!« »Tja«, sagte Amy, »die tun hier echt was für uns. Immerhin sind wir Rentner eine ziemlich finanzkräftige Truppe. Was hier an Pensionen ausgezahlt wird, landet zum großen Teil in den Shopping Malls. Und in den Bars natürlich. Cheers!«

Wir bestellten eine zweite Runde Cocktails, und ich quetschte die beiden noch ein bisschen über ihr Leben im Sunshine State aus.

»Ist das Leben hier denn wirklich so billig?«, wollte ich wissen. Saul lachte. »Kommt drauf an, wie viel Kohle du hast! Ernsthaft, im Vergleich zu Kalifornien kann man es sich noch leisten. Hier sind die Steuern niedriger, und die Immobilienpreise erst recht. Obwohl die Preise in Miami Beach kräftig angezogen haben. Ein paar unserer Freunde waren früher Snowbirds und haben ihre Hütten jetzt mit ordentlichem Gewinn verkauft!«

Ich sah ihn fragend an. »Was sind denn Snowbirds?« Saul erklärte, dass damit die Rentner gemeint sind, die sich eine Zweitwohnung in Florida leisten, um da wie Zugvögel zu überwintern. »Jetzt sind sie aber auch permanent hier und leben bei uns im ›Serenety‹. Hey – ihr müsst uns unbedingt besuchen kommen!«

Das hörte sich gut an. »Serenety« heißt so viel wie »Gelassenheit, Ausgeglichenheit, Heiterkeit«. Und so hieß auch die Seniorenresidenz, in der die beiden ein Apartment gekauft hatten. Ich war tierisch neugierig, wie so etwas aussah – vor allem im Vergleich zu den »Goldenen Zeiten« in Endenich. Zur Freude von Saul und Amy nahmen wir die Einladung an. Schon am nächsten Tag wollten wir uns anschauen, wie das Rentnerparadies von innen aussah.

Am nächsten Morgen saßen wir im Mietwagen und waren unterwegs in Richtung Norden – wie Juan damals. Übrigens gibt es im Norden von Florida eine Stadt, die nach ihm benannt ist. Wobei der alte Eroberer damit heute kaum angeben könnte – Ponce de Leon hat knapp 600 Einwohner, und gerade mal fünf Prozent von ihnen haben Spanisch als Muttersprache. In Miami sind es übrigens 65 Prozent! Die größte Sehenswürdigkeit von Ponce de Leon ist die Güterbahnstrecke, die mitten durch den Ort geht. Tja, Juan – das Schicksal ist manchmal eben doch gerecht. Das kommt davon, wenn man Ureinwohner niedermetzeln lässt!

Auf der Fahrt bogen wir ein paar Mal falsch ab – und so sahen wir neben Wolkenkratzern, hübschen Strandhäuschen und Villen auch eine Menge abgeschrabbelter Wohnblocks und Trailerparks mit dicht an dicht gestellten alten Wohnwagen. Reich und Arm lag hier offenbar ziemlich nah beieinander. »Miami ist die drittärmste Stadt der USA«, las Margie aus dem Reiseführer vor. »In den Achtzigern gab es hier richtige Drogenkriege. Holzfäller, weißt du noch, ›Miami Vice‹? Wo Don Johnson im weißen Anzug der Drogenmafia auf den Pelz gerückt ist? Das war wohl gar nicht mal so 'n Paradies damals …« Davon kriegte man in Miami Beach natürlich nichts mit. Als wir vor dem Tor von »Serenety« anhielten, wurden wir von einem äußerst freundlichen Wachmann begrüßt. Er ließ sich unsere Pässe zeigen und rief bei unseren neuen Freunden im Apartment an, um zu prüfen, ob wir auch wirklich eingeladen waren. Als wir das Tor passiert hatten, tauchten wir in eine andere Welt ein.

Das hier war kein »Heim«, wie man es sich vorstellt. Es war eher so etwas wie eine in sich abgeschlossene Kleinstadt aus vielen kleinen Apartment-Häusern, Tennisplätzen, gewundenen Wegen, viel Grün, Palmen und prächtigen Blumenbeeten. Egal, wen wir auf dem Weg zu Sauls und Amys Wohnung trafen – die Leute lächelten uns freundlich zu, winkten und strahlten hundertprozentig »Serenety« aus.

Auch Saul strahlte uns gut gelaunt an, als er uns an der Tür des Apartments begrüßte. »Na, haben sie Margie ohne Probleme reingelassen?«, fragte er grinsend. »Wohnen darf man hier nämlich erst ab 55!« Margie nahm das Kompliment ebenfalls grinsend zur Kenntnis. »Schicke Hütte, Saul!«

Saul freute sich. »Danke! Willkommen in ›Gottes Warte-zimmer‹!« Mann, da hatte aber einer eine ordentliche Portion Selbstironie. Die beiden taten nämlich alles andere als Warten. Während wir uns die luxuriöse Wohnung anguckten, erzählten Saul und Amy uns, dass sie regelmäßig Golf spielten. Amy besuchte einen Malkurs und war Mitglied eines A-capella-Chors. Saul ging wie ich oft zum Fitnesstraining, spielte leidenschaftlich Billard und Poker.

»Dazu kommen natürlich noch die Jobs für die Gemeinschaft«, erzählte Amy. »Jeder hier engagiert sich in irgendeinem Bereich für die anderen. Ich mache mit ein paar Freunden regelmäßig Gartenarbeit. Saul war mal Steuerberater und hilft den Leuten einmal die Woche beim Papierkram.«

Ich musste an Karl-Friedrich, den hilfsbereiten Exbeamten in Bonn denken – aber obwohl er sich noch bemerkenswert gut gehalten hatte, wirkte er mit seiner Schwerhörigkeit gegen diese zwei vor Energie strotzenden Senioren-Models wirklich wie ein alter Mann. Amy riss mich aus meinen Gedanken. Sie schien genau zu wissen, was gerade in meinem Kopf vor sich ging.

»Wie ist das denn bei euch in Germany? Wo ist bei euch der Sunshine State?«

Puh. Gute Frage. Wie war das in Deutschland? »Früher hatte Freiburg die meisten Sonnenstunden«, erinnerte ich mich. »Das ist im Südwesten. Aber jetzt scheint die Sonne am häufigsten in Meck-Pomm – das ist im Nordosten. Doch ich glaube nicht, dass da viele Rentner hinziehen.« Ich sah Saul an, dass ihn die Antwort eher verwirrte. Margie sprang für mich in die Bresche.

»Der Sunshine State von Deutschland heißt Malle!«, sagte

sie. »Wer es sich leisten kann, fliegt da hin. Das Wetter ist ungefähr so wie hier, und die Flugtickets sind immer noch ziemlich billig. Aber ich kenne 'ne Menge Rentner, die da auf Dauer nicht glücklich werden. Nach ein paar Wochen Sangria-Dauerbetankung langweilen die sich auf ihrer Finca zu Tode und wollen zurück.«

Amy wollte wissen, ob die deutschen Senioren denn weniger aktiv seien als die in Florida. Ich erzählte ihr begeistert von meinen Goldtimern und von meiner Überzeugung, dass wir uns in Deutschland gerade im Umbruch befinden, was die Einstellung zum Alter angeht.

»Die Rentner bei uns haben auch keine Lust mehr, wie alte Leute zu leben«, sagte ich, »aber noch gibt es viel zu wenige Einrichtungen wie eure hier. Ihr könnt selbstständig und unabhängig hier leben, mit einer guten medizinischen Versorgung, jeder Menge Freizeitmöglichkeiten und Kontakten zu Freunden – so was ist doch ein Traum!«

»Stimmt, Holzfäller«, sagte Margie trocken. »Und den können sich nur die Leute mit Kohle leisten – egal ob hier oder drüben bei uns.«

Dem konnten Saul und Amy nicht widersprechen. Sie hatten beide gute Jobs in New York gehabt und keinerlei Geldsorgen. »Wir wissen schon, dass wir ziemlich privilegiert sind«, sagte Amy. »Das geht den meisten so, die als Rentner hierhin kommen. Eine Menge Amerikaner können von dem Paradies hier nur träumen.«

Saul beschloss, das Thema zu wechseln – wahrscheinlich war es ihm dann doch ein bisschen unangenehm, in einem Luxus-Apartment zu sitzen und über Altersarmut zu reden. So kamen wir bald schon auf Baseball, die Bundesliga, Impro-Theater und Kinofilme zu sprechen. Wir lachten viel und hatten noch einen wunderbaren Tag mit den beiden.

Als wir am Abend zurück im Hotel waren, setzte ich mich an mein iPad und tippte eine Stunde lang wie wild alles ein, was mir an diesem Tag im Kopf herumgegangen war. Es wurde ein ziemlich konfuser Haufen von Eindrücken, Gedanken und Gefühlen, aus dem ich zu Hause hoffentlich noch schlau werden würde. Nur eins wusste ich jetzt ganz genau: Bisher hatte ich noch viel zu wenig darüber herausgefunden, was das Alter überhaupt ist.

Waren die fröhlichen Florida Boys und Girls einfach nur eine glückliche Minderheit, weil sie genug Geld für diesen Lebensstil auf der Sonnenseite des Lebens hatten? Oder war das mit dem erfüllten Alter doch eher eine Sache der Lebenseinstellung? Dem musste ich nachgehen!

Aber erst mal musste ich den Whirlpool in unserem großen Badezimmer ausprobieren, in dem Margie schon mit einem Glas Sekt auf mich wartete. Es war unser letzter Urlaubsabend, und den wollten wir noch mal richtig genießen.

Als ich mich zu meiner Frau in das herrlich duftende, blubbernde warme Wasser sinken ließ, seufzte ich behaglich auf. »Hey, Juan, altes Haus«, dachte ich, »ich hab den Jungbrunnen gefunden!«

26. Kapitel

Helenes Lied

Nach den Weihnachtsferien freute ich mich auf das Wiedersehen mit den Goldtimern. Ich hatte die goldenen Jungs und Mädels jetzt drei Wochen nicht gesehen und war gespannt, was in der Zwischenzeit passiert war.

Und das war eine ganze Menge! Als ich Karl-Friedrich wie immer mit besonders deutlicher Aussprache und leicht erhobener Stimme begrüßte, sah er mich stirnrunzelnd an. »Ist alles in Ordnung mit dir, Bill? Du brauchst nicht zu reden, als wärst du auf der Bühne. Ich versteh dich ganz gut. Sag mal, was trägst du denn da für eine Uhr? Die tickt ziemlich laut, findest du nicht?«

Ich guckte wohl verwirrt. Da grinste Karl-Friedrich mich verschmitzt an und zeigte auf sein Ohr. »Guck mal genau hin – wenn das deine Gleitsichtbrille erlaubt. Toll, was?« Ich sah genau hin und konnte ein winziges Stück hautfarbenes Plastik erkennen, das im Gehörgang saß.

»Klasse, Karl-Friedrich«, sagte ich begeistert. »Wenn ich mal so weit bin, will ich auch so eins. Wobei ich ziemliche Wurstfinger habe. Wie kriegst du denn das Ding bedient?« Karl-Friedrich zog mit einem selbstzufriedenen Lächeln ein nagelneues Smartphone aus der Tasche. »Touch Control App«, sagte er triumphierend. »Ich kann die Lautstärke regulieren, den Klang einstellen … alles ganz bequem und in Großschrift!«

Magdalena tätschelte ihrem Mann, der sich wie ein kleiner Junge über sein Spielzeug freute, schmunzelnd die Hand. Uschi mischte sich ein. »Der Fritz ist total entspannt, seit er das Ding trägt – wetten, jetzt hört er auch nicht weg, wenn wir mal wieder über Sex reden?«

An der Reaktion von Magdalena und Karl-Friedrich konnte ich erkennen, dass die beiden offenbar wieder angefangen hatten, über vieles zu reden, seit sich das Hörproblem erledigt hatte. Es schien mir so, als hätten sie sich Ann-Marlenes Buch zu Herzen genommen und über ihre Bedürfnisse gesprochen. Vielleicht liefen die Dinge ja auch im Bett wieder besser?

»Apropos Sex und Liebe«, sagte ich, »habt ihr eure Hausaufgaben gemacht und euch was für unsere Show überlegt?« Die sechs schauten sich an. Ich seufzte schon innerlich – es hatte wohl niemand daran gedacht, was vorzubereiten –, da hob Helene die Hand.

»Ich hab ein Lied geschrieben«, sagte sie. »Wollt ihr es mal hören?« Natürlich wollten wir! Helene gab Magdalena ein Notenblatt in die Hand, und die setzte sich ans Klavier, während Helene sich ziemlich nervös neben sie stellte.

»Die Melodie kennt ihr«, sagte sie. Und natürlich konnten wir schon nach den ersten Tönen mitsummen: Magdalena spielte John Lennons »Imagine«. Und Helene begann, erst etwas zögerlich, dann immer selbstbewusster zu singen.

Stell dir vor, dein Herz macht
wieder diesen Sprung,
wenn du einen Kerl siehst,
und du fühlst dich jung.
Stell dir vor, er küsst dich
und zieht dich langsam aus …

Es kann sein, dass ich träume,
damit bin ich nicht allein.
Sehnsucht geht nicht in Rente,
jede Frau will Geliebte sein!

Stellt euch vor, ihr atmet
wieder nachts zu zweit,
und ihr streckt die Hand aus,
spürt euch jederzeit.
Stellt euch vor, zwei Menschen
verschmelzen, werden eins …

Es kann sein, dass wir träumen,
vielleicht bleiben wir allein.
Doch im Schoß und in der Seele,
wünschen wir uns, soll Liebe sein!

Wir waren begeistert. Alle waren überrascht, dass die zuge-
knöpfte Helene uns so in ihr Innerstes schauen ließ. In mir
waren während des Liedes jede Menge Bilder im Kopf entstanden, und auch die anderen Goldtimer sprudelten jetzt
nur so über vor Ideen.

Es war, als wäre bei Helene ein Kreativitätsdamm gebrochen. Ich schrieb die vielen Anregungen für Szenen und Lieder auf und besprach dann eine erste Reihenfolge. Wir stürzten uns in eine Impro-Szene, in der es um eine Frau ging, die sich gleichzeitig in zwei Männer verliebt hatte und jetzt in Nöten war, weil sie sich nicht entscheiden konnte.

Vom Erfolg ihres Liedes befeuert, bewarb sich Helene um die Rolle und bekam sie auch – sehr zum Missfallen der »Rampensau« Uschi, die für den Rest des Tages nicht besonders gut auf Helene zu sprechen war.

Die beiden Gockel, die ihren Charme um die Wette versprühten, um bei ihr landen zu können, wurden von Jupp und Karl-Friedrich gespielt. Im Lauf der Arbeit wuchsen alle drei über sich hinaus und legten einen wunderbar witzigen Sketch hin. Der Höhepunkt der Szene war ein Test – Helene schloss die Augen und ließ sich von beiden einen Kuss geben. Sie spielte das wunderbar aus und prägte spontan die köstliche Schlusspointe: »Tja, Jungs, ich weiß nicht – das müssen wir morgen noch mal probieren. Dann aber ohne Gebiss!«

Ich ging sehr zufrieden nach Hause. Bis zu meinem Sommerurlaub war noch fast ein halbes Jahr Zeit – bis dahin sollte die Show stehen. Eine Mischung aus komischen und nachdenklichen Elementen, ein Auf und Ab der Gefühle … Mann, freute ich mich da drauf! Ich war sehr guter Hoffnung, dass die Show in den »Goldenen Zeiten« ordentlich Wellen schlagen würde. Die Goldtimer rockten!

27. Kapitel

Heidelberg und der Rest der Welt

In der wunderschönen Stadt Heidelberg gibt es ein Kulturzentrum in einem alten ehemaligen Bahnhof. Außerdem ein tolles, seit 250 Jahren ziemlich kaputtes Schloss oben auf dem Berg, eine schöne alte Brücke über den Neckar und fast 50 000 Studenten – bei 150 000 Einwohnern!

Und nicht zuletzt das »Netzwerk Alternsforschung«. An der Heidelberger Uni haben sich Wissenschaftler aus den verschiedensten Bereichen zusammengeschlossen, um das Altern zu erforschen: Mediziner, Biologen, Verhaltensforscher, Geisteswissenschaftler und Sozialwissenschaftler.

Einer von ihnen ist Professor Kruse, ein auf Alternsforschung spezialisierter Psychologe. Ich habe ihn zum ersten Mal auf dem Seniorentag 2012 in Hamburg erlebt. Professor Kruse hielt um acht Uhr in der Früh eine Art Messe: »Bach, Gott und eine göttliche Struktur«. Er spielte fantastisch Klavier und stellte in seinen Moderationen immer wieder Zusammenhänge zwischen Musik, Kreativität und Spiritualität her.

Ich war damals total begeistert und sprach ihn an. Seitdem haben wir uns ein paar Mal getroffen. Wir beide lieben das Buch von Prof. Dr. Ernst Pöppel *Je älter desto besser* und haben uns stundenlang darüber unterhalten. Ein großartiger Typ, dieser Kruse!

Ich lud ihn also in Heidelberg zur Vorstellung ein, und danach gingen wir gemeinsam in ein kleines Weinlokal. Ich erzählte ihm begeistert von meinen Erlebnissen im Rentnerparadies Florida. »Saul und Amy waren echt super drauf«, meinte ich. »Ich glaube, was die positive Einstellung zum Alter angeht, können wir eine Menge von den Amerikanern lernen.«

Professor Kruse stimmte mir zu. »In der Tat. In den Vereinigten Staaten geht man substanziell anders mit dem Alter um«, sagte er. »Das Alter wird in der Gesellschaft hauptsächlich als positiv wahrgenommen. Die Ansicht ›Alter gleich Gebrechlichkeit und Krankheit‹ gibt es dort fast gar nicht.«

Das hatte ich auch so erlebt – im Alltag und in den Medien wurden die Senioren in Amerika als selbstbewusste, aktive und starke Gruppe gesehen. »Stimmt genau, Herr Mockridge«, sagte Professor Kruse. »Senioren in den USA engagieren sich stark für die Gemeinschaft. Entweder nach wie vor im Berufsleben. Oder, wenn sie es sich finanziell leisten können, in sozialen Bereichen, als unbezahlte Trainer einer Jugendmannschaft, als Wahlhelfer und so weiter. Dadurch sind sie überall präsent und arbeiten selbst an dem positiven Altersbild innerhalb der Gesellschaft mit.«

Der Professor erzählte von einer groß angelegten Studie, die er im Jahr 2009 auf die Beine gestellt hatte. Dabei ging es darum, wie das Alter in der Gesellschaft wahrgenommen wird – und zwar in so unterschiedlichen Kulturen wie Japan, Brasilien, Frankreich, Großbritannien, Norwegen, den USA und Kanada.

»Wir haben uns bei der Untersuchung gefragt, wie das Alter in anderen Ländern gesehen wird«, sagte Professor Kruse.

»Welche Stärken und Schwächen werden dem Alter zugeordnet? Und wie zeigt sich die Gesellschaft verantwortlich für die Alten? Unser Ziel war, dass sich die Menschen, die unsere Ergebnisse lesen, aktiv mit dem Alter auseinandersetzen und sich im Spiegel anderer Kulturen Gedanken machen, wie das im eigenen Land ist.«

»Okay«, sagte ich, »das klingt spannend! Haben Sie ein paar Beispiele? Wie ist es denn in … sagen wir mal …« Wie Sie sich denken können, wollte der alte kanadische Holzfäller in mir natürlich als Erstes wissen, wie es in dieser Beziehung mit meinem Geburtsland bestellt ist.

»Also, die Kanadier sind ziemlich weit vorn, was den Umgang mit dem Alter angeht«, sagte Professor Kruse zu meiner großen Freude. »Kanada gehört zu den Ländern mit dem höchsten Lebensstandard der Welt. Im Gegensatz zu den USA gibt es ein sehr gut ausgebautes Sozialversicherungsnetz einschließlich Altersrente, Familienbeihilfe, Arbeitslosenversicherung und Sozialhilfe. Drei Viertel des Einkommens alter Menschen stammt aus dem öffentlichen Rentensystem und der privaten Rentenvorsorge«, erklärte er.

Ich nickte. »Davon kann man in den USA nur träumen. Außerdem muss man in Kanada nicht Haus und Hof verticken, wenn man mal krank wird.«

»Stimmt«, sagte der Professor, »die medizinische Grundversorgung kostet nichts. Auch Medikamente werden für über 65-Jährige und Sozialhilfeempfänger in der Regel kostenlos abgegeben. Dadurch, dass es den Kanadiern im Schnitt wirtschaftlich so gut geht, liegt für die Alten – unabhängig von der Schichtzugehörigkeit und ihrer Herkunft – dort im Prinzip nicht viel im Argen. Aber es gibt, wie überall, einen großen Unterschied zwischen dem dritten und dem vierten Lebensalter.«

»Was meinen Sie denn damit?«, wollte ich wissen.

»Also, als drittes Lebensalter gilt die Zeit zwischen 65 und 75 Jahren«, erklärte er. »Diese Altersgruppe wird im Prinzip überall als aktiv, aufgeschlossen und sozial integriert wahrgenommen. In Kanada machen zum Beispiel eine Menge Leute in diesem Alter noch berufliche Fortbildungen. Ähnlich wie in den USA arbeitet ein großer Teil der über 65-Jährigen noch oder engagiert sich alternativ ehrenamtlich.«

»Und was ist mit dem vierten Lebensalter?«, fragte ich.

»Das sind die Menschen ab Mitte siebzig bis Mitte achtzig und älter – da gibt es überall zum Teil dramatische Unterschiede in der Lebensqualität. Auch in Kanada geht es den 85-Jährigen gesundheitlich und finanziell zum Teil sehr viel schlechter als den 65-Jährigen. Aber der kanadische Staat kann jetzt schon anfangen, sich vorbeugend auf den demografischen Wandel – also die zunehmende Zahl von alten bis sehr alten Menschen – vorzubereiten, zu reagieren und das System weiter zu verbessern, bevor es zu spät ist.« »Weil die Solidargemeinschaft so gut funktioniert«, folgerte ich. Kruse pflichtete mir bei. »Genau. Das ist eine gute, stabile Ausgangsbasis. In anderen Ländern gibt es eine viel größere Schere zwischen Arm und Reich.«

Ich fragte ihn nach einem Beispiel. »Brasilien ist ein ganz besonderer Fall«, erzählte er. »Die Brasilianer nennen ihr Land ›Pais jovem‹, das jugendliche Land. Und das meinen sie ganz wörtlich. Das höchste Gut für einen Brasilianer ist die Jugendlichkeit.«

»Na ja … wenn man sich die Bikini-Mädels an der Copacabana so anguckt, kann man das ja verstehen«, meinte ich. »Die haben alle Kurven wie der Zuckerhut!«

Der Professor lachte. »Absolut – so wird es hier in den Medien transportiert, und so wird es in Brasiliens Medien auch propagiert. Aber das Erstaunliche ist: Die meisten Brasilianer wollen ernsthaft so aussehen! Die äußere Erscheinung, das Körperbild ist das absolut Wichtigste in Brasilien. Wer da mitmacht und sich anpasst, ist automatisch Teil der Jugendkultur und deshalb nicht alt.«

»Moment mal – heißt das, wenn alte Brasilianer sich anziehen wie Zwanzigjährige, gelten sie automatisch als jung?« Kruse nickte. »In Brasilien stimmt der Hollywood-Spruch tatsächlich: Alt ist nur, wer sich keine Schönheitsoperationen leisten kann. Brasilien hat weltweit nach den USA die meisten Schönheits-OPs. Und eine Menge wirklich armer Menschen sparen jahrelang, um sich trotzdem eine Operation leisten zu können.«

»Sie hatten was von der Schere zwischen Arm und Reich gesagt. Meinen Sie das damit?«

»Die geht noch viel weiter«, antwortete Professor Kruse. »Als Angehöriger der Oberschicht wird man in Brasilien schlichtweg nicht als alt bezeichnet. Man gehört wegen seines hohen Sozialstatus automatisch mit zur Familie der jungen, modernen und schönen Menschen. Natürlich auch durch die Hilfe der Schönheitschirurgen und Modedesigner. Das führt in den großen Städten wie Rio zu einem ganz merkwürdigen Effekt: Alte Leute existieren in der öffentlichen Wahrnehmung einfach nicht! Natürlich gibt es sie trotzdem – in den sozial schwächeren Schichten. Und hier müssen 35 Prozent der über Siebzigjährigen noch Vollzeit arbeiten, weil es nur eine sehr kleine Rente gibt.«

Ich war baff. Das klang ja wie ein pessimistischer Science-Fiction-Film … wer nicht jung und reich ist, hat schon gleich verloren! »Was ist denn dann in Brasilien mit dem vierten Lebensalter – also den 85-Jährigen?«

»Die sind für die Gesellschaft noch viel uninteressanter«, sagte Professor Kruse. »Weil es sie so gut wie gar nicht gibt. Ob Sie es glauben oder nicht: Nur gut ein Prozent aller Brasilianer sind achtzig oder älter! Die Lebenserwartung der Brasilianer ist mit durchschnittlich 74 Jahren relativ gering. Bei uns beträgt sie – Frauen und Männer zusammengenommen – immerhin 81 Jahre. Und das Land mit der weltweit höchsten Lebenserwartung ist Japan – dort werden die Menschen im Schnitt 84 Jahre alt.«

»Das liegt wahrscheinlich an dem vielen rohen Fisch«, nahm ich an. »Möglicherweise«, meinte der Professor. »Die Statistik wird aber nicht nur durch die ›Langlebigkeit‹ der Japaner geprägt, sondern auch durch die niedrige Geburtenrate. Kinder sind eine teure Angelegenheit in Japan.«

»Nicht nur da«, seufzte ich. »Auch in Endenich. Irgendjemand hat mal ausgerechnet, dass jedes Kind in Deutschland im Schnitt so viel kostet wie ein Einfamilienhaus. Da hab ich als Kanadier dem Durchschnittsdeutschen eine Menge Kohle gespart – und irgendwo in Deutschland stehen jetzt sechs Einfamilienhäuser, die eigentlich mir gehören müssten!«

Professor Kruse lachte über den Gag, holte mich aber gleich wieder auf den Boden der japanischen Tatsachen zurück. »Für die Japaner ist die Versorgung der Kinder zum

Die sind mir lieb. Und teuer! Meine sechs Einfamilienhäuser

großen Teil ein Projekt, das sich bis zum Rentenalter hinzieht«, sagte er. »Ausbildungen und Hochzeiten sind dort so teuer, dass viele Väter die Kosten ein Leben lang abstottern. Da bleibt kein Geld für Einfamilienhäuser – ganz abgesehen von dem beschränkten Angebot in diesem dicht besiedelten Land. Die meisten Japaner leben in kleinen Wohnungen. Da die Altersrente ab 65 für die meisten nicht ausreicht, um ihren Lebensstandard zu halten, arbeiten ein Viertel aller 65-jährigen Japaner noch in Vollzeit.«

»Wow – und trotzdem leben sie so lange? Die meisten Amerikaner würden bei dem Stress doch an einem Infarkt

sterben!«, sagte ich. »Obwohl das natürlich auch an den Bur-
gern, French Fries und Milkshakes liegt …«

»Tatsache ist, dass der Durchschnittsjapaner gerne länger
arbeitet«, sagte Professor Kruse. »Japaner im dritten Lebensalter sind hocheffektiv, produktiv und kreativ. Sie bleiben
›ihrem‹ Unternehmen traditionell treu. Und wenn sie sich im
Rentenalter doch umorientieren müssen, ist dort eine zweite
Karriere im aktiven Berufsleben möglich und üblich. Dementsprechend sind die meisten Japaner in diesem Alter dann
auch finanziell ziemlich gut gestellt. Und außerdem ein ganz
selbstverständlicher, sozial voll integrierter Teil der Gesellschaft.«

Ich nickte beeindruckt. »Also gilt da nicht ›Die gehören
zum alten Eisen‹, sondern ›Erfahrung macht klug‹?«

»Das kann man so sagen«, meinte der Professor. »Alter
wird in Japan durchweg positiv beurteilt. Es gibt dort einen
florierenden Markt für die Zielgruppe der Alten und viele
hoch angesehene Alte in Politik und Wirtschaft. Und traditionell ist der Respekt Alten gegenüber in der japanischen Kultur selbstverständlich.«

»Und wie ist das in Japan mit dem vierten Lebensalter?«,
fragte ich. »Das muss da doch ein großes Thema sein, wenn
sie die meisten Alten weltweit haben.« »Ist es auch«, bestätigte Kruse. »Aber das vierte Lebensalter findet nicht in der
Öffentlichkeit statt, sondern im Privaten. Genauer gesagt in
der ›ie‹. So heißt die traditionelle japanische Familie.«

Professor Kruse erklärte mir, wie das Alter im Rahmen
der »ie« aussieht. Der älteste Sohn zieht mit seiner Familie in
die (meistens sehr kleine) Wohnung der Eltern und wird das
Oberhaupt der Drei-Generationen-Familie. Er übernimmt

die Verantwortung für die Eltern – bis hin zur Pflege, sobald es notwendig wird. Zwischen Eltern und Kindern gibt es im Alter ein umgekehrtes, gewolltes Abhängigkeitsverhältnis, das in Japan ein hoher gesellschaftlicher Wert ist. Auch die Alten wollen und erwarten diese Abhängigkeit.

»Puh, das wär nix für mich«, sagte ich und stellte mir mit Grausen vor, wie Nicky als neues Familienoberhaupt samt Frau und den (dann wahrscheinlich) sechs Kindern meine und Margies kuschelige, altersgerechte Wohnung im sonnigen Rom kapert und uns charmant in der Besenkammer unterbringt. Bei aller Liebe … nein danke!

»Hallo, Herr Mockridge! Sind Sie noch da?«, fragte Professor Kruse grinsend. Ich schüttelte mich. »Sorry. Ich hatte gerade die Erkenntnis, wie ich mein Alter garantiert nicht verbringen will.« Kruse lachte. »Na, dann hat die Studie doch schon mal was gebracht. Darum geht es mir ja – die Menschen dazu aufzufordern, ihre eigene Situation zu reflektieren und zu überlegen, wie sie ihr eigenes Alter gestalten möchten. Und da hat sich schon einiges getan. Überall bemüht man sich, das große Potenzial des dritten Lebensalters für die Gesellschaft zu nutzen«, sagte Professor Kruse. »Früher war man ja der Ansicht, dass für die meisten Menschen der Eintritt ins Rentenalter in erster Linie ein schmerzhafter Verlust ist. Die sozialen Bindungen schwinden, man hat keine Aufgabe mehr und findet keine Rolle in der Gesellschaft.«

Ich musste an meinen Vater und dessen Generation denken und gab ihm recht. Der Film *About Schmidt* mit Jack Nicholson zeigt den Horror der Pensionierung, wenn man außer der Arbeit nie einen anderen Plan für sein Leben hatte.

»Man hat das Gefühl, das eigentliche Leben ist vorbei, und fällt in ein tiefes, schwarzes Loch«, sagte ich.

»Das ist das Klischee«, bestätigte der Professor. Es trifft aber für die heutigen Menschen im dritten Lebensalter nicht mehr zu. In Ländern wie Frankreich, wo relativ wenige Menschen im Alter berufstätig sind, wird sehr viel Wert auf die Bildungsangebote für ältere Menschen gelegt. Dort gibt es auch vorbildliche Ansätze zur sozialen Teilhabe älterer Menschen, die an körperlichen oder psychischen Erkrankungen leiden. In Frankreich werden die Anforderungen des vierten Lebensalters auf eine sehr positive Art öffentlich diskutiert; die Verletzlichkeit, die Risiken und Schwächen werden überall gesehen. Je nach Land wird die Verantwortung aber unterschiedlich verteilt. Teils wird die Familie stärker gefordert, teils die Gemeinschaft, aber nie wird der Einzelne alleingelassen.«

Das hörte sich ja alles gar nicht so düster an, dachte ich. Wenn wir schon alle immer älter werden, ist es beruhigend zu wissen, dass die Gesellschaft sich auf diese Veränderungen einstellt. Das hatten auch Professor Andreas Kruse und seine Kollegen herausgefunden.

»Unterm Strich gibt es nirgendwo eine negative Beurteilung des Alters – mal abgesehen von Brasilien«, sagte er, während wir die Bedienung um die Rechnung baten.

»In allen Ländern, die wir untersucht haben, wurde Alter sowohl mit Gewinnen, Chancen und Stärken als auch mit Verlusten, Risiken und Schwächen verbunden. Staat und Gesellschaft können die Entwicklung von Altersbildern durch unterschiedliche Maßnahmen beeinflussen – auch durch die Politik. Überall reagiert man anders auf diese Herausforderungen. Und nur eins ist überall sicher: Alles ist im Wandel!«

Wir verabschiedeten uns, ich dankte dem Professor und spazierte sehr langsam durch die stillen Heidelberger Gassen zu meinem Hotel. Ich dachte an mein eigenes viertes Lebensalter, das irgendwo am Horizont auf mich wartete. An meine Kinder. Meine Eltern. An meine alte Heimat Kanada – und an den Rest der Welt.

28. Kapitel

Die Femmes Fatales:
Im Jungbrunnen fließt kein Bier

Es wurde Frühling. Ein herrlicher, knallgrüner, milder Wonnemonat Mai. Ich lief mit einem glücklichen und ziemlich selbstzufriedenen Dauergrinsen durch das mit Narzissen übersäte Bonn und konnte es kaum glauben: Das Jahr, das ich mir für mein Projekt »Jungbrunnen reloaded« gegeben hatte, war schon neun Monate alt! Das regelmäßige Training, meine Ernährungsumstellung und die spannende und befriedigende Arbeit mit den Goldtimern zeigten jetzt echt Wirkung. Mittlerweile hatte ich fast zehn Kilo runter, fühlte mich prächtig und konnte die Treppe zu »Vital und Fit« hochsprinten wie ein junges Reh. Das Leben war leicht und unbeschwert – ein einziger Spaziergang!

Und dann kamen die Femmes Fatales.

Ich sage nur so viel: Wenn Edith Piaf es mit ihrem »Non, je ne regrette rien« wirklich ernst gemeint hat, dann war sie definitiv nie beim Bouleturnier in Antwerpen. Aber ich fange die Geschichte wohl besser von vorn an.

Ich spiele seit vielen Jahren Boule. Wir sind ein kleiner Haufen mehr oder weniger rüstiger Herren im besten bis allerbesten Alter, von denen ich schon in meinem ersten Buch »Je oller, je doller« einiges erzählt habe. Für diejenigen von

Ihnen, die meine Boulebrüder noch nicht kennen, stelle ich sie noch einmal kurz vor.

Friedhelm ist ein 77 Jahre alter, überängstlicher ehemaliger Buchhalter mit Vollkaskomentalität und einem Hang zum Verfolgungswahn. Er lebt in einer mit neuester Überwachungstechnik gespickten Festung in Röttgen und spielt Boule grundsätzlich nur in Sicherheitsschuhen mit Stahlkappen.

Beppo ist ein 87-jähriger, ewig grantelnder Bayer, für den das Glas immer zu vier Fünfteln leer ist. Edgar schließlich ist ein 79-jähriger Berufsraucher, der über die Hälfte des Jahres auf Kreuzfahrtschiffen unterwegs ist, weil das Leben dort billiger ist als in der Seniorenresidenz. Edgar hat in seinem Leben mehrere Tabakplantagen in Virginia leergequarzt und ist somit ein medizinisches Wunder. Wir vier bilden zusammen die Endenicher Bouleköpp (kurz EBK). Früher waren wir zu sechst, bis mein Freund Hans das Boulen an den Nagel hängte und uns der sechste im Bunde, Robert Brotesser – besser bekannt als »Robäär Baguette« –, im stolzen Alter von 89 Jahren verließ.

Robert mischt seit mittlerweile drei Jahren mit seiner unerschöpflichen Energie und Lebensfreude den Himmel auf. Wenn ich in ferner Zukunft da oben ankomme, hat er Petrus garantiert eine erstklassige Boulebahn aus dem Kreuz geleiert – mit Rotweinflatrate und einer paradiesischen Käseauswahl.

Jedenfalls flatterte mir an diesem Frühlingsmorgen eine Einladung zu einem Bouleturnier in Antwerpen ins Haus. Was für eine Gelegenheit! Wir würden uns mit den Besten der Besten messen! Ich trommelte sofort den Rest der Bande zusammen – Edgar war glücklicherweise gerade wieder in Endenich »vor Anker gegangen« – und teilte ihnen die frohe Botschaft mit.

Die Jungs waren begeistert. Allerdings ging sofort die Diskussion los, wie man da wohl am besten hinkäme. Für Beppo war das klar. »Jo mei, mi'm Auto halt! In zwoa Stunden samma do!« Friedhelm schüttelte entschieden den Kopf. »Nur über meine Leiche! Statistisch ist die Gefahr eines Unfalls mit tödlichem Ausgang auf deutschen Autobahnen seit 2013 um mehr als acht Prozent gestiegen.« Ich seufzte. »Aber wir fahren doch nur ganz kurz durch Deutschland, Friedhelm.« »Umso schlimmer! Hast du dir die belgischen Autobahnen mal angeguckt? Dagegen ist die Piste von Paris–Dakar glatt wie ein Kinderpopo!«

Edgar zog an seiner Zigarette und hustete nachdrücklich. »Ist doch ganz einfach. Wir fahren mit dem Schiff, Jungs. Von Köln aus gibt's 'ne wunderschöne Kreuzfahrt. Über Amsterdam, Rotterdam, Brügge und Gent – und schon nach sechs Tagen sind wir in Antwerpen. Außerdem gibt's da 'ne Raucherlounge.«

Da das Turnier nur an einem einzigen Tag stattfand, entschieden wir uns aus praktischen Gründen dann doch für den Zug. Einige Tage später saß Edgar im Barwagen des Thalys neben mir und kaute schon das zehnte Nicorette-Kaugummi, während er sich ein weiteres Nikotinpflaster auf den Arm klebte und den guten alten Zeiten nachtrauerte, als es noch Raucherabteile gab. Beppo beschwerte sich derweil lautstark über die horrenden Getränkepreise, während Friedhelm angestrengt in der Zugbroschüre blätterte, um sich mit den Notausgängen und dem Verhalten im Falle eines Zugunglücks vertraut zu machen. Nach dem dritten Bier wurde die Stimmung aber prächtig, und wir bereiteten uns mental auf das Turnier vor.

»Leute, es nehmen sechzehn Mannschaften am Turnier teil«, sagte ich. »Die erste Truppe, gegen die wir morgen antreten, ist eine junge Frauenmannschaft: *Les Femmes Fatales De Villesmombles.*« »Oh là l… ruäch ruäch!«, hustete Edgar voller Vorfreude. Auch Friedhelm strahlte. »Na, das klingt doch ausgesprochen vielversprechend! Scheint mir kein besonders gefährlicher Gegner zu sein. Wobei Frankreich ja das Mutterland des Boulespiels ist.« Beppo winkte ab. »Des kann scho sei. Aber mei, dann san mir halt die Väter! Dena Weibsbilder zeig' ma, wo der Hammer hängt!«

Als wir am nächsten Morgen ausgeruht und topfit auf dem Platz eintrafen, zeigten uns aber erst einmal die Femmes Fatales, wo der Hammer hing. Jedenfalls optisch. Es war unglaublich! Da standen sie, vier wunderschöne Französinnen, Anfang zwanzig, in Hotpants, Tanktop und bauchfrei und polierten ihre Kugeln in der Sonne. Uns war durchaus klar, dass die Mädels unfaire Mittel einsetzten, um unsere Konzentration zu stören. Aber selbst Beppo war weit davon entfernt, sich darüber bei der Turnierleitung zu beschweren. Im Zweifelsfall war das die Sache wert!

Leider stellte sich dann aber heraus, dass die Mädels gar nicht unsere Gegnerinnen waren. Les Femmes Fatales saßen noch etwas abseits, unter einem Sonnenschirm im Schatten, stärkten sich mit Rotwein und Käse und ließen ihre Enkelinnen – oder vielleicht sogar *Ur*enkelinnen? – die nötigen Vorbereitungen treffen.

Ich als Coach fing mich natürlich als Erster wieder.

Doping auf belgisch

»Leute, die Sache hatte doch auch ihr Gutes«, sagte ich.
»Wir putzen schnell die Omis weg und laden die Mädels
heute Abend zur Siegesfeier zum Essen ein!« Der Plan stieß
allgemein auf Zustimmung.

Wir überließen den Damen selbstverständlich den ersten

Wurf, und das Spiel begann. Nach weniger als acht Minuten war es schon wieder vorbei. Die vier Greisinnen gewannen 13 zu 0, und wir waren aus dem Turnier ausgeschieden.

Les Femmes Fatales im wahrsten Sinne des Wortes. Wir waren am Boden zerstört! Was sollten wir jetzt tun? Uns in die Schelde stürzen? Simultan einen Herzanfall simulieren, damit das Turnier abgebrochen wurde? Oder doch einfach abreisen? »Kommt gar ned infrage!«, rief Beppo. »Jetzt mach mer erst amal a Brotzeit, und dann halt mer Kriegsrat!« Wir setzten uns niedergeschlagen an einen Tisch vor die nächste »Frituur«, wie die Pommesbuden in Belgien heißen, und bestellten jeder eine Portion »Frieten« mit Majo und ein Trappistenbier.

Wissen Sie, wie viele Biersorten es im klitzekleinen Belgien gibt? Über 500! Und Mann, sind die alle lecker! Nach dem ersten »Dubbel« ging es uns schon deutlich besser. Immerhin hatte das Zeug ja auch sieben Umdrehungen. Aus rein wissenschaftlicher Neugier bestellten wir dann noch ein »Triple«, das 9,5 Prozent hatte und uns einen anerkennenden Blick des Frittenwirts einhandelte. Außerdem eine große Gelassenheit der Damenwelt, Antwerpen an sich und dem Boulesport gegenüber.

»Jungs, wir sind doch Dschendelmänner!«, nuschelte Friedhelm schon leicht angesäuselt. »Die alten Damen haben uns durch Zufall besiegt – und jetzt sinnse da gannsss alleine unter Männern! Gegen die schtärksden Mannschaften der Welt! Wir müssen die unnerschtützen!«

Wir gaben Friedhelm einstimmig Recht. Wenn die Endenicher Bouleköpp hier schon nicht mit dem Siegerpokal nach Hause gehen konnten, wollten wir uns wenigstens von unserer ritterlichen Seite zeigen. Natürlich auch den hübschen Urenkelinnen gegenüber.

So nahmen wir uns noch jeder ein belgisches Bierchen mit auf den Weg und kehrten hoch erhobenen Hauptes zurück zum Bouleplatz. Es war unglaublich. Die alten Mädels hatten es faustdick hinter den Ohren und putzten eine Mannschaft nach der anderen vom Platz!

Wir waren hin und weg von den Leistungen der Femmes Fatales, bildeten spontan einen Vier-Mann-Fanblock, erklärten unsere Ecke des Bouleplatzes zur Nordkurve von Villemombles und legten los. Edgar und Friedhelm schwenkten Handtücher, Beppo schuhplattelte dazu, und alle zusammen sangen wir die Gegner der Mädels in Grund und Boden!

Als das finnische Bouleteam dran war, erklang aus vier Endenicher Kehlen unser Schmähgesang: »Ihr könnt am Nordpol boul'n, ihr könnt am Nordpol boul'n, ihr könnt, ihr könnt, ihr könnt am Nordpol boul'n!« Bei den bouleerfahrenen Basken sangen wir: »Zieht den Basken die Mütze ins Gesicht, Mütze ins Gesicht, Mütze ins Gesicht!« Und die Griechen bekamen unsere Version von »Guantanamera« zu hören: »Wurfschwache Griechen, ihr seid nur wurfschwache Griechen, wurfschwache Griiiiechen, ihr seid nur wurfschwache Griechen!«

Es war sicher ganz gut, dass uns kein Mensch verstand – jedenfalls hatte tatsächlich niemand auch nur die geringste Chance gegen die Femmes.

Zum Schluss blieben nur noch die amtierenden Europameister, die Belgier. Und, Leute, die brachten nicht nur einige Kilo zu viel mit auf die Waage. Stellen Sie sich Ottfried und Joschka Fischer, Kurt Beck und Meat Loaf nebeneinander in gestreiften, hautengen T-Shirts vor. Mir wurde schlagartig klar, wohin die Fritten- und Starkbierdiät führte, wenn man sie konsequent durchzog. Allerdings tat das den Leistungen des Meisterteams keinen Abbruch. Dieses 600-Kilo-Team war unglaublich gut!

Wir Cheerleader machten zwar Lärm, pfiffen und johlten und sangen: »Zieht den Belgiern die Fritten aus dem Mund, Fritten aus dem Mund, Fritten aus dem Mund!«, aber nichts half. Dann griffen wir tief in die Trickkiste. Kurz vor dem letzten Wurf der Belgier ließen wir unsere Bierflaschen klirren und brüllten: »Free beer for the Belgians!«

Wenn ein Belgier davon nicht abgelenkt wird, ist er kein richtiger Belgier. Und tatsächlich: Der Werfer schaute kurz zu uns rüber und – versiebte den Entscheidungswurf. Die Femmes Fatales waren Turniersieger!

Juliette, Brigitte, Isabelle und Marie strahlten und dankten uns für unsere Unterstützung. Sie luden uns in ein typisch flämisches Restaurant ein, und wir ließen es krachen. Ich dachte flüchtig an Dr. Peters und meine halben Portionen, aber ein Blick auf die Speisekarte ließ mich meine guten Vorsätze vergessen. Jetzt war es mir echt egal! Grüner Aal, Kaninchen mit Backpflaumen, Moules Frites, überbackener Chicorée mit Schinken … ich hatte selten so geschlemmt! Dazu tranken wir uns die Bierkarte rauf und runter, die Damen orderten Rotwein, der Wirt gab uns einen Kräuterlikör aus, und die Stimmung schlug immer höhere Wellen. Wir feierten die ganze Nacht. Beppo war wie verwandelt, vergaß völlig das Granteln und bestellte eine Runde nach der anderen. Edgar wiederum vergaß das Rauchen und tanzte mit Brigitte auf den Tischen.

Friedhelm saß abseits mit Marie. Die beiden unterhielten sich lang und intensiv über irgendwelche Zeichnungen. Marie war 45 Jahre bei der Gendarmerie gewesen, zum Schluss als Oberkommissarin im Dezernat Einbruch & Diebstahl. Soweit ich das mitkriegen konnte, ging es bei den beiden aber nicht nur um Bewegungsmelder und Kameraüberwachung. Es war eine schicksalhafte Begegnung! Es stellte sich heraus, dass Marie ihr Leben lang von einem großen Haus mit Garten geträumt hatte. So wie Friedhelm von einer 24-stündigen Rundumbewachung seines Anwesens. Zwei Monate später zog sie zu ihm nach Röttgen.

Auch ich hatte meine Schicksalsbegegnung. Juliette und ich führten ein unglaublich langes und tiefsinniges Gespräch über Gott, die Welt, das Leben und das Boulen. Sie allerdings komplett auf Französisch, während ich nur englisch sprach. Ich verstand kein Wort, und trotzdem hatte ich eindeutig das Gefühl, mich selten so intensiv mit jemandem ausgetauscht zu haben. In diesem Moment hatte ich den Schlüssel zu meiner Frau gefunden! Mir wurde klar: Ich muss sie ja nicht immer verstehen, um sie zu lieben!

Wie ich am nächsten Morgen in den Zug zurück nach Bonn gekommen bin, weiß ich bis heute nicht. Es wurde jedenfalls eine sehr lange und sehr stille Rückreise. Wir vier sahen aus wie der Tod und fühlten uns auch so. Mein Kopf hatte die Größe des Antwerpener Rathauses, dafür war mein Magen auf Miesmuschelgröße geschrumpft. Ich war überzeugt davon, nie mehr etwas essen zu können. Und erst recht nichts trinken. Geschweige denn trainieren oder die Sonnenbrille absetzen.

Eigentlich wollte ich nur noch sterben. Der Einzige, der

mir in dieser Situation helfen konnte, war Dr. Peters. Aber wie konnte ich dem jemals wieder unter die Augen treten? Schließlich hatte ich das Projekt »Jungbrunnen« mit Hilfe von Pommes und hochprozentigem Bier ein für alle Mal in den Sand gesetzt … Game over, Bill!

Zu Hause schickte mich Margie sofort ins Bett – und am nächsten Tag zu Dr. Peters. Reumütig erzählte ich ihm von meinen Antwerpener Eskapaden. Mein Arzt checkte mich erst mal in Ruhe durch, bevor er mir die Leviten las.

»Tja, Herr Mockridge. Das war nix. Im Jungbrunnen fließt kein Bier. Sie wollen sich das vielleicht nicht so eingestehen, aber auch Ihre Organe werden älter und empfindlicher – gerade in Bezug auf Alkohol. Ihnen sollte eigentlich klar sein, dass Sie die Mengen, die Sie mit vierzig noch trinken konnten, jetzt einfach nicht mehr vertragen.« Ich nickte – und bereute die Kopfbewegung sofort wieder.

»Das liegt am belgischen Bier«, sagte ich. »Das Zeug bin ich einfach nicht gewohnt.« Dr. Peters schüttelte den Kopf. »Das hat nichts mit der Biersorte zu tun. Es geht um die Menge von reinem Alkohol. In Ihrem Alter sollten Sie nicht mehr als zwanzig Gramm pro Tag trinken – das entspricht zwei normalen Gläsern Bier oder einem Glas Wein.« Nun ja. Da hatten wir aber sehr deutlich drüber gelegen. »Kann das sein, dass ich immer noch was merke? Es ist doch schon einen Tag her!«, sagte ich.

»Ich hoffe jedenfalls, dass Sie nicht mit dem Auto hier sind«, antwortete Dr. Peters. »Ihr Körper enthält weniger Wasser als der eines jungen Menschen – deshalb führt die gleiche Menge Alkohol bei Ihnen zu einem höheren Alkoholspiegel im Blut. Die Leber braucht im Alter deutlich länger für den Alkoholstoffwechsel. Als Folge lässt die Konzentration nach, genau wie das Reaktionsvermögen und die Koordination.« Das hatte ich gemerkt.

»Wie geht's dem Kopf?«, fragte er mich. »Ganz okay, ich habe ein paar Tabletten genommen.« Dr. Peters runzelte die Stirn. »Damit wäre ich auch vorsichtig, Herr Mockridge. Paracetamol zum Beispiel wird in Verbindung mit Alkohol zu hochtoxischen Stoffwechselprodukten abgebaut. Auf Dauer gibt das Leberschäden! Und Aspirin kann zu Magenblutungen führen – zumal Ihre Magenschleimhaut dünner ist als bei jungen Menschen. Grundsätzlich ist die Kombination von Alkohol und Medikamenten eine schlechte Idee.«

Ich kam mir immer blöder vor. »Hab ich's jetzt versiebt?«, fragte ich kleinlaut. »Sind meine ganzen Fortschritte der letzten Monate im Eimer?«

Dr. Peters lachte. »Nein, Herr Mockridge. Das war ein Schuss vor den Bug – Ihre Grundkonstitution ist inzwischen wirklich gut, den Ausrutscher stecken Sie weg. Was das exzessive Essen angeht – ein Schlemmertag alle paar Wochen ist nicht schlimm. Das merken Sie bald gar nicht mehr. Ich rate Ihnen nur, den Alkohol wieder einzuschränken – oder vielleicht in den nächsten Wochen mal komplett bleiben zu lassen. Sie werden sehen, dass die geistige Leistungsfähigkeit ansteigt. Sie fühlen sich wacher und deutlich fitter – ist alles eine Sache der Gewöhnung.«

In meinem momentanen Zustand fiel es mir sehr leicht, ihm das zu versprechen. »Ich trinke eh nie wieder was!«, sagte ich im Brustton der Überzeugung. »Außer Wasser natürlich.« Dr. Peters schmunzelte. »Viel Glück dabei«, sagte er. »Viele Menschen versuchen das, aber es ist schwer durchzuhalten.

Fakt ist, dass Alkohol uns schlicht und einfach glücklich macht – für eine kurze Zeitspanne. Er führt zur Ausschüttung von Endorphinen, die sich im Gehirn an Rezeptoren binden und ein Glücksgefühl auslösen.« Ich erinnerte mich an das aufmunternde erste »Dubbel« in Antwerpen und musste ihm recht geben.

»Problematisch wird es, wenn man es regelmäßig übertreibt«, fuhr Dr. Peters fort. »Es kommt zu einer Überreizung der Rezeptoren. Das Gehirn baut Rezeptoren ab, und damit kommt es, sobald der Alkohol weggelassen wird, zu einer Unterversorgung. Man wird depressiv! Das Gehirn merkt sich das und sagt: ›Hey, ich will wieder glücklich sein – mehr Alkohol!‹ Aber Sie wissen doch eigentlich mittlerweile, wo Sie sich Ihre Endorphine herholen können, Herr Mockridge!«

Allerdings. Ich dankte Dr. Peters, ging nach Hause, trank eine große Flasche Wasser und packte meine Sporttasche. Es galt, eine Menge Fritten abzutrainieren. Ich nahm mir fest vor, nach meinem Absturz mit den »Femmes Fatales« schnell wieder auf die Spur zu kommen!

29. Kapitel

Meine sieben Altersstufen

Nach ein paar Tagen war ich wieder ganz der Alte. Will sagen: Ich fühlte mich wieder einigermaßen jung und fit und in der Lage, einen klaren Gedanken zu fassen. Ich las mir also in Ruhe die Notizen durch, die ich nach meinem Heidelberger Gespräch mit Professor Kruse gemacht hatte.

Der Professor hatte mir vom Umgang der Gesellschaft mit dem dritten und vierten Lebensalter des Menschen erzählt. Das erste und zweite Lebensalter musste sich also auf Kindheit und Erwachsenenleben beziehen. Irgendetwas störte mich daran – diese wichtige Zeit im Leben wurde mir viel zu schnell abgehandelt! Ich dachte lange darüber nach und kam schließlich zu einem anderen Ergebnis. Meiner ganz persönlichen Theorie nach gibt es sieben Altersstufen des Menschen:

1. Das Kind
2. Der Jugendliche (Pubertätsmonster 1.0)
3. Der Erwachsene
4. Der junge Alte (Pubertätsmonster 2.0)
5. Der erwachsene Alte
6. Der reife Alte
7. Der greise Alte

Hört sich gut an, oder? Sieben ist eine tolle, magische Zahl. Und Shakespeare sagt in *Wie es euch gefällt*: »Sein Leben lang spielt einer manche Rollen durch sieben Akte hin ...« Und der Mann muss es wissen! Schauen wir uns die sieben also mal auf einen Streich an!

Über die ersten drei Stufen brauchen wir, glaube ich, nicht mehr zu sprechen. Die gehören in ein anderes Buch mit dem Titel: »Die ersten fünfzig Jahre sind die härtesten!« Die vierte Altersstufe ist aber echt interessant ...

Die jungen Alten

Wissen Sie, wie ich auf »Pubertätsmonster 2.0« gekommen bin? Ganz einfach: Wir stürzen zwischen fünfzig und sechzig genauso ins Hormonchaos wie zwischen dreizehn und sechzehn. Und haben wir unser Tief hinter uns, erleben wir eine zweite Jugend – die Kinder sind aus dem Haus, und wir können endlich wieder FEIERN!!!

Wobei das so eine Sache ist mit dem Feiern ... da muss ich doch einen kleinen Exkurs in die Vergangenheit machen. Als Erwachsener – also in Altersstufe 3 – war ich auf keiner einzigen Fete länger als zwei Stunden. Logisch. Wenn du kleine Kinder hast, ruft dich spätestens um zehn, wenn die Party gerade in Schwung kommt, der Babysitter an.

»Herr Mockridge, diese viereckigen Tabletten für die Spülmaschine ... sind da wirklich Vitamine drin? Jeremy hat so komischen Schaum vor dem Mund ...« Klar fährt man da nach Hause.

Ein paar Jahre später wirst du wieder mitten in der schönsten Feier angerufen. Aber diesmal von der Feuerwehr, die wissen will, ob es in Ordnung geht, dass die Kinder im

Wohnzimmer grillen. Ob man tatsächlich neun Söhne, sieben Töchter und ein Pferd habe. Und ob man wirklich damit einverstanden sei, dass oben auf dem Dach getanzt werde? Also ab nach Hause.

Dann kommt die Zeit, in der nur die Kinder feiern – man selbst hat Fahrdienst. Man sitzt stocknüchtern mit einem Kräutertee vor »Wetten dass« und wartet, bis das Telefon klingelt. Beispielsweise um vier Uhr morgens. »Bin total am Arsch. Portmonee geklaut, Handy weg, und ich find meine Hose nicht mehr. Kommst du mich abholen? Ich bin in Wesseling.«

Und dann überlegt man. Erstens war heute keine Fete in Wesseling – und zweitens sind alle sechs zu Hause. Seit ein Uhr nachts. Ich frage: »Wer bist du denn?« – »Blöde Frage. Tobi! Tobi Schneider.« BINGO! »Tja, Junge, du hast dich leider verwählt. Hier ist Mockridge. Ruf deinen Vater an!« – »O Mann, Herr Mockridge … das tut mir wirklich leid, dass ich Sie gestört habe. Äh … jetzt wo Sie sowieso schon wach sind … Können Sie mich trotzdem holen?«

Aber das haben wir im vierten Lebensalter hinter uns! Jetzt holen wir uns alles zurück – und klingeln vorzugsweise nachts um vier den eigenen Sohn aus den Federn, damit sich die Kohle für den Führerschein auch gelohnt hat!

Mein Freund Norbert hat uns mal zu einer Mottoparty eingeladen. Alle sollten als Schlagerstars der siebziger Jahre kommen. Norbert und seine Frau empfingen uns als Cindy und Bert (er war Cindy). Margie und ich gingen als Dschingis Khan – sie war die Dschingis und ich der Khan. Außerdem gaben sich noch Katja Ebstein, Rex Gildo und die Les Humphries Singers die Ehre. Es wurde eine super Party – wir feierten, als gäbe es kein Morgen. Plötzlich klingelte es an der Tür. Mist – Polizei.

Doch als Cindy alias Norbert die Tür öffnete, stand da seine Enkelin Stella, die uns ernst anschaute.

»Opa – du wolltest mich doch zur Schule bringen. Es ist gleich acht!«

Tja – wir haben die Party natürlich unterbrochen, um die Kleine pflichtbewusst zur Schule bringen zu können. Komischerweise hat sie dankend abgelehnt. »Ich will nicht, dass die mich mit euch sehen«, sagte sie zu Dschingis, Khan, Cindy und Bert. »Ihr seid mir echt zu krass!« Das war das beste Kompliment, das ich seit Jahren gehört hatte.

Aber Feiern wird auch irgendwann anstrengend. Das Schlafen bis in die Puppen funktioniert nicht mehr, wegen des Rückens – und das Haar offen tragen können auch nur noch wenige. Es wird also Zeit, dass langsam wieder ein bisschen Ruhe einkehrt. Und das tut sie auch. Allerdings nur kurzfristig …

Die erwachsenen Alten

Die meisten von uns werden irgendwann erwachsen, weil wir ein zweites Mal Kinder kriegen. Nur, dass die dann »Enkel« heißen. Und man selber heißt dann nicht mehr »Papa«, sondern »Opa«. Damit muss man erst mal fertig werden!

Meinen eigenen Opa habe ich noch sehr gut in Erinnerung. Mit achtzig war er ein sehr, sehr alter Mann mit einer sehr, sehr alten grauen Strickjacke, der in einem sehr, sehr alten Ohrensessel saß und Zeitung las. Morgens, mittags und abends. Er schlief im Sessel, er aß im Sessel, und er las im Sessel. Wenn man mich fragte, wo mein Großvater wohnte, sagte ich: »Bei Oma im Sessel.«

Ganz selten raffte er sich auf und ging mit mir im Wald spazieren, damit ich etwas über die Tierwelt lernte. »Hör mal, Junge. Das ist ein Auerhahn. Toll, wie der kräht! – Das da ist ein Biber, schau mal, was der für einen großen, flachen Schwanz hat!«

Der moderne Opa ist völlig anders! Es heißt auch nicht mehr Opa. Es heißt Grandpa 2.0. Wenn ein Grandpa 2.0 überhaupt sitzt, dann in einem hochmodernen, den Rücken schonenden Designerstuhl mit dem Namen »Old man chilling«. Grandpa 2.0 twittert, googelt und youtubet. Er schießt bei eBay super Karten für das nächste Popkonzert in der Lanxess-Arena. Und dann steht er mit seinem Enkel in der ersten Reihe, zeigt auf den jungen Popsänger auf der Bühne und sagt: »Hör mal, Junge. Der Biber da oben kräht wie ein Auerhahn. Nur mit dem großen, flachen Schwanz bin ich nicht sicher …«

Ich selber habe das Opasein ja noch vor mir und darf deshalb meine zweite Pubertät noch ein bisschen länger ausleben. Aber mein Ältester ist dreißig – das kann nicht mehr lange dauern. Und wenn einer erst mal anfängt, dann gibt es wahrscheinlich kein Halten mehr, und der Rest macht fröhlich mit. Das ist 'ne Kettenreaktion. Wie früher, wenn einer von ihnen Magen-Darm hatte!

Wobei ich nicht hoffen will, dass jeder der Jungs auch wieder sechs Jungs bekommt. 36 Enkel – und alles Kerle!? Das erinnert mich an den alten Mathe-Merkspruch: »Sechs mal sechs ist sechsunddreißig, ist der Opa noch so fleißig, so viel Kohle hat er kaum – Ebbe unterm Weihnachtsbaum!«

Früher, in den Siebzigern, gab es auch diese rätselhafte Sache mit dem Nachnamen. Einer meiner Schauspielerkollegen hieß zum Beispiel Schröder, aber die Großmutter väterlicherseits hieß für ihn »Oma Wuppertal«. Natürlich um sie von »Oma Geilenkirchen« unterscheiden zu können. Denn Vornamen hatten Omas damals, glaube ich, nicht.

Dafür aber Kittel! Bügelfrei, aus Dralon oder Perlon. In Farben und Mustern, die man heute nur noch sieht, wenn man stark auf Drogen ist. Aber wie gesagt, wir reden von den Siebzigern … Die Kittel hatten vorne so eine große Kängurutasche, da war alles drin, was man brauchte. Fiel man hin: Zack, Pflaster! Wollte man malen: Zack, Filzstifte! Wollte man ein Haustier: Zack, Meerschweinchen! Omas Kittel war eine kleine Aldifiliale. Und an den Flecken konnte man immer sehen, was es mittags zu essen geben würde.

Das ist in unserer Generation komplett anders. Die Kittelindustrie ist inzwischen abgewickelt, genau wie die Lockenwicklerindustrie. Und es heißt auch nicht mehr »Oma Wuppertal«, sondern »Die Oma mit den H&M-Gutscheinen«. Die ihre Klamotten natürlich im selben Laden kauft wie die Enkelin – zum Entsetzen der Eltern. Und schon hat man ein Gesprächsthema. Die Gören halten jung!

Das ist überhaupt ein großer Vorteil, wenn man Oma oder Opa ist. Man hat mindestens genauso viel Freude an den Enkelkindern wie damals an den eigenen – aber null Verantwortung! Omas und Opas müssen nicht erziehen. Die können unterhalten, verwöhnen, Scheiße bauen und ungestraft Blödsinn erzählen. Herrlich!

Ganz nebenbei werden wir durch die übernächste Generation natürlich auch technisch fit gemacht, wenn wir uns darauf einlassen. Ein Beispiel:

Früher war es ein ziemlicher Stress für Oma und Opa,

wenn die Enkel zu Besuch kamen. Neben der Kocherei – Braten mit Kartoffeln und Soße – musste man auch noch aufpassen, dass die Kinder einem nicht die Hütte auf den Kopf stellten. Heute zücken die Kids als Erstes ihr Smartphone, Stöpsel in die Ohren und ab in die Facebookwelt. Das kann man sich zunutze machen! »Oma Abercrombie & Fitch« zaubert ein leichtes, mediterranes Menü nach Jamie Oliver, geht online, macht mit dem iPhone ein Foto und postet es. Bildunterschrift: »Essen ist fertig«. Sie kriegt 25 Likes und eine WhatsApp von der Enkelin: »Komme gleich!«

Die reifen Alten

Mein eigener Großvater (der mit dem Ohrensessel) schaute eines Tages von seiner Zeitung auf und sagte zu meiner Oma: »Ich verstehe die Welt nicht mehr.« Und meine Oma, damals erst 72, antwortete: »Tja, John, das liegt daran, dass wir die Welt nicht mehr machen.« Das war der traurigste Satz, den ich je gehört hatte. Und ich wiederhole ihn hier ausdrücklich als abschreckendes Beispiel. Damals hatten die älteren Menschen das Gefühl, gar nicht mehr am Leben beteiligt zu sein. Heute ändert sich das.

Menschen im sechsten Lebensalter haben im besten Fall den größten Stress hinter sich. Wenn Sie es geschafft haben, im Alter von siebzig bis achtzig Jahren fit, aktiv und gesund zu bleiben, herzlichen Glückwunsch! Sie müssen sich und anderen nichts mehr beweisen und können das Leben einfach nur noch genießen. Oder es am Kragen packen und noch mal kräftig loslegen!

Sie haben nichts mehr zu verlieren, aber viel zu gewinnen. Und wenn Sie zeit Ihres Lebens darauf geachtet haben, körperlich und geistig beweglich zu bleiben, können Sie noch Großes leisten.

»Die Erfahrungen sind wie die Samenkörner, aus denen die Klugheit emporwächst«, sagte Konrad Adenauer. Wissen Sie, wie alt der war, als er Bundeskanzler wurde? 73! Und seine letzte Sitzung hat er mit 87 geleitet. Auf sein Alter angesprochen, meinte er nur: »Alle menschlichen Organe werden irgendwann müde. Nur die Zunge nicht.«

Das hätte auch Mick Jagger sagen können. Der ist mittlerweile Uropa und füllt mit seinen Ü-70-Stones immer noch große Arenen. Der Mann hat ein Gesicht wie der Stadtplan von Kalkutta, aber eine Kondition wie ein Vierzigjähriger. Mick erinnert mich an den alten VW Käfer. Er läuft und läuft und läuft. Klasse!

Oder der große SPD-Mann Helmut Schmidt! Der ist mit seinen 96 schon im siebten Lebensalter und sagt, wenn man ihn darauf anspricht: »Ich bin gespannt auf das, was kommt!« Und damit meint er sicher nicht die Zigarettenpreise.

Michelangelo hatte eine lange, großartige Karriere hinter sich, als er Bauherr des Petersdoms wurde – mit 72 Jahren. Andererseits gehört man im Vatikan in diesem Alter auch heute noch zu den Jungen Wilden.

Ein anderer, zeitlebens wilder, engagierter und großartiger Mensch war Beate Uhse. Ihr Leben im Schnelldurchlauf: Mit fünfzehn hessische Meisterin im Speerwurf. Mit achtzehn Pilotenschein. Testpilotin, Kunstfliegerin und Stuntfrau bei Fliegerfilmen. Mit 43 eröffnet sie den ersten Sexshop der Welt. Mit siebzig bekommt sie das Bundesverdienstkreuz, und mit achtzig bringt sie ihr Unternehmen an die Börse. Was für eine Frau!

Mein alter Freund Leonard Cohen hat gerade eine neue CD herausgebracht. Richard Chamberlain, der alte Dornenvogel und Herzensbrecher, hat noch vor ein paar Jahren in »Desperate Housewives« gespielt! Judi Dench verzaubert uns in großartigen Filmrollen, genau wie Maggie Smith, Sophia Loren und Alan Arkin. Der großartige Alfred Biolek moderiert regelmäßig Gesprächsrunden bei uns in Bonn. Nana Mouskouri ist UNICEF-Botschafterin und singt immer noch auf Benefizveranstaltungen. Und alle sind sie im letzten Jahr achtzig geworden!

Mir ist natürlich klar, dass wir nicht alle einen so großen Fußabdruck hinterlassen können, wenn wir irgendwann – hoffentlich glücklich und zufrieden – diese Welt verlassen. Aber all diese Menschen sind in einem Punkt große Vorbilder für mich: Auch mit siebzig oder achtzig haben sie entschieden, sich von ihrem Alter möglichst wenig beeindrucken zu lassen. Das Leben ist ein Abenteuerfilm – und ohne Altersbeschränkung zugelassen!

Die greisen Alten

Irgendwann müssen wir uns darauf einstellen, dass es – im wahrsten Sinne des Wortes – eine Deadline für uns gibt.

Wir erwerben das Bewusstsein um die eigene Endlichkeit und begreifen spätestens dann, wie wunderschön das Leben ist. Die Menschen im siebten und letzten Lebensalter spüren ihre Frist – die ablaufende Zeit.

Norbert Blüm sagte einmal zu mir: »Der Tod macht das Leben spannend. Ein Leben ohne Tod wäre wie eine Klassenarbeit ohne Klingel.«

Einer der Menschen, die ihr Leben ohne Angst vor der

Klingel bis zum Ende genossen, war Annemarie Wendel, die Else Kling aus der Lindenstraße. Sie stand auch mit über neunzig Jahren noch mit mir vor der Kamera. Ich fragte sie irgendwann mal, ob sie nicht manchmal ans Aufhören denkt. Sie sah mich kopfschüttelnd an und fragte: »Ja wos is? Des is mai Beruf! Wos soll i mit zwoaranainzg plötzlich wos anders machn als mit zwoarazwanzg?«

Recht hatte sie! Annemarie ist bis zum letzten Klingeln neugierig geblieben. Und das ist es, was wir alle versuchen sollten – das eine Leben, das uns gegeben wurde, aktiv und voller Neugier zu leben. Mit dem Bewusstsein, dass alles vergänglich ist.

30. Kapitel

The show must go on

Die nächste Zeit wurde ziemlich stressig. Ich hatte mich in den ersten Monaten meines Experiments viel um mich selbst gekümmert, mein Ziel konzentriert verfolgt und versucht, mein Leben bewusster zu gestalten. Die Balance zwischen Aktivität und Entspannung hatte ich aber nicht immer hingekriegt und einige Projekte etwas vor mir hergeschoben.

Jetzt ging mein Jahr mit großen Schritten dem Ende entgegen, und meine Arbeit vor der Kamera und auf der Bühne nahm mich mehr und mehr in Anspruch. Das Jubiläumsjahr »30 Jahre Lindenstraße« musste mit Presseterminen, Öffentlichkeitsarbeit, Talkshows und Sondersendungen gebührend gefeiert werden. Abends stand ich meistens auf der Bühne, und tagsüber saß ich in meiner Mönchszelle und arbeitete an diesem Buch. Meine Trainingszeiten waren mir inzwischen heilig, ebenso die Zeit mit der Familie und die regelmäßigen Proben mit den Goldtimern.

So verflogen die Monate mit Arbeit, Sport, meinen persönlichen Altersforschungen und vielen prägenden Eindrücken. Und plötzlich war es Sommer, und die Premiere stand vor der Tür.

Wir hatten uns einmal in der Woche zum Proben getroffen, und das Ensemble hatte in den letzten Monaten

Unglaubliches geleistet. Eine Szene nach der anderen war entstanden, verbunden durch Songs, die sich teilweise gefühlvoll, teilweise fetzig, witzig und spritzig mit der Liebe im Alter befassten.

Uschi und Carmela kümmerten sich um die Kostüme, Magdalena übernahm die musikalische Leitung, Helene schrieb Liedtexte, eine Pressemitteilung und das Programmheft. Jupp und Karl-Friedrich genossen ihre Position als Hähne im Korb und spielten die verschiedensten Männerfiguren von Mal zu Mal besser.

Power-Paul verpasste keine einzige Probe und war bald unentbehrlich für mich geworden. Er war Regieassistent, Streitschlichter, Techniker und Souffleur in einer Person. Was für eine Truppe!

Parallel zur Probenarbeit war ein Plakat entstanden, das die gut gelaunten, attraktiven Goldtimer auf einem Schwarz-Weiß-Foto zeigte – die Jungs im geliehenen Frack mit weißem Schal, die Mädels in eleganter Zwanziger-Jahre-Robe mit Federboa und Zigarettenspitze. Sie grinsten frech in die Kamera und sahen großartig, elegant und stilvoll aus – wie direkt aus *Der große Gatsby* entsprungen! Und darüber prangte in knatschpink der Titel:

»Was geht, Alter?«
Heiße Eisen statt altem Eisen!
Eine Revue der »Goldtimer«

Boah, war ich stolz!

Wir hatten beschlossen, den Erlös des Abends an eine Hilfsorganisation zu spenden, die sich um bedürftige Senioren kümmert. Für die Aufführung hatten die Goldtimer den großen Gemeindesaal mit über 200 Plätzen reserviert. Ich hatte schon ein bisschen gefürchtet, dass dieser Rahmen vielleicht eine Nummer zu groß sein könnte. Nix da – die Tickets waren im Handumdrehen verkauft, und wir würden zusätzliche Stühle in den Saal quetschen müssen.

Und dann, Anfang Juni, zwei Wochen vor der Premiere, war alles vorbei. Paul rief mich an, als ich mich gerade auf den Weg zur Probe machen wollte. »Bill, komm mich abholen. Jupp ist im Krankenhaus. Herzinfarkt.«

Ich war total geschockt. Jupp – der unverwüstliche, rheinische Casanova? Das war nicht zu fassen. Mit quietschenden Reifen hielt ich vor Pauls Haus, und wir fuhren gemeinsam in die Klinik.

Jupp war am Abend zuvor eingeliefert worden und glücklicherweise außer Gefahr. Er lag nicht mehr auf der Intensivstation, sondern blass und irgendwie geschrumpft in einem Doppelzimmer der Inneren, von einem Monitor überwacht. An seinem Bett saß Helene und hielt seine Hand. Wir traten leise hinzu, und er schlug die Augen auf.

»Dat is aber schön, dat ihr kommt, Jungens«, flüsterte er. »Mir jinget jestern jar nit joot.«

»Was machst du für Sachen, Jupp?«, fragte ich. Er zuckte mit den Schultern und verzog das Gesicht. »Unkraut verjeht nit, Bill. Aber isch muss euch em Stich lassen – dä Arzt sagt, et Theaterspielen kann isch erst mal verjessen.«

Helene hielt ihm den Finger vor den Mund. »Pst. Du musst dich jetzt ausruhen, Jupp. Schlaf ein bisschen – ich bleib bei dir.« Sie nickte uns zu, und wir verkrümelten uns in den Flur.

»Komisch, dass ausgerechnet Helene bei ihm ist«, meinte ich nachdenklich zu Paul, während wir uns einen wirklich entsetzlichen Automatenkaffee zapften. Paul sah mich verwundert an.

»Du kriegst aber auch gar nix mit, was, Bill? Die beiden haben schon seit Wochen 'ne Affäre. Was meinst du, wieso Uschi in letzter Zeit so zickig ist?« Mir fiel der Plastikbecher aus der Hand. »Was? Jupp – und unsere Dame Helene? Aber … ich dachte immer …«

»Dass die 'ne vertrocknete alte Jungfer ist?«, meinte Paul. »Blödsinn. Du hast doch Helenes Lied gehört. In der Frau steckt ganz viel Leidenschaft. Und jetzt hat sie ihren Traumprinzen gefunden. Wir können nur die Daumen drücken, dass er es packt …«

Während ich versuchte, die Kaffeepfütze mit ein paar Tempos aufzuwischen, sah ich den Stationsarzt aus Jupps Zimmer kommen und fragte ihn nach dem Zustand unseres Freundes.

»Der Herr Schäfer ist ein zäher Kerl«, meinte der Arzt. »Das EKG sieht ganz gut aus – noch ein paar Wochen Reha, dann ist er wieder ganz der Alte.« Ich war unendlich erleichtert. Aber dann fiel mir Jupps »Maschinchen« ein. »Herr Doktor – der Jupp hat doch einen Herzschrittmacher. Wie kann er denn da einen Infarkt kriegen?«

»Der Schrittmacher ist nur ein Taktgeber, der regelmäßig kleine elektrische Impulse abgibt, damit das Herz im richtigen Rhythmus schlägt«, sagte der Arzt. »Das Gerät hilft ihm zwar dabei, einen gleichmäßigen Herzrhythmus zu bekommen – aber gegen Verkalkung kann das Ding auch nichts ausrichten.«

Er erklärte, dass bei Jupp die Herzkranzgefäße geschädigt worden waren. Sogenannte Plaques hatten sich an den Gefäßwänden angelagert und waren abgerissen. Dann hatte ein Blutgerinnsel die Wunde verschlossen und die Arterie verstopft. »Das Resultat ist dann ein Absterben von Herzmuskelzellen«, sagte der Arzt. »Normalerweise spürt man einen nahenden Infarkt durch die typischen Schmerzen in der Brust und im linken Arm. Ich nehme an, er hat diese Warnungen ignoriert. Ein anderes Symptom sind Herzrhythmusstörungen – aber die hat der Schrittmacher in der Tat verhindert.«

Der Arzt nahm an, dass Jupp schon in ein bis zwei Wochen aus dem Krankenhaus entlassen werden könnte, um dann in einem ambulanten Rehazentrum wieder fitgemacht zu werden. Nachdenklich fuhren Paul und ich zu den Goldtimern.

Dort hatte sich die Nachricht schon herumgesprochen. Alle waren besorgt und bedrückt, freuten sich aber, als wir erzählten, dass Jupp wieder auf die Beine kommen würde.

Uschi traute sich schließlich, die Frage zu stellen, die jedem von uns auf der Zunge lag. »Und was ist mit der Premiere? Ohne Jupp können wir nicht spielen – dafür hat die gute Helene gesorgt!«

Wir waren alle ziemlich betroffen. Zum einen wegen Uschis Feindseligkeit, zum anderen, weil sie leider recht hatte. Karl-Friedrich nickte. »Wir werden das Ganze wohl absagen müssen.« Carmela schüttelte entschlossen den Kopf. »Auf keine Fall! Wir haben sso viele Arbeit und sso viele Liebe da reingesteckt! Wir versssiebe die Premiere einfach ein paar Woche!«

Ich schluckte. »Tut mir leid, Leute – aber in zwei Wochen

habe ich Dreharbeiten, und danach bin ich für den Sommer in Kanada. Und danach ...« Ich hatte im Herbst jede Menge zu tun, das Buch würde herauskommen, und ein neues Bühnenprogramm wollte auch entwickelt werden. Ich würde in diesem Jahr keine Zeit mehr für sie haben. Alle waren ratlos. Da meldete sich Paul. »Hört mal, Leute – wenn ihr wollt, kann ich einspringen. Ich war bei jeder Probe dabei und kann die Sachen auswendig. Was meint ihr? The show must go on, oder?«

Wir waren begeistert. Paul war unsere Rettung! Wir fingen sofort an zu proben, und Paul bekam es tatsächlich ganz gut auf die Reihe. Völlig anders als der alte Charmeur Jupp, aber auch nicht schlecht. Wir würden das hinkriegen!

Es folgten intensive, nervenaufreibende letzte Proben. Uschi und Helene gerieten ein paar Mal ordentlich aneinander, bis es der sanften Magdalena zu bunt wurde. »Verdammt noch mal, der Mann ist dem Tod von der Schippe gesprungen!«, rief sie. »Und ihr hackt wie die Hühner aufeinander rum! Wenn ihr ihn beide liebt, dann seid doch froh, dass es ihn noch gibt!«

Uschi und Helene verschwanden und sprachen sich aus. Ich weiß nicht, was sie letzten Endes für eine Lösung gefunden haben. Aber das Rumgehacke wurde weniger, und im Lauf der Zeit fanden sie wieder zu einem herzlicheren Verhältnis zurück – natürlich nicht ohne zwischendurch ein paar bissige Sprüche rauszuhauen!

Am Tag der Premiere stand ich mit den von Lampenfieber geplagten Goldtimern hinter der Bühne und spinkste in den Saal. Ganz vorne saß ein weißhaariger, elegant zurechtgemachter Herr im Rollstuhl. Jupp hatte es sich nicht nehmen lassen, als Überraschungsgast zur Premiere zu kommen. Alle winkten aufgeregt zu ihm hinüber. Wir würden unser Bestes für ihn geben!

Dann begann die Show. Und ich wünschte, Sie wären dabei gewesen! Die Truppe lief zu Topform auf und gab alles. Die »Slow-Dating-Szene« wurde ein Brüller. Bei rasanten Impro-Spielen wie »Abklopfen« (Erinnern Sie sich? Die Wäscheklammer, die zum Hering wurde?) gab es Zurufe aus dem Publikum, auf die meine Goldtimer spontan und souverän reagierten. Eine knallige Version von »I will survive« ließ eine Riesenstimmung im Saal entstehen, und nach Helenes Version von »Imagine« trat eine sekundenlange Stille ein, bevor es tosenden Applaus gab. Ganz vorne lachte Jupp Tränen und reckte immer wieder den Daumen hoch. Kurz – es wurde ein grandioser Abend, der vom Publikum mit Standing Ovations belohnt wurde.

Nach der Show saßen wir noch lange zusammen im Irish Pub und feierten. Andrea, die für mich die Gastauftritte im Haus der Springmaus bucht, hatte sich die Show angesehen und fragte uns, ob wir sie nicht im nächsten Jahr auf die große Springmaus-Bühne bringen wollten. Ich war sofort einverstanden, und die Goldtimer platzten vor Stolz. Jupp, der schon wieder rosige Wangen hatte, mitten drin – auch wenn er sich mit dem Bier zurückhielt. Alle schnatterten fröhlich und aufgedreht durcheinander, sprachen von besonders gelungenen Pointen, von Hängern und Pannen – und ich hörte ihnen zu und wusste, dass sich die Arbeit der letzten Monate mehr als gelohnt hatte.

Und zwar nicht nur für diese bunte Truppe von giggelnden, aufgekratzten Alten. Ich hatte unendlich viel Lebensfreude und Energie aus den Erlebnissen mit meinen Goldtimern gezogen und war fest entschlossen, im nächsten Jahr weiterzumachen. Denn die frischgebackenen, begeisterten Schauspieler vor mir hatten gerade allen gezeigt, dass Alter wirklich nur eine Frage der Einstellung ist.

Oder, um es mit dem großen Regisseur Max Reinhardt zu sagen: »Ein Schauspieler ist ein Mensch, dem es gelungen ist, die Kindheit in die Tasche zu stecken und sie bis an sein Lebensende darin aufzubewahren.«

Wenn das stimmt, dann sollten wir alle versuchen, ein kleines bisschen Schauspieler zu sein, oder?

31. Kapitel

And the winner is ...

Die nächsten Tage flogen nur so dahin, wir packten und hatten mit den Vorbereitungen für unseren Sommerurlaub alle Hände voll zu tun. Es waren jetzt nur noch vier Wochen bis zu meinem Geburtstag. Noch vier Wochen bis zum Ende meiner einjährigen Reise zu mir selbst. Und noch drei Tage, bis ich endlich wieder in unserem Haus in Kanada sitzen würde, das ich im letzten Jahr mit einem Kloß im Hals und einem Stein auf dem Herzen verlassen hatte.

Jetzt aber fühlte ich mich großartig und ging ziemlich selbstbewusst und mit durchgedrücktem Kreuz zum jährlichen Check-up bei Dr. Peters. Und der spannte mich auch gar nicht lang auf die Folter, sondern nickte zufrieden, als er sich die Untersuchungsergebnisse durchlas.

»Gratuliere, Herr Mockridge! Ihre Werte sind alle wieder im Normalbereich. Hut ab! Ihr Gewicht ist optimal so. Hätte ich nicht gedacht, dass Sie das in der kurzen Zeit in den Griff kriegen.« Ich grinste voller Stolz in meinen Bart. »Das war auch harte Arbeit, Dr. Peters.«

Er nickte. »Klar – von nix kommt nix. Aber das Ergebnis spricht für sich. Sie haben siebzehn Kilo verloren – das müssen Sie sich bildlich vorstellen! In einen Putzeimer passen knapp zehn Liter Wasser. Machen Sie mal zwei Eimer voll, und laufen Sie damit in den zweiten Stock. Da werden Sie merken, wie sehr Sie Ihren Körper und Ihren Stoffwechsel jahrelang belastet haben!«

»Gute Idee, das probiere ich mal aus! Aber nur, wenn Margie nicht zu Hause ist. Sonst denkt sie, ich will die Treppe put-

17 Kilo. Alles weggeputzt!

zen.« Dr. Peters lachte. »Das wär übrigens auch kein schlechtes Training! Bewegung ist unerlässlich, Herr Mockridge. Egal ob joggen oder putzen. Mindestens dreimal in der Woche sollten Sie sich dreißig Minuten lang fordern und ins Schwitzen kommen – dann bleiben Sie noch jahrelang so fit!«

Genau das hatte ich vor. »Dafür ist das Haus am See genau richtig«, sagte ich. »Ich werde viel schwimmen, Rad fahren und durch den Wald laufen – danach fühle ich mich immer wie neugeboren.« Dr. Peters gefiel der Plan.

»Es ist viel gesünder, einen Aktivurlaub in einem gemäßigten Klima zu machen, als sich bei vierzig Grad an den Strand zu knallen. Behalten Sie Ihre Lebensführung genau so bei – und verlieren Sie bloß nicht den Spaß am Leben!«

Da brauchte er sich keine Sorgen zu machen. Ich war noch ganz angefüllt von dem tollen Erlebnis mit meinen Goldtimern und freute mich wie ein Kind auf die Ferien in meinem alten Heimatland. »Und was ist, wenn mich mein Freund Gary zum Barbecue einlädt? Der grillt immer eine gefühlte halbe Kuh – und mit dem Bier wird da auch nicht gespart!«

Dr. Peters gab mir auch da die Absolution. »Sie können ruhig mal über die Stränge schlagen, Herr Mockridge. Wenn Sie nach einem Schlemmertag wieder moderat essen und trinken und das tägliche Training beibehalten, ist das kein Thema!«

Das war genau das, was ich hören wollte. Ich hatte ein intensives, turbulentes, teilweise auch hartes Jahr hinter mir. Aber die Wette mit mir selbst hatte ich gewonnen. Und so beschloss ich, an Ort und Stelle die nächste Wette mit mir einzugehen – bis achtzig würde ich mindestens so fit und schlank bleiben, wie ich jetzt war – und dann würden wir weitersehen!

Dr. Peters hielt das für ein durchaus realistisches Ziel. »Alles klar, Herr Mockridge. Ich bin dann 65 – und bevor ich mich zur Ruhe setze, werde ich Sie mir noch mal ganz genau vorknöpfen. Wenn Sie das packen, dann sind Sie tatsächlich so was wie ein Vorbild für mich!«

Wir gaben uns zum Abschied die Hand, und ich ging federnden Schrittes zur Tür – stolz wie Oskar. Da rief Dr. Peters mir hinterher. »Ach, noch eine Sache, Herr Mockridge. Wenn Sie mich wieder mal um fünf Uhr morgens aus dem Bett klingeln wollen, checken Sie vorher, ob Sie wirklich im Sterben liegen – sonst gibt's Ärger!«

Das konnte ich ihm ruhigen Gewissens versprechen. Die Sterberei lag für mich jetzt wieder in weiter Ferne. Das Leben war einfach zu schön!

32. Kapitel

Das Haus am See

Ich genoss die ersten Tage in Kanada und ließ mich treiben – in dem Bewusstsein, ein glücklicher Mensch zu sein. Schließlich hatte ich schon das, wovon Peter Fox in seinem Lied träumt: Auch wenn bei uns keine Orangenbaumblätter auf dem Weg lagen – der Mond schien hell auf *unser* Haus am See, und ich fühlte eine tiefe Dankbarkeit und war mit der Welt zufrieden.

Mein Jahr hatte ich zwar mit großem Erfolg für mich persönlich zu Ende gebracht – aber ich spürte das Bedürfnis, die vielen Gedanken, Eindrücke und Erlebnisse, die ich aufgeschrieben hatte, mit einem Fazit abzuschließen. Irgendwie fühlte das Buch sich noch nicht fertig an!

So saß ich also an meinem Schreibtisch mit Blick auf den See und versuchte, eine Flut von Blättern, Schmierzetteln und Dateien zu ordnen. Wo sollte ich mit meinem Fazit anfangen? Am besten bei uns allen – genauer gesagt, bei der Geschichte unserer Generation, wie ich sie empfand.

Wir, die Nachkriegsgeneration, sind immer Aktivisten gewesen. Ich bin 1947 geboren und gehöre zur Woodstock-Generation. Für uns Jugendliche in den sechziger Jahren waren es die Beatles, die Stones, Hendrix, Joan Baez und die Doors, die unser Lebensgefühl prägten. Der Vietnamkrieg schockte uns, die Anti-Kriegsdemonstrationen gaben uns ein gemeinsames Ziel, mein Heimatland Kanada wurde zur Zuflucht Zehntausender junger Amerikaner, die beschlossen hatten, sich nicht in diesen grauenhaften Krieg schicken zu lassen.

1968 änderte sich die Welt auch in Deutschland. Die Studenten stellten die alten, verkrusteten Strukturen infrage und wehrten sich: »Unter den Talaren der Muff von tausend Jahren!«

Zu dieser aufregenden Zeit kam ich nach Deutschland. Ich erlebte die großen politischen Kundgebungen und Friedensmärsche, die uns in einem Gefühl der Solidarität zusammenschweißten. Im Bonner Hofgarten demonstrierten zu Reagans kalten Kriegszeiten 300 000 Menschen friedlich gegen Atomwaffen – so viele, wie ganz Bonn Einwohner hat!

1980 wurden die Grünen gegründet – und wir entdeckten ganz langsam das neue Bewusstsein für unsere unmittelbare Umwelt. Das führte in den Achtzigern unweigerlich zu der völlig neuen Einsicht: Wir sind *eine* Welt und haben eine globale Verantwortung! »*We are the world, we are the children.*«

Wir hatten immer das Gefühl, wir müssten nur auf die Straße gehen, um die Welt verändern zu können. Und heute stehen wir schon wieder am Anfang einer Revolution – einer gesellschaftlichen Umwälzung. Mit einem geradezu jugendlichen Drang fangen wir jungen Alten an, unsere Welt und die Gesellschaft, in der wir leben, neu zu gestalten. Ich habe das Gefühl, wir sind Pioniere und dringen – wie Captain Kirk und Spock, unsere Helden aus den späten Sechzigern – »in Galaxien vor, die nie ein Mensch zuvor gesehen hat«.

Wir stehen nicht am Ende eines ausgetretenen Pfades,

sondern am Anfang einer neuen Straße! Es liegt jetzt an uns, diese Straße zu erschließen, zu bebauen, mit Beleuchtung und Hinweisschildern zu versehen und links und rechts wunderschöne Wälder anzulegen. Unsere Werkzeuge sind die Kompetenzen und Qualitäten, die wir uns ein Leben lang erworben haben. Menschenkenntnis, Lebenserfahrung, emotionale Stabilität, Gelassenheit, Toleranz und Weitsicht.

Um diesen neuen Weg kraftvoll und kreativ gehen zu können, müssen wir darauf achten, geistig und körperlich fit zu bleiben. Nach einem Jahr intensiver Forschung am eigenen Leib habe ich eine Art »Start-up-Kit« entwickelt, das dabei helfen soll, sich bis zum Schluss ein Höchstmaß an Lebensqualität bewahren zu können.

Früher hieß es immer: »Nach fünfzig geht alles bergab.« Das ist Quatsch mit Soße. Laut allen Experten, Forschern, Wissenschaftlern und Medizinern, die ich befragt habe, spricht nichts gegen ein aktives Leben bis hundert und drüber. Doch es ist notwendig, an sich selbst zu arbeiten, um ein langes, gesundes und kraftvolles Leben leben zu können.

Die nächsten Wochen verbrachte ich also damit, meine ganz persönlichen Ansichten, Erfahrungen und Tipps in eine Form zu bringen, die Sie, liebe Leser, bei dieser Reise unterstützen soll. Dabei herausgekommen ist mein persönliches, tägliches Training. Ich nenne es »Das Trainingsprogramm der 5 L«.

Seid ihr bereit, Freunde? Los geht's!

33. Kapitel

Das erste L: Laufen

Es hat ganz schön gedauert, aber mittlerweile habe ich es begriffen. Der moderne Jungbrunnen heißt ohne Zweifel Bewegung! In uns allen steckt nach wie vor ein Höhlenmensch – ich Jäger, du Sammler. Wobei die meisten Frauen (meine vorneweg) wohl beides sind. Wie sonst soll man sich das Wort »Schnäppchenjägerin« erklären? Wichtig ist dabei allerdings, das mit dem Jagen wörtlich zu nehmen. Online-Shopping gilt nicht! Dem Bus hinterherzurennen, weil man mal wieder zu spät dran war, ist dagegen super!

Im Ernst: Erst wenn wir ausreichend körperlich aktiv sind, funktioniert unser gesamter Organismus, wie er sollte. Wenn wir allerdings zu wenig oder gar nichts tun, schickt das ein ganz klares Signal an unsere Zellen: »Hey Leute, hier gibt es nichts zu tun, wir können abbauen!« Dann fängt das langsame Siechtum an. Der Körper kennt keinen Stillstand. Es gibt nur zwei Optionen – Aufbau oder Zerfall.

Deshalb steht mein erstes L für LAUFEN. Wobei ich das natürlich nicht wortwörtlich meine. Sie müssen sich jetzt nicht jeden Morgen die Joggingschuhe anziehen und zeitgleich mit allen Ü-Sechzigern auf die Straße rennen. Das wäre eine ungenehmigte Senioren-Demo. Und ich krieg den Ärger, wenn der Berufsverkehr zusammenbricht.

Nein, Laufen steht in meinem persönlichen Programm für Bewegung im Allgemeinen, und da ist alles erlaubt, was den Kreislauf in Wallung bringt und den Schweiß raustreibt. Ob meine Frau mit den Möpsen übers Feld pest oder stun-

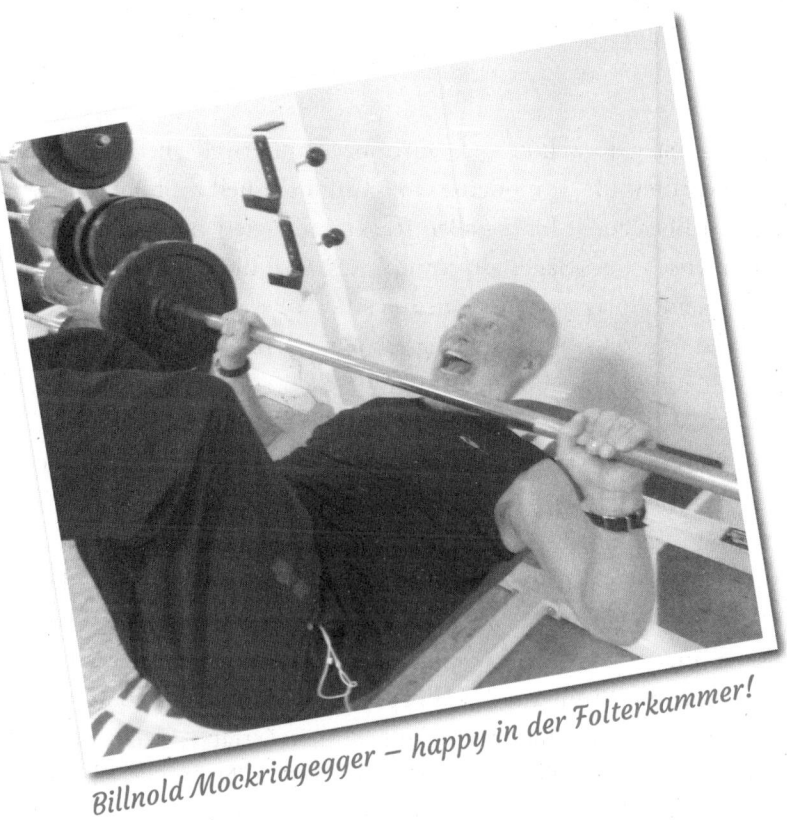

Billnold Mockridgegger – happy in der Folterkammer!

denlang den Einkaufswagen durch den Supermarkt karrt, ganz egal, Hauptsache Bewegung. Es kann natürlich auch Radeln, Schwimmen, Wandern, Skilaufen, Tennisspielen,

Gartenarbeit oder Tanzen sein. Ich habe sehr viele Paare erlebt, die durch Tanzen fit geworden sind und durch einen gemeinsamen Tanzkurs einen neuen (Hüft-)Schwung in die Ehe gebracht haben.

Oder Gartenarbeit! Einen Garten neu anzulegen und täglich zu pflegen, kann eine hoch kreative und auch schweißtreibende Aktivität sein. Und manchmal auch bitter nötig. Unser Garten ist jahrzehntelang Kettcar-Rennbahn, Budenbaustelle, Versteckspielplatz und schließlich In-den-Büschen-Knutschstelle und Grillpartymeile gewesen. Die Strapazen sieht man ihm an – er kann langsam echt ein bisschen ästhetische Überarbeitung gebrauchen …

Es gibt viele Möglichkeiten, den Körper regelmäßig in Bewegung zu halten. Egal, wofür Sie sich entscheiden: Optimal sind 45 Minuten am Tag, sechs Tage die Woche.

Weil ich persönlich mit dem Fitnessstudio am besten klarkomme, was meine Zeitplanung und meine Selbstdisziplin angeht, kommt jetzt mein ganz persönliches Jungbrunnen-Programm – zum Nachmachen, Variieren oder Ignorieren (wenn Sie ganz andere Ideen haben, dann los!).

BILLS PROGRAMM
Ich achte darauf, dass ich sechsmal in der Woche 45 Minuten Cardiotraining mache. Da ist alles erlaubt: Crosstrainer, Laufband, Radfahren oder Rudermaschine. Alles, was meine Herzfrequenz stabil bei 100 hält, erfüllt die Aufgabe. Dabei variiere ich mein Tagesprogramm nach Lust und Laune, damit es nicht langweilig wird.

Einer meiner Ratschläge im Alter heißt: »Break the routine!« Im Deutschen sagt man: »Öfter mal was anderes.«

Aber mir gefällt das Aufmüpfige in der englischen Aufforderung »Mach die Routine kaputt!« besser. Denselben Vorgang immer zu wiederholen ist öde und bewirkt oft das Gegenteil.

Krafttraining mache ich zusätzlich zweimal in der Woche. Einmal dreißig Minuten Oberkörper und einmal dreißig Minuten Beine. Anschließend gehe ich zweimal in der Woche fünfzehn Minuten in die Sauna. Das sind insgesamt sechs Stunden.

Wenn man wie ich vorhat, happy und fit mit hundert zu sein, muss man täglich etwas dafür tun. Die Woche hat 168 Stunden, und ich verbringe sechs davon im Fitnessstudio. Das ist echt nicht viel – macht aber tierisch Spaß!

Vorher hab ich mich allerdings gründlich von Dr. Peters durchchecken lassen. Das sollten Sie auch tun! Ihr Arzt sollte wissen, was Sie vorhaben und ob es Bewegungen gibt, die Sie vielleicht besser bleiben lassen. Im Studio ist ein Probetraining wichtig, damit man nicht buchstäblich auf die Nase fällt wie ich damals bei Mehmet, dem Androiden.

Wenn Sie sich in dem Studio Ihrer Wahl gut aufgehoben fühlen, lassen Sie sich zu Anfang am besten von einem persönlichen Trainer in die verschiedenen Trainingsmethoden einweisen. Sie werden dann einen Plan für die ersten drei Monate bekommen, der genau auf Ihre Kondition, Ihre Bedürfnisse und Trainingsziele abgestimmt ist, und dann geht es schon los.

Aber langsam, bitte. Sie sind inzwischen vielleicht fünfzig oder sechzig oder wie ich 67 Jahre alt, und das oberste Gebot heißt Geduld. Nicht meine beste Eigenschaft, aber ich habe mir immer gesagt, bis hundert ist noch Zeit, also »pace yourself« – mach halblang, Alter! Es ist ganz wichtig, am Anfang nichts zu überstürzen. Weniger ist mehr. Wenn Sie wie ich jahrelang keinen Sport gemacht haben, heißt es ganz langsam anfangen und vorsichtig steigern.

Wenn Sie dann nach drei Monaten eine Zwischenbilanz ziehen, werden Sie schon Fortschritte feststellen. Und versprochen – mit dem Muskelkater ist es dann auch vorbei!

Richtig Spaß machen übrigens die Kurse, die fast jedes Studio zusätzlich anbietet. Kennen Sie Zumba? Das ist eine total schweißtreibende Mischung aus Aerobic und lateinamerikanischem Tanz. Zu richtig toller Salsa- und Merenguemusik legt man los und ist danach groggy, aber super gut drauf! Zumba ist sehr lustig – besonders für meine Mittänzer. Mein sexy Hüftschwung ist immer für einen Lacher gut. Ist mir aber wurscht, weil es richtig gute Laune macht!

Pilates und Yoga sind bei uns sehr beliebt, aber auch Hanteltraining, Spinning, Rückengymnastik und Steptraining werden gerne besucht.

Mein Rat: Holen Sie sich aus dem Freundeskreis oder der Nachbarschaft eine Partnerin oder einen Partner (wenn es der eigene ist, umso besser!), suchen Sie ein Studio in der Nähe, melden Sie sich zum Probetraining an und versuchen Sie es mal. Sie werden überrascht sein, wie viel Spaß es macht und wie gut es tut.

Und wenn man mal keine Lust hat, kann man sich gegenseitig motivieren. Ohne Power-Paul hätte ich wahrscheinlich zwischendurch schlapp gemacht, aber er hat mir immer wieder Mut gemacht und mir geholfen, die ersten drei Monate durchzuhalten. Es braucht immer etwas Zeit, bis eine Sache zur Routine wird. Ich bin überzeugt davon, dass es beim Fitnesstraining drei Monate dauert, bis es zur Selbstverständlichkeit wird.

Am Anfang tut natürlich vieles, in meinem Fall alles weh, und man sucht verzweifelt nach Ausreden, warum man gerade heute nicht gehen muss.

Ganz ehrlich – ab und zu hat mich »Oblomov« (mein oller innerer Schweinehund) natürlich auch mal drangekriegt. »Hey, Alter … du hast doch gestern lang gearbeitet. Da kannste jetzt mal wirklich auf dem Sofa bleiben und Zeitung lesen. Wow, da liegen Schokokekse! Hau rein, die haben wir uns verdient!«

Kann passieren. Aber jedes Mal, wenn der Kerl mich überreden konnte, das Training zu schwänzen, hatte ich nachher ein schlechtes Gefühl. Bis ich irgendwann auf den Trichter kam, ihn mit Psychologie zu überlisten – und zwar durch die Verbildlichung der Aktivität. Da ist nur ein bisschen Fantasie gefragt.

Ich stelle mir vor, ich stehe schon auf dem Laufband, mit Blick nach draußen, und spüre, wie meine Energie steigt und das Adrenalin durch meinen Körper schießt. Oder ich höre im Geiste meinen Grauschopfengel sagen: »Holzfäller, heut siehst du aber lecker aus!« Oder meinen Lieblingskameramann Manfred: »Bill, du kommst viel besser in der Kamera rüber, seitdem du abgenommen hast!« Zack, bin ich auf dem Weg. Ein bisschen Eitelkeit wirkt Wunder gegen Faulheit!

Wenn sich also Ihr innerer Schweinehund meldet, stellen Sie sich vor, jede Bewegungseinheit macht Sie schlanker, fitter, gesünder und glücklicher, während jede Sekunde länger auf dem Sofa Sie dicker, träger, schlapper und langweiliger macht. Erinnern Sie sich an die Glückshormone, die man jedes Mal nach dem Sport im Körper spürt. Allein deswegen lohnt es sich, aufzustehen und hinzugehen.

Und machen Sie sich grundsätzlich nicht so viele Gedanken. In der Zeit, in der Sie sich Gedanken machen, könnten Sie schon längst mit dem Training fertig sein und an der Theke mit Freunden eine kalte Schorle trinken. Ich mache das inzwischen so. In dem Moment, in dem Oblomov sich meldet, bin ich schon durch die Tür. Es gibt keine Diskussionen mehr mit dem Kerl. Mein neuer Job ist es, mich körperlich fit zu halten! Also gehe ich jeden Tag hin und mache meine Arbeit. Ich bin ein Höhlenmensch – und ich laufe um mein Leben!

34. Kapitel

Das zweite L: Laben

Ich hab's Ihnen ja schon mal erzählt: Ich bin damals nach Deutschland gekommen, weil ich Schnitzel, Bratkartoffeln, Bier und Strudel liebte – und zwar in jeder beliebigen Reihenfolge.

Nach 47 Jahren stelle ich fest, dass ich mich nun endlich daran satt gegessen habe. Es ist wie bei vielem im Leben, alles hat seine Zeit. Es gibt eben auch eine Zeit für Völlerei und eine Zeit für Mäßigung.

Ich glaube, wir Menschen können bis zum Alter von vierzig Jahren ohne Probleme relativ viel essen und fühlen uns gut dabei. Bei mir war das jedenfalls so. Mit vierzig beginnt der Stoffwechsel sich aber zu verlangsamen. Der Körper setzt viel leichter Kilos an und braucht deutlich mehr Bewegung, um sie wieder loszuwerden.

Ich weiß, wovon ich rede. Mit Mitte vierzig hatte ich schon vier Kinder, drei Berufe und wenig Zeit, auf meine Figur zu achten. Ich war der Koch der Familie, und das war eine Aufgabe, die ich mit großer Freude jeden Tag erledigte. Doch beim »Erledigen« musste ich natürlich immer sehr viel vorkosten, beim Essen als Vorbild der Familie meinen Teller schön brav leer essen und dann abschließend aufopferungsvoll die Reste wegputzen, die die Kinder nicht geschafft haben. Als kanadischer Scheunendrescher war ich auf jeder Party sehr beliebt, weil ich das Buffet so schön sauber hinterlassen habe. Meine Freunde brauchten nicht mal die Teller zu spülen!

Dass man dabei nicht schlank bleiben kann, ist mir erst später aufgefallen. Ich kam auch oft nachts spät vom Dreh in der Lindenstraße oder von einer Veranstaltung im Theater nach Hause. Ich ließ den Tag zusammen mit Margie Revue passieren, und dabei war schnell eine Flasche Rotwein weg. Und on top ein doppelter Jägermeister »für die Verdauung«.

Bei null Sport, wenig Schlaf und viel Stress war ich sehr schnell von 80 auf 99 Kilo Leibesfülle angewachsen. Ich fühlte mich wie Obelix – nur dass ich nicht in den Zaubertrank gefallen, sondern in die Kalorienfalle geraten war. Ich versuchte es also mit verschiedenen Diäten. Davon gab es reichlich, und ich hatte auch richtig Erfolg. Nach zwei Wochen Kohlsuppe oder Hollywood-Steakdiät waren meist fünf Kilo weg. Ich war dann immer so stolz auf mich und habe vor lauter Freude über meine schlanke Figur gleich wieder reingehauen. Eine Woche später waren alle fünf Kilo wieder da. Und die waren so froh, wieder zu Hause zu sein, dass sie noch mal fünf Kilo mitbrachten!

Fakt ist – ich war nach jeder Diät dicker als davor. Den berühmten Jojo-Effekt gibt es wirklich. Und Helmut Kohl hat ihn nicht erfunden.

Irgendwann, nach der zehnten erfolglosen Diät, habe ich völlig frustriert aufgegeben und meine Kilos einfach als »stattliche Figur« bezeichnet. »Ein Holzfäller muss gewichtig sein!«, habe ich immer gesagt, »und der Grauschopfengel braucht was zum Anfassen!« So kann man es auch nennen.

Dr. Peters hatte recht, als er bei meinen 99 Kilo sagte: »Herr Mockridge, die Ampel steht auf Rot. Wenn Sie erst mal im dreistelligen Bereich sind, wird es brenzlig!«

Er hat mir einen ordentlichen Schrecken eingejagt, und mir wurde damals klar: Ich muss was ändern. Ich bin allerdings nicht auf Diät gegangen, sondern habe gelernt, auf Qualität zu achten und nicht auf Quantität, ich habe alle Essensportionen halbiert und sie dann ganz langsam und genüsslich zu mir genommen. Der Trick hat einen Namen: FDH-DSL. Friss die Hälfte – doppelt so langsam. Dr. Peters hatte recht. Wenn man bewusster isst und langsam kaut, hat man tatsächlich nach einer Viertelstunde keinen Hunger mehr.

Als junger Mann war ich einfach dauernd fit und musste nichts dafür tun. Jetzt merke ich, dass ich nicht mehr auf Vorrat fit bin, sondern mir meinen fitten Körper und Geist jeden Tag neu erarbeiten muss. Das heißt aber auch, meine Essensgewohnheiten konsequent umzustellen und einiges komplett vom Speiseplan zu streichen.

Fangen wir mit etwas Leichtem an. Junkfood. Das ist nicht schwer, denn allein der Begriff »Junk« sagt alles und müsste einen schon völlig abtörnen. Junk bedeutet Schrott, Müll, ungesundes Essen! Abgesehen vom Nährwert (gegen null) knallen Sie sich bei jedem Besuch eines Fast-Food-Ladens eine solche Menge an Kalorien in den Körper, dass Sie automatisch zunehmen.

Ein kleines Rechenbeispiel: Nehmen wir meinen Freund Norbert (Sie wissen ja, er liebt Schlager und verkleidet sich gern als Cindy). Er ist gerade siebzig geworden, 1,80 Meter groß und wiegt um die achtzig Kilo. Mit Sport hat er nicht viel am Hut, geht aber gern mit seiner Enkelin Stella ins Kino. Norbert braucht am Tag um die 1900 Kalorien, um seinen Bedarf zu decken und weder zu- noch abzunehmen.

Norbert geht also mit der Enkelin ins Kino und nachher zu »Mäckes«. Die Speisenfolge: Eine große Cola, ein Big Mac, große Pommes mit Mayo und zum Nachtisch einen leckeren Schoko-Milkshake. Das klingt vielleicht erst mal viel – aber Norbert hat nach drei Stunden garantiert wieder Hunger. Wollen Sie spaßeshalber mal wissen, wie viel Kalorien er sich in den zehn Minuten reingepfiffen hat?

Cola:	210 kcal
Big Mac:	509 kcal
Pommes:	448 kcal
Mayo:	140 kcal
Milkshake:	329 kcal
Macht zusammen: 1636 kcal	

In zehn Minuten. Norbert hat also noch gut 250 Kalorien für den Rest des Tages übrig, wenn er nicht zunehmen will. Ups – er hat sich im Kino aber schon eine kleine Tüte Popcorn gegönnt. Noch mal 400 Kalorien. Norbert ist schon über seinem Tagesbedarf – und Frühstück und Mittagessen mit seiner Frau haben wir noch nicht mal mit eingerechnet.

Übel, oder? Und wenn Sie jetzt denken: »Er hätte ja auch einen Salat essen können«, stimmt das auch nur theoretisch. Inzwischen bieten die Junkfood-Ketten zwar leckere »gesunde Salate« an. Aber erstens ist in so einem Salat aus Treibhaustomaten, Eisberg und ein paar Gurken so gut wie nix

Gesundes drin, und zweitens ist das der altbekannte Hänsel-und-Gretel-Trick: Wenn man erst mal angelockt wurde und bei Mäckes vor der Theke steht, riecht man nämlich doch die Pommes und schlägt zu! Machen Sie also am besten einen weiten Bogen um Junkfood. Glauben Sie mir, Sie werden das Zeug nicht vermissen.

Wenn ich essen gehe, dann am liebsten in Lokale, von denen ich weiß, dass mit frischen Zutaten gekocht wird. Ich spreche auch schon mal den Kellner an und frage ihn aus – ein- oder zweimal war ich sogar in der Küche und konnte mit dem Chef reden. Die meisten Köche sind eitel und freuen sich, wenn sie Auskunft geben können. Wenn Sie gegessen haben, dann sparen Sie nicht mit Feedback. Und wenn Sie mit einer Küche wirklich glücklich und zufrieden sind, dann bleiben Sie dabei. Essen ist wie Medizin, und man muss tierisch darauf achten, was man zu sich nimmt.

Genau so ist es, wenn Sie Lebensmittel kaufen. Ich habe zwei Regeln, die für mich funktionieren. Erstens gehe ich nie einkaufen, wenn ich Hunger habe, und zweitens immer nur mit Einkaufsliste. Ich weiß genau, dass ich bei unserem genialen Obst- und Gemüsehändler Max erstklassiges Obst und Gemüse bekomme und auch immer eine langstielige Rose für meine Frau, und deswegen gehe ich gerne dahin.

Genau so halte ich es mit der Metzgerei bei uns im Dorf. Als alter Holzfäller brauche ich schon ab und zu mal etwas Fleisch, aber es ist bedeutend seltener und auch sehr viel weniger geworden. Ich weiß, dass mein Metzger alles mit Sorgfalt selbst produziert und dass sein Fleisch von erstklassigen Händlern stammt, mit denen er seit Jahren zusammenarbeitet.

Wenn ich zum Supermarkt gehe, verzichte ich möglichst auf Fertigprodukte. Auch bei Weißbrot, Nudeln, Kartoffeln und anderen »leeren Kohlehydraten« bin ich total sparsam geworden. Dafür gibt's bei uns jetzt viel frisches Gemüse, Obst, Vollkornbrot, Vollkornpasta (Pasta muss schon sein!), Naturreis, Linsen, Bohnen, Fisch, Nüsse und Pilze. Da kann man super leckere Sachen draus zaubern, die man bewusst und langsam genießen sollte. Ich bin nämlich inzwischen fest davon überzeugt, dass viel und schnell Essen hungrig macht. Je mehr man isst, umso mehr will und kann man essen, und je mehr man trinkt, umso durstiger wird man.

So, und jetzt heißt es Karten auf den Tisch. Denn jetzt kommt das Thema Alkohol. Freunde, ich will euch nichts vormachen. Ich habe in den letzten 56 Jahren (ja, ich habe tatsächlich mit zwölf angefangen) sehr viel Alkohol getrunken.

Ich habe immer ein wenig zur Triebhaftigkeit geneigt, und das macht das Leben weiß Gott nicht einfacher. Mein Problem beim Trinken war, dass ich nie ein Ende gefunden habe. Ich konnte immer schon Unmengen vertragen und sah auch deswegen keinen Grund, nach dem dritten Glas aufzuhören. Ich habe jeden Abend nach dem Dreh oder nach einer Veranstaltung im Theater etwas getrunken und die Konsequenzen natürlich auch deutlich gespürt. Ich nahm innerhalb weniger Jahre zwanzig Kilo zu, hatte keine Kondition mehr und war geistig extrem träge geworden. Das nennt man wohl den Chianti-IQ. Ich kam mir ein bisschen vor wie in einem Looping und dachte, ich komme nie wieder raus. Prost Mahlzeit, Bill!

Nachdem ich meine Wette mit mir selbst abgeschlossen

hatte, stellte sich auch die Frage nach dem Alkohol. Genau so weitermachen oder wie beim Essen um die Hälfte reduzieren? Oder, wie Power-Paul vorschlug, ganz darauf verzichten? Ich kam zu dem Entschluss, dass es für mich leichter sein würde, konsequent damit aufzuhören, statt mich jeden Abend zu mäßigen. Ich war nie gut beim Thema Mäßigung. Also wurde jegliche Art von Alkohol gestrichen. Ich hörte von heute auf morgen auf und war erstaunt, wie einfach das war.

Ich wurde auch sofort belohnt. Meine Kondition im Fitnesscenter verbesserte sich, ich nahm innerhalb von sechs Wochen zusätzlich drei Kilo ab und wurde auch im Kopf klarer. Mir ging es nicht schlechter, sondern besser! Nach vier Monaten Abstinenz kam Weihnachten mit der ganzen Familie, und ich habe aus Solidarität wieder ein Glas Rotwein mit Margie und den Jungs getrunken und war – zufrieden. Ich konnte es selber kaum glauben. Es war wie mit dem Essen. Ich trank mein Glas langsam und genüsslich aus und war satt.

Inzwischen habe ich das Alkoholverbot aufgehoben und trinke zwar selten, aber dafür bewusst und mit Genuss. Für mich ist das eine stimmige Lösung.

Unter dem Strich habe ich für mich entschieden: Das Leben ist nicht schön, weil es Alkohol gibt, sondern es gibt immer wieder Momente im Leben, die durch ein gutes Glas Wein noch schöner werden. Und wenn es doch ein längerer Abend wird, bestell ich auch mal 'ne Weinschorle. Immerhin gibt es da einen sehr prominenten Vorreiter – den alten Goethe:

Das Wasser allein macht stumm,
das beweisen im Wasser die Fische.
Der Wein allein macht dumm,
das beweisen die Herren am Tische.
Daher, um keines von beiden zu sein,
trink ich Wasser, vermischt mit Wein.

Wohl bekomm's!

35. Kapitel

Das dritte L: Lieben

Das erste Vorgefühl von Ewigem:
Zeit haben zur Liebe!

Das muss man erst mal können – so viel Wahrheit und Poesie in zwei Zeilen packen. Weil ich kein Rainer Maria Rilke bin, sondern Ihr alter Bill Mockridge, brauche ich ein paar Seiten mehr dazu – aber die Liebe in all ihren Spielarten ist so wichtig in meinem Leben, dass ich gern ein bisschen ausführlicher darüber sprechen möchte.

Romantische Liebe, körperliche Liebe, Freundesliebe, Geschwisterliebe und natürlich die Liebe zwischen Eltern und Kindern – das sind für mich Grundpfeiler des Lebens, und ich möchte keinen davon missen. Irgendeine Form von Liebe braucht jeder von uns. Sie ist das wichtigste Lebenselixier und eine meiner Quellen für den Jungbrunnen!

Und auch wenn nicht jeder die Möglichkeit hat, alle diese Arten von Liebe zu erfahren – nehmen Sie das, was Sie kriegen können!

Die körperliche Liebe
Ein Freund von mir, bekannt durchs Fernsehen, ist Mitte sechzig und noch sehr attraktiv. Am Set hatte er eine junge

Schauspielerin kennengelernt, die sehr mit ihm flirtete und ihn zu sich nach Hause einlud. Mein Freund hatte den ganzen Tag gedreht und war eigentlich todmüde. Aber hey – Sex ist Sex, also ging er mit zu ihr.

Sie wohnte in einem schicken Loft. Ein traumhafter Blick über ganz Berlin, Musik, Kerzen, eine eiskalte Flasche Champagner … und mitten im Raum ein Hochbett! »So ein Mist!«, dachte er. »Meine Arthritis!«

Die junge Frau war ruckzuck oben und ließ die Hüllen fallen. Mein Freund kämpfte sich tapfer die Leiter rauf und schenkte ihr unter Schmerzen sein berühmtes Verführerlächeln. Die Frau sah ihn kurz an, verschwand im Bad und kam mit einer Tube Schmerzgel zurück. Sie versorgte seine Knie und kuschelte sich an ihn. Kein Sex … und mein Freund schwärmt heute noch von einer der schönsten, gefühlvollsten Nächte seines Lebens.

Die Zeiten ändern sich! Es gibt Abende, da willst du unbedingt ins Bett – und dann nur SCHLAFEN! Nicht, dass Sie mich falsch verstehen. Die Leidenschaft geht nicht weg. Das hatte mir Ann-Marlene auf unserer gemeinsamen Zugfahrt immer wieder bestätigt. Meine Freunde im Altenheim erzählen mir oft die unglaublichsten Geschichten. In den Goldenen Zeiten scheint auch eine Menge los zu sein (wenn ich an die spät erblühte Helene denke, an die freche Uschi und den tapferen Jupp, bin ich stolz auf die aktiven Goldtimer)!

Der Sex im Alter ist nicht weniger intensiv. Vielleicht nicht mehr ganz so wild. Es werden keine Duschkabinen mehr kaputt gemacht oder Flugzeugtoiletten zertrümmert, aber die Gefühle lassen nicht nach. Im Gegenteil! Mit zunehmendem Alter ist das Erlebnis der Zweisamkeit oft sehr viel tiefer und überwältigender als früher. Also keine Angst. Ich behaupte sogar, dass der Sex im Alter deutlich besser ist als in der Jugend. Er findet nur einfach seltener statt. Und wenn das intensive Verlangen nach wildem Sex sich nicht meldet, machen Sie sich keine Sorgen, es gibt dafür etwas anderes.

Ich möchte hier an dieser Stelle an die alte Kunst des Kuschelns erinnern. Wir sind Herdentiere, und die Notwendigkeit, sich aneinanderzudrücken, sich warm zu halten und sich zu spüren, ist ein Urinstinkt, der nie aufhört und uns das Gefühl der Intimität und Geborgenheit vermittelt. Erinnern Sie sich an das »Fingerspitzengefühl der Liebe«, das die Fotografin Almut Adler beschrieb? Unsere Haut ist unendlich dankbar für jede zärtliche Berührung.

Das brauchen wir, und zwar jeden Tag. Sich umarmen, sich küssen, sich riechen, sich anschauen und sich gegenseitig streicheln. Früher war das das Vorspiel. Heute kann das Vorspiel sich oft zum Hauptakt entwickeln, und das ist auch schön so! Wie gesagt, wir sind Herdentiere und brauchen die menschliche Wärme.

Früher musste man zwischen Kindern, Beruf, Kochen, Einkaufen und Wäsche waschen die Momente der Zweisamkeit suchen und schnell ausnutzen. Oder sogar schon verabreden, »Pass auf, mein Engel, der Kleine schläft von drei bis vier, die Großen sind beim Fußballtraining, und die Oma geht heute um halb vier einkaufen. Also, wir treffen uns pünktlich um halb vier im Schlafzimmer!«

Und wissen Sie was? Das hatte auch mal was für sich. Sex auf Termin kann auch spannend sein. Den ganzen Tag denkt man schon dran, malt sich alles aus, freut sich tierisch, und alle Sinne sind auf 15:30 Uhr gerichtet.

Das ist wie in diesem Witz über das Sex-Seminar. Die Teilnehmer werden gefragt, wie oft sie Sex haben. Die meisten antworten mit Zahlen zwischen zwei- bis sechsmal im Monat. Einer springt auf und ruft freudig: »Einmal im Jahr!« Der Therapeut fragt ihn, warum er trotzdem so außerordentlich glücklich ist, und der Mann antwortet: »Heute Nacht ist es endlich wieder so weit!«

Ich würde nie behaupten, dass man im Alter regelmäßigen Sex haben muss, um glücklich zu sein. Wenn Sie mich aber persönlich fragen, dann sage ich, dass ein ausgefülltes Sexleben die Lebensqualität erheblich steigert.

Warum aber sind viele Menschen im Alter weniger sexuell aktiv – oder gar nicht mehr? Liebe fängt bei einem selbst an, und wir unterschätzen oft, wie stark und nachhaltig uns unser Selbstbild beeinflussen kann. Sehe ich im Spiegel einen schönen, schlanken und fitten Menschen, wachsen spontan mein Respekt und meine Achtung vor mir selbst. In dem Punkt haben die Brasilianer nicht ganz unrecht. Das Spiegelbild kann unsere Psyche ganz positiv (oder negativ) beeinflussen.

Viele Menschen lassen sich im Alter gehen. Da sind wir Männer besonders in Gefahr. Bierbäuche, unfrisierte Haare, eine schlechte Haltung, mangelnde Hygiene und Klamotten aus dem vorigen Jahrhundert tragen nicht gerade dazu bei, uns für das andere Geschlecht anziehend zu machen! Viele Männer kriegen das leider nicht mit. Die haben ein unerschütterliches Selbstbewusstsein. Sie glauben, sie sind noch immer unwiderstehlich. Ich kenne ungekämmte, dickbäuchige fünfzigjährige Männer, die eine attraktive gleichaltrige Frau ablehnen, weil sie für sie viel zu alt sei!

Jungs, lasst euch sagen: Die Zeiten sind schon lange vorbei. Die Mädels haben eine große Auswahl an Klassetypen und sind überhaupt nicht auf euch angewiesen. Wir Männer müssen ab fünfzig anfangen, auf ein gepflegtes Äußeres zu achten, wenn wir das andere Geschlecht beeindrucken wollen.

Auch die Mode sollte im Alter eine wichtige Rolle spielen. Wenn man im Alter noch anziehend sein will, muss man darauf achten, was man anzieht. Wir 50-plus-Männer sind nicht gerade mit der Mode groß geworden. Es gab in unserer Jugend keine Zeitschriften mit männlichen Models auf der Titelseite. Heute ist das Gott sei Dank anders. Man kann zwischen elegant, locker, sexy, sportlich, bewusst schlampig, rugged, männlich, topaktuell und klassisch unterscheiden.

Wie findet man aber seinen Stil? Indem man sich fragt, wer bist du, was machst du und was willst du verkörpern! Fragen Sie mal Ihre Partnerin, Ihre Kinder und Enkel, oft gibt es da verblüffende Auskünfte. »Dad, wenn du dich altmodisch anziehst, siehst du so alt aus!« O-Ton Liam.

Es ist einfach wichtig, im Alter verstärkt auf sein Äußeres zu achten. Ich sehe es Abend für Abend im Theater bei meinem Publikum. Ein gut gekleideter, sportlicher Herr Mitte sechzig ist immer ein Hingucker. Und damit meine ich nicht nur den auf der Bühne! Bei den Frauen ist es nicht anders. Ich sage immer: »Mädels, zeigt doch, was ihr habt!«

Wenn Sie als Frau unsicher sind, was Ihren Stil angeht, muss ich Sie allerdings an eine Fachfrau überweisen. Die Journalistin Elke Krüsmann, die für die *Elle* schreibt, hat ein Buch mit dem wunderbaren Titel *Endlich Lady! – Älter werden muss nicht beige sein* herausgebracht. Es geht darin nicht um oberflächliche Modetipps, sondern um den selbstbewussten Umgang der Frau ab fünfzig mit ihrem Alter. Stilsicherheit ist, die eigene Ausstrahlung durch die richtige Kleidung zu betonen. Und das kann man lernen, verspricht Frau Krüsmann: »Es kommt darauf an, eine Haltung zu entwickeln, mit der man sich graziös durch die mittleren (und höheren) Jahre bewegt.«

Wussten Sie, was das Wort »Eleganz« ursprünglich bedeutet? Es kommt vom lateinischen »eligere« und bedeutet auslesen, auswählen, mit Sinn und Verstand wahrnehmen, erkennen, einsehen. Um noch mal Frau Krüsmann zu zitieren:

»Ein eleganter Mensch versteht, dass die Entwürfe, die die Designer auf den Laufstegen zeigen, für Frauen gemacht sind, die mindestens 1,80 Meter groß sind und niemals Hunger haben. Das trifft auf die Wenigsten zu. Kümmern Sie sich also nicht um die Laufstegidole, sondern um die Vorzüge, die Ihr Körper zu bieten hat!«

Ich finde, das kann man nicht besser sagen. Jede Frau und jeder Mann ist letzten Endes für sein eigenes gutes Aussehen verantwortlich. Aber natürlich halten wir uns immer gern an Vorbilder. Und die sind mittlerweile in den Medien – anders als in Brasilien – nicht mehr nur jung, gesichtsoperiert und rappeldürr. Denken Sie nur an die wunderbaren, runden und schönen Models der »Dove«-Werbung.

Inzwischen gibt es aber auch verstärkt reife Models in der Print- und TV-Werbung, die sich durchaus sehen lassen können. Die 74-jährige Christa Höhs, die selbst als Seniormodel gearbeitet hat und immer noch sensationell aussieht, betreibt seit Jahren erfolgreich eine Agentur für ältere Models – Frauen und Männer. Ich habe sie in Berlin bei der Verleihung des Alterspreises der Bosch-Stifung kennengelernt und war sehr beeindruckt. Sie hat kürzlich ein Buch geschrieben: *Wenn ich alt bin, werde ich Model. Warum wir uns nicht kleinmachen sollten.* Das ist genau das, was ich meine.

In letzter Zeit handeln viele Filme von der Liebe in der dritten Lebensphase. Auch das Thema »Alterssex« wird inzwischen frei und offen behandelt. Vorneweg natürlich in dem tollen deutschen Film *Wolke 9*. Ich persönlich werde die großartige Szene im Kino in *Wie beim ersten Mal* nie vergessen. Meryl Streep und Tommy Lee Jones spielen ein Ehepaar, das nach 39 Jahren Ehe die Lust aneinander verloren hat. Sie besuchen einen Eheberater und tun alles, um die Ehe zu retten. Es gibt dann zum Schluss eine Szene im Kino, wo die 64-jährige Meryl Streep versucht, den 69-jährigen Tommy Lee Jones oral zu befriedigen, um ein bisschen Schwung in ihre Beziehung zu bringen. Eine so wunderbare, witzige, herzzerreißende Szene habe ich selten im Kino erlebt. Ich guckte damals lächelnd zu Margie rüber, die im Kino neben mir saß. Sie schaute zurück und sagte trocken: »Holzfäller – vergiss es!«

Früher, mit dreißig, hätte ich es nicht für möglich gehalten, dass eine 65-jährige Frau attraktiv sein könnte. Heute weiß ich es. Nicht nur das Alter wächst mit den Jahren, auch der Geschmack wächst meistens mit. Früher hieß es: Trau keinem über dreißig. Heute finde ich gerade reife Frauen attraktiv und interessant und stelle fest – ich vertraue niemandem unter vierzig!

In meinem Sportkurs für Rückengymnastik ist es mir neulich aufgefallen. Vielleicht liegt es daran, dass ich gerade an diesem Kapitel sitze und zurzeit ein Auge für die reife Weiblichkeit habe, aber mir fiel auf, dass die meisten Frauen im Raum über fünfzig waren. Sie alle trainieren zwei- bis dreimal in der Woche und sind natürlich unterschiedlich gebaut, aber durch die Bank hübsch, fit, intelligent und humorvoll. Ich bin weiß Gott nicht auf der Suche – aber wenn ich mir eine neue Partnerin suchen müsste, dann bei uns im Kurs.

Fazit ist: Wir sind sinnliche Wesen, die Intimität brauchen wie die Luft zum Atmen. Und das nicht nur in der Jugend, sondern ein Leben lang.

Dieses Kapitel heißt »Lieben« – und ich habe jetzt sehr viel über Sex, unser Verhältnis zum anderen Geschlecht und zu uns selbst gesprochen. Aber mindestens genau so wichtig sind die Arten von Liebe, die nichts mit Sex oder Erotik zu tun haben.

Die Liebe in ihren anderen Formen

Von einer ganz großen, völlig anderen Art von Liebe möchte ich in einer kleinen Geschichte erzählen. Sie handelt von der spirituellen Liebe, und ich habe sie vor vielen Jahren aufgeschrieben.

Ein Nachmittag im Park

Es war einmal ein kleiner Junge, der hatte so oft vom »lieben Gott« gehört, dass er eines Tages beschloss, ihn zu besuchen. Es war klar, dass er wahrscheinlich ganz schön lange unterwegs sein würde, also packte er seinen Rucksack voll mit Trinktütchen und Keksen und machte sich auf den Weg.

Nachdem er etwa drei Blocks gelaufen war, führte der Weg ihn durch einen Park, und dort traf er eine alte Frau.

Sie saß auf einer Bank und starrte die Tauben an. Der Junge setzte sich neben sie auf die Bank, holte ein Trinktütchen heraus und wollte einen Schluck nehmen, als er merkte, dass die alte Frau zu ihm herüberschaute.

»Sie hat wohl Durst«, dachte der kleine Junge und bot ihr einen Schluck aus seinem Trinktütchen an. Sie nahm einen langen Schluck durch den Strohhalm und bedankte sich mit einem Lächeln. Etwas später nahm er sein Kekspäckchen aus dem Rucksack und bot ihr einen Keks an. Sie strahlte ihn an, nahm den Keks, aß ihn auf und bedankte sich wieder mit einem Lächeln.

Der Junge war begeistert! Endlich konnte man mal in Ruhe neben einem Erwachsenen sitzen, ohne vollgequatscht zu werden. Und ohne, dass jemand fragte, wie es so in der Schule läuft und was man mal werden will. Sie saßen den ganzen Nachmittag schweigend nebeneinander auf der Bank, aßen Kekse, tranken Apfelsaft und lächelten einander an.

Es wurde langsam dunkel, und der kleine Junge musste nach Hause, wenn er keinen Ärger riskieren wollte. Er nahm seinen Rucksack, stand auf und wollte gehen. Nach ein paar Schritten blieb er stehen, drehte sich um, rannte zurück und umarmte die alte Frau ganz fest. Sie bedankte sich mit ihrem schönsten Lächeln.

Als der kleine Junge die Küchentür öffnete, sah seine Mutter sofort das Strahlen auf seinem Gesicht. »Was hast du heute gemacht, dass du so glücklich bist?«, fragte sie. »Beim Fußball gewonnen?« Der Junge schüttelte den Kopf. »Nee. Ich hab mit Gott auf der Parkbank gegessen. Und weißt du was? Sie hat das schönste Lächeln, das ich je gesehen hab!«

Währenddessen kehrte die alte Frau freudestrahlend zurück in ihre Wohnung. Ihr Sohn staunte über den glückseligen Ausdruck auf ihrem Gesicht. »Mama, was ist passiert, du siehst ja so glücklich aus?«

Sie antwortete: »Ich habe gerade im Park mit Gott zusammengesessen und Kekse gegessen. Weißt du was? Er ist viel jünger, als ich dachte.«

Liebe findet man an den unterschiedlichsten Orten. Manchmal steckt sie in einem geteilten Butterkeks.

Und manchmal in den Augen eines Hundes oder dem Schnurren einer Katze. Die Beziehung zu einem Haustier ist gerade für alleinstehende Senioren ein ganz wichtiger emotionaler Faktor. Ich persönlich bin eher Hunde- als Katzenmensch und halte es mit dem großen, verstorbenen Loriot: »Ein Leben ohne Mops ist möglich, aber sinnlos.«

Zumindest zum Teil haben wir das gerade erfahren müssen. Kenzo, der jüngere unserer beiden Möpse, ist gerade völlig überraschend gestorben, und die ganze Familie ist in tiefer Trauer. Es ist wirklich unglaublich, wie sehr man ein Tier lieben und vermissen kann. Kenzo war immer so frech und vorwitzig – wie der siebte Sohn der Familie. Jetzt liegt er hinten im Garten begraben, und die arme Möppi, unser zweiter Mops, sucht ihn überall.

Trotz seiner Quirligkeit war Kenzo eins der sanftmütigsten und treuesten Geschöpfe, die ich kenne. Ich bin ziemlich sicher, dass er in einem seiner nächsten Leben als buddhistischer Mönch wiedergeboren wird. Ich habe es geliebt, mich mit ihm zu unterhalten. Seine Augen waren riesig groß und unverwandt auf mich gerichtet, wenn ich mit ihm sprach. Wahrscheinlich verstand er bis auf »Gassi« und »Fresschen«

kein Wort – aber meine Gefühle und Stimmungen konnte er sofort lesen und instinktiv auf mich reagieren. So ist es auch mit Möppi, die mir in ihrer Verwirrtheit immer noch Liebe zurückgibt.

Und noch etwas spricht dafür, einem Hund Liebe zu geben und die Liebe eines Hundes anzunehmen: Sie bleiben auf ewig Kinder. Wenn man einmal für sie verantwortlich ist, wird man das zeit ihres Lebens bleiben – und sie lohnen es einem mit ewiger Liebe.

Die Liebe zwischen Eltern und Kindern ist wahrscheinlich die tiefste Liebe, die Menschen miteinander verbindet, und sie dauert bekanntlich ein Leben lang an. In den ersten Jahren liebt man seine Kinder, weil sie so klein und hilfsbedürftig sind. Und man liebt sie auch, wenn sie sich zwischenzeitlich als kleine, halslose Monster entpuppen, die einem Bananen in den Auspuff stecken. Man hält sie unter den schützenden Fittichen, passt auf sie auf, sorgt für sie und tut alles, damit aus ihnen wache, verantwortungsvolle und warmherzige Menschen werden.

Später, wenn sie tatsächlich erwachsen sind und man selber auch ein bisschen älter geworden ist, bekommt die Liebe eine neue Qualität. Auf einmal ist man auf Augenhöhe miteinander. Ich kenne meine Söhne seit ihrem ersten Atemzug und sie mich, und jetzt im Alter genießen wir eine so tiefe und innige Liebe und Vertrautheit, wie sie in keiner anderen zwischenmenschlichen Beziehung möglich wäre.

Ihre Liebe und Zuneigung ist mir unendlich wichtig, und ich schätze jeden Augenblick, in dem wir zusammen sein können. Wir können einfach so herrlich über das Leben lachen und diskutieren! Von meiner Frau natürlich abgesehen, gibt es auf der Welt keinen anderen Menschen, der mir so wichtig ist wie meine sechs Söhne. Ich finde, im Alter sollte man alles tun, um die Liebe seiner erwachsenen Kinder zu sichern und zu pflegen. Und wie meine Frau immer sagt: »Holzfäller, mach keinen Scheiß und stell dich bloß gut mit den Kindern. Die suchen später unser Altersheim aus!«

Im Alter entdecken wir auch oft eine neue Liebe zu unseren Geschwistern, die wir in der Hektik des Alltags vielleicht jahrelang vernachlässigt haben. Immerhin ist man zusammen aufgewachsen und hat dieselbe Sozialisierung erfahren.

Oft schließt sich der Kreis im Leben wieder, wenn man die Geschwister im Alter neu entdeckt. Ich war das Baby in unserer Familie und habe zwei ältere Brüder und eine ältere Schwester. Meine Schwester und ich waren als Kinder sehr viel zusammen und hatten vieles gemeinsam. Natürlich haben wir uns wie alle Geschwister auch gezofft wie die Kesselflicker – aber wir hielten immer zusammen. Doch dann bin ich mit fünfzehn von zu Hause ausgezogen und mit einundzwanzig auch noch nach Deutschland ausgewandert. Bis auf die gelegentliche Geburtstagskarte hatten wir viele Jahre keinen Kontakt zueinander.

Erst seitdem wir die Sommer in Kanada verbringen, habe ich sie und unsere Geschwisterliebe wiederentdeckt. Das erfüllt mich mit einer tiefen Freude. Ich finde, man sollte im Alter alles tun, um den eigenen emotionalen Haushalt aufzufüllen. Ich habe meine alten Freunde aus der Theaterschule in Kanada wiedergetroffen und stelle fest, dass uns unglaublich viel verbindet, obwohl wir uns seit fünfzig Jahren nicht gesehen haben.

Es ist wie eine alte Liebe, die lange geschlafen hat und

jetzt wieder aufgewacht ist. »All you need is love« haben die Beatles festgestellt. Und man findet sie eigentlich überall, wenn man die Augen aufmacht.

Familie, Freunde, Schulkameraden, alte Arbeitskollegen und neue Bekanntschaften im Fitnessstudio oder im Seniorenheim – sie alle können eine wunderbare Quelle der Liebe sein. Ich glaube, es gibt nichts Schöneres im Leben, als Liebe zu geben und Liebe zu empfangen. Sie beflügelt die Seele, gibt Geborgenheit, schafft Hoffnung, macht glücklich – und hält jung!

36. Kapitel

Das vierte L: Lachen

Laut Statistik lachen Kleinkinder bis zu 120-mal am Tag. Erwachsene dagegen durchschnittlich zehn- bis zwölfmal. Ist das unser Verständnis vom »Erwachsensein«? Was ist bloß mit uns los? Anscheinend steckt viel Wahrheit in dem alten Witz: »Papa, Papa, was ist ein Vakuum?« – »Ich hab's im Kopf, mein Sohn, aber ich komm nicht drauf!«

Ist unser Humorzentrum wirklich ein luftleerer Raum geworden? Immerhin hören wir schon ab der Pubertät: »Du hast jetzt gut lachen, aber warte mal, bis du erst erwachsen bist!« Wir sprechen vom »Ernst des Leben« und benutzen den Satz »Da wird dir das Lachen vergehen!« als Drohung. Ist die Konsequenz des Älterwerdens der Verlust des Humors? Wenn ja, muss man unbedingt etwas daran ändern!

Mein bester Freund in der Kindheit hieß Johnny May, und wir zwei waren schon im Kindergarten berühmt und berüchtigt. Ständig haben wir damals etwas ausgeheckt und konnten uns dabei ausschütten vor Lachen – das blieb bis zur Highschool so.

Doch dann ging ich mit sechzehn auf die Theaterschule nach Montreal, und ab da verloren wir uns aus den Augen. Ich wurde Schauspieler und er Geschäftsmann. Er wurde Direktor der Barclays Bank in Toronto und übernahm später die Firma seines Vaters. Ein eindrucksvoller, aber nicht sehr witziger Lebenslauf, sollte man meinen.

Johnny und ich haben uns nach vierzig Jahren zufällig am Flughafen in Toronto wiedergesehen. Beide Mitte fünfzig, grauhaarig und vom »Ernst« des Lebens deutlich gezeichnet. Nach der ersten Verblüffung fielen wir uns spontan in die Arme. Vierzig Jahre zuvor hatten wir ein ziemlich kompliziertes Abklatsch-Ritual gehabt. Und Johnny wusste tatsächlich noch, wie es ging! Auch mein Körper erinnerte sich an seit Jahrzehnten verschüttete Bewegungsabläufe – und so standen zwei erwachsene Männer mitten in der Abflughalle, riefen »tchaka tchaka boom boom«, stampften mit den Füßen auf den Boden, knallten die Hüften aneinander und klatschten sich gegenseitig an die mittlerweile kahle Stirn. Im Nachhinein war es ein Wunder, dass wir nicht wegen Erregung öffentlichen Ärgernisses verhaftet wurden … Jedenfalls dauerte es keine Minute, da kringelten wir uns auf den Plastiksitzen im Wartebereich und hielten uns die Bäuche vor Lachen – einmal angefangen, war es unmöglich, damit aufzuhören.

Wir sehen uns inzwischen jeden Sommer und stellen beide fest, dass uns der Humor verbindet, weil wir unsere Kindlichkeit über die Jahre wie einen Schatz aufbewahrt und gepflegt haben und immer wieder über die selben Sachen lachen können.

Ähnlich verhält es sich bei Freunden und Kollegen, die ich nach vielen Jahren wiedertreffe. Lachen schafft sofort Vertrautheit und Nähe, denn wenn man gemeinsam über etwas lacht, verliert man die Haltung, die »Contenance«, und reagiert spontan und ohne Kontrolle. Allein die Freude über eine gute Pointe macht einen glücklich. Mein Lieblingswitz verdeutlicht, wie relativ die eigene Empfindung ist:

Eine Schnecke wird von zwei Schildkröten überfallen und ausgeraubt. Der Polizist fragt die Schnecke, wie die Täter ausgesehen haben. Die verzweifelte Schnecke antwortet »Keine Ahnung. Es ging alles so schnell!«

Die Bereitschaft, sich verblüffen und überraschen zu lassen, ist dieselbe kindliche Haltung, die wir bei einer Zaubershow einnehmen. Wir schauen mit Entsetzen zu, wie eine Jungfrau von einem Zauberer in der Mitte durchgesägt wird und freuen uns ein Loch in den Bauch, wenn derselbe Zauberer sie mit einem »Simsalabim« wieder zusammensetzt. Es wundert mich nicht, dass der großartige Humorist Eckart von Hirschhausen als Magier angefangen hat. Auch Charlie Chaplin, Steve Martin und Jim Carrey haben ihre Karrieren mit der Zauberei begonnen. Comedy überrascht uns und lässt uns wie Kinder reagieren. Leider verlieren wir im Laufe des Lebens diese Fähigkeit, spontan zu reagieren.

Statistisch gesehen sind wir Menschen mit Ende vierzig am unglücklichsten. Der Beruf, die Familie, die Verantwortung – alles lastet wie ein Stein auf unseren Schultern, und die Frage »Was soll das Ganze?« wiederholt sich wie ein Mantra Tag für Tag.

Das ist auch die Lebenszeit, in der Menschen nachweislich am wenigsten lachen. Mit fünfzig ändert sich das. Die Kurve der Lebensfreude zeigt langsam wieder nach oben und steigt über die Jahre ständig an. Gleichzeitig berichten die Menschen davon, dass sie sich mit zunehmendem Alter langsam vom Korsett des »Ich muss« befreien und weniger Wert darauf legen, anderen zu gefallen. Man nimmt sich nicht mehr so ernst wie früher. Man empfindet wieder verstärkt die Leichtigkeit des Seins und entdeckt die »alte Frische« wieder, die einem vor so vielen Jahren abhanden kam. Man hat wieder Spaß am Leben.

Ich kenne eine 83-jährige Dame bei uns in Endenich, die immer gute Laune versprüht. Ich freue mich jedes Mal, wenn ich sie auf der Straße sehe. Sie baut mich regelrecht auf mit ihrem Humor! Neulich hat sie mir verraten, dass sie ihrem Zivi einen Heiratsantrag gemacht hat. »Ja, verstehst du, Bill, wenn er mich dann anpackt, muss ich es nicht mehr bezahlen!« Das nenne ich gut drauf.

Jupp hat die Goldtimer bei jeder Probe mit seinen Sprüchen zum Lachen gebracht und damit die Atmosphäre aufgelockert. Und darüber hinaus hat er es mit seinem warmherzigen und frechen Humor geschafft, dass die seriöse Helene sich in ihn verliebt.

Ich selbst habe das große Glück, dass ich seit über dreißig Jahren mit einer Naturkomikerin verheiratet bin. Sie erinnern sich an das Vorsprechen im Theater, als ich sie auf der Probebühne zum ersten Mal »roch« und als Komikerin erlebte? Was für ein Ausbruch an Lebensfreude und Mutterwitz! Dreißig Jahre lang war sie trotz ihrer sechs Geburten die Frontfrau des Springmaus-Ensembles und hat die Zuschauer Abend für Abend mit ihrer Spontaneität und ihrem verrückten Humor begeistert.

Seit drei Jahren reist sie nun mit ihrem Solo-Programm durch alle Theater und Talkshows und erobert die Herzen der Zuschauerinnen und Zuschauer in ganz Deutschland. Ich freue mich aber besonders über die Tatsache, dass sie diese Gabe auch noch zu Hause einbringt. Unsere Jungs sind ja regelrecht mit Comedy aufgewachsen, und das hat zahllose spannungsgeladene Situationen vor der Eskalation gerettet. Humor schafft sofort eine gesunde Distanz, und Lachen befreit.

Es ist auch super, wenn man jemanden in der Familie hat, der ansteckend lachen kann. Unser Sohn Luke kann das. Er fängt an, etwas zu erzählen, und muss selber dabei so lachen, dass er gar nicht weiterreden kann, sondern nur noch lacht. Das steckt dann alle an, und wir krümmen uns vor Lachen, obwohl kein Mensch den Witz verstanden hat.

Ansteckendes Lachen – das heißt auf Englisch »infectuous laugh«. Falls Sie keinen infektiösen Lacher in der Familie haben wie ich, kann ich Ihnen nur den größten Lach-Anstecker aller Zeiten ans Herz legen – den unsterblichen Stan Laurel. Vor achtzig Jahren hat er mit seinem kongenialen Partner und lebenslangen Freund Oliver Hardy in der knallkomischen Räuberpistole *The Devil's Brother* (auf deutsch *Fra Diavolo*) gespielt. In einer Szene im Weinkeller ist Laurel angeschickert und fängt völlig grundlos an zu lachen. Drei Minuten lang. Sein Freund Oliver sitzt völlig konsterniert neben ihm – lässt sich aber irgendwann anstecken. Geben Sie mal bei YouTube »Laurel and Hardy devil's brother drunk scene« ein. Ich garantiere Ihnen, es wird Ihnen genauso gehen!

Das Lachen ist eine zutiefst menschliche Angelegenheit. Unsere Fähigkeit, lachen und weinen zu können, unterscheidet uns von den Tieren. Und es ist nachweislich gesund. Ein chinesisches Sprichwort sagt: Wer viel lacht und viel weint, wird sehr alt. Lachen und Weinen – das sind urmenschliche

Verhaltensweisen, die unglaublich befreiend wirken können. Wenn Sie sich mal so richtig ausheulen wollen, schauen Sie sich *Die Brücken am Fluss* an! Der Höhepunkt dieser herzzerreißenden Liebesgeschichte zwischen dem damals immerhin schon 65-jährigen Clint Eastwood und der großartigen, zwanzig Jahre jüngeren Meryl Streep bringt mich jederzeit zuverlässig zum Weinen. Nachher fühle ich mich erschöpft und ausgelaugt, aber gereinigt. Ich atme tief durch und fühle mich großartig! Es gibt übrigens ein schönes Zitat von Jan Masaryk, das unsere Oma auf einer Fliese im Badezimmer stehen hat: »Lache, und die Welt lacht mit dir. Weine, und du weinst allein.« Ich finde, dass der Spruch eigentlich nicht stimmt – denn auch gemeinsam heulen kann ungeheuer schön sein! Es tut gut, seine Gefühle rauszulassen. Weinen erleichtert und entkrampft.

Lachen kann aber noch viel mehr! Die Ergebnisse der Lachforschung – es gibt sie tatsächlich, der Forschungszweig heißt »Gelotologie« – deuten darauf hin, dass durch intensives Lachen entzündungshemmende und schmerzstillende Substanzen freigesetzt werden. Lachen erhöht den Sauerstoffaustausch im Gehirn, baut Stresshormone ab und stärkt das Immunsystem.

Lachen lenkt von Leiden ab und hilft uns auch über seelische Probleme hinweg. Der berühmte Arzt, Autor und Menschenrechtler Hunter »Patch« Adams ist seit vielen Jahren außerdem Profi-Clown, der mit seinen Kollegen von »HumorCare« Hunderten von Kindern und Schwerkranken in Waisenhäusern oder Krebskliniken, unter anderem in Russland und Bosnien-Herzegowina, wieder Hoffnung gegeben hat. Eckart von Hirschhausen hat vor Jahren in Deutschland die Stiftung »Humor hilft heilen« etabliert und bundesweit bekannt gemacht. Inzwischen bietet die Stiftung regelmäßig Humorworkshops für Pflegekräfte und Ärzte an, organisiert Clownsvisiten für Kinder und Senioren und setzt sich unermüdlich für die wissenschaftliche Erforschung des Lachens ein.

Kein Wunder, dass es mittlerweile weltweite Bewegungen gibt, die das intensive Lachen zum Ziel haben. Und damit meine ich nicht den Bau des Berliner Flughafens oder die Autobahnmaut! Nein, es gibt einmal im Jahr, am ersten Sonntag im Mai, den »Weltlachtag«! Um 14 Uhr mitteleuropäischer Zeit treffen sich Lacher auf der ganzen Welt, um eine Minute lang laut zu lachen und damit eine positive Energiewelle ins Universum schicken.

Und das sind keine Bekloppten, die sich mit Blick auf die Uhr einen Witz erzählen. Es sind Mitglieder von Lachclubs und Anhänger des »Hasya Yoga«, was auf Deutsch schlicht und einfach »Lachyoga« bedeutet. Der erste Lachclub wurde 1995 von dem indischen Arzt Madan Kataria gegründet – heute gibt es weltweit mehr als 6000 davon! Wenn Sie sich nicht vorstellen können, wie so ein bewusstes Lachen ohne Grund oder Anlass funktioniert, gucken Sie sich mal »Laughing Yoga alone with Dr. Kataria« an – kann man auch bei YouTube sehen. Der Mann geht sehr viel ernster an das Thema ran als Stan Laurel achtzig Jahre zuvor, aber es funktioniert genauso gut!

Es gibt ein Improvisationsspiel, das ich mit den Goldtimern gespielt habe. Es heißt »Ja … und!«. Die goldene Regel fürs Improvisieren bei diesem Spiel lautet, immer »Ja« zu sagen. Vom Publikum kommt zum Beispiel der Vorschlag

»Polizeirevier«. Spieler A spielt einen Polizisten und überrascht Spieler B mit der Anschuldigung, die Volksbank überfallen zu haben. Wenn Spieler B nun antwortet, »Nein, das war mein Zwillingsbruder, ich war noch nie in der Volksbank«, dann ist die Szene zu Ende, bevor sie begonnen hat. Ein guter Impro-Spieler sagt immer sofort »Ja«, auch wenn er noch keine Ahnung hat, was er danach sagen wird. Das Wort »Ja« kurbelt sofort die Kreativität an:

A: »Sie sind mit 20 000 Euro aus der Volksbank gerannt!

B: »Ja! Richtig. Ich hatte es aber auch eilig, aus der Bank zu kommen. Ich hatte einen sicheren Tipp für das dritte Rennen in Köln!«

A: »Die Bankangestellten sind alle rausgestürzt und haben gerufen: ›Haltet den Dieb!‹«

B: »Ja! Richtig. Ich heiße mit Nachnamen Dieb, und die wollten alle mitfahren zum Rennen.«

A: »Sie sind aber in das wartende Auto gestiegen und mit Ihrem Komplizen weggerast!«

B: »Ja! Ja, ja! Richtig, wir hatten nicht genug Platz im Auto für alle.«

A: »Sie sind aber gar nicht zum Rennen gefahren. Wir haben Sie kurz darauf im Saunaclub geschnappt. Sie saßen mit drei Mädels im Whirlpool.«

B: »JA!! JA!! Vollkommen richtig. Ich musste das Geld waschen!«

Genau so können Sie es mit dem Lachen halten. Versuchen Sie, eine Situation aus verschiedenen Perspektiven zu betrachten. Spaß daran zu haben, die Welt durch eine komische

Brille zu sehen. Ich werde jedenfalls alles tun, um im Alter meinen Humor zu behalten. Ich glaube nämlich, dass die Menschen nicht mit dem Lachen aufhören, weil sie alt werden. Sie werden alt, weil sie aufhören zu lachen!

37. Kapitel

Das fünfte L: Lernen

Es gibt einen Witz, den sich Professoren gerne erzählen. Und keine Angst – den versteht man auch, wenn man nicht studiert hat …

Eine hübsche Studentin rückt dem Professor auf die Pelle und raunt: »Ich würde alles tun, um das Examen zu bestehen, Herr Professor. Ich meine, wirklich alles.« Der Professor schaut ihr tief in die Augen und raunt zurück: »Wirklich alles?« Sie rückt noch näher und haucht: »Alles.« Der Professor sieht sich vorsichtig um und fragt dann im Flüsterton: »Würden Sie … lernen?«

Tja, für manche im »zweiten Lebensalter« scheint Lernen eine verzweifelte letzte Option zu sein. Bei Erwachsenen – nach meiner persönlichen Zeitrechnung also bei Menschen im »dritten Lebensalter« – ist die tägliche Denkarbeit zur Normalität geworden. Die Hirne laufen geradezu auf Hochtouren. Wenn Sie wie Margie und ich jahrelang damit beschäftigt waren, wie größenwahnsinnige Jongleure im Zirkus gefühlte hundert Bälle auf einmal in der Luft zu halten, wissen Sie, was ich meine.

Job, Haushalt, soziale Verpflichtungen und die Termine der Kinder, vom Fußballtraining über Gitarrenunterricht bis hin zu den unzähligen Arzt- und Krankenhausbesuchen wegen gebrochener Arme, blutender Nasen und sämtlicher Kinderkrankheiten … Wie es ein bis zwei normale Gehirne da überhaupt schaffen, nicht wegen Überhitzung durchzuknallen, wird wohl ein ewiges Rätsel bleiben.

Aber auch ohne Doppelbelastung – bei »nur« Berufstätigen also – wird das Hirn zwar nicht 24 Stunden lang in Anspruch genommen, muss aber trotzdem ein Höchstmaß an Leistung erbringen.

Nun kommt das »junge Alter«. Man stellt auf einmal fest: Die Erziehungsphase ist vorbei. Die Kinder sind aus dem Haus. Die Berufswelt existiert von heute auf morgen nicht mehr. Die Arbeit mit all ihren Erfolgen, Verantwortungen, Kontakten, Kollegen, Dienstwegen, Verpflichtungen und Verflechtungen gehört nicht mehr zum Alltag und Ihre große und auch selbstverständliche Daseinsberechtigung hat sich komplett in Luft aufgelöst.

Natürlich hat man gewusst, dass die Zeit irgendwann mal kommen würde, aber jetzt ist sie tatsächlich da, und man fällt in ein ungeheures Loch!

Was vermisst man am meisten? Alle meine Freunde, denen ich diese Frage stelle, sagen dasselbe. Es ist das Gefühl, gebraucht zu werden. Die Bindung an eine Sache und das Engagement für etwas, das einem wirklich wichtig ist. Sicher, am Anfang genießt man die neue Freiheit, packt die Koffer und macht erst mal Urlaub. Aber egal, ob man mit Studiosus Reisen als Sofortbildungsmaßnahme in die Toscana fährt oder mit »Ballermann Tours« ins siebzehnte Bundesland zur Sangriatransfusion fliegt – es dauert nicht lange, dann muss man vom Urlaub Urlaub machen. Auf Reisen zu gehen ist eine willkommene Unterbrechung, aber kein Dauerzustand.

Man fängt also an, die Wohnung zu renovieren. Aber irgendwann ist auch die Wohnung fertig und der Keller aufgeräumt. Über kurz oder lang wird es einem klar: Vor mir liegen noch dreißig oder vielleicht sogar vierzig Jahre! Das ist ein ganzes zweites Berufsleben. Zeit, etwas Neues zu lernen!

Für viele kann das die Chance sein, lang gehegte Träume endlich zu realisieren. Mein ehemaliger Steuerberater hat mich immer heimlich beneidet, weil ich Schauspieler bin. Vor zwei Jahren ging er in Rente und verriet mir seine Leidenschaft fürs Schauspiel. Ich setzte mich sofort mit einer Agentur für Statisterie in Verbindung.

Was soll ich Ihnen sagen? Es hat keine zwei Monate gedauert, da war er als Statist täglich unterwegs von einer Film-Location zur nächsten und spielt inzwischen sogar kleine Nebenrollen mit Text. »Bill«, sagte er, »ich würde dir ja gerne danken – aber das spar ich mir für meine Rede bei der Oscarverleihung auf!«

Ich finde es toll, wenn ein Mensch so offen ist und später im Leben sagen kann: »Früher war ich Steuerberater, heute bin ich Schauspieler!«

Es muss aber nicht zwingend eine Arbeitsstelle sein. Weiterbildung ist eine unglaublich erfüllende Art, sich zu beschäftigen und das Gehirn zu füttern.

Ich habe in diesem Jahr die Kunstgeschichte für mich entdeckt. Als Schauspieler habe ich mich über die Jahre mit unzähligen Epochen und historischen Ereignissen beschäftigt, aber immer nur partiell. Ich habe nie die großen geschichtlichen Zusammenhänge begriffen. Jetzt habe ich das dringende Bedürfnis zu verstehen, wie das eine aus dem anderen entstanden ist, wohin das nächste geführt hat und vor allem warum.

Ich habe mit der Renaissance angefangen, weil ich dort viele Parallelen zur Aufbruchsstimmung in den Sechzigern entdeckt habe, und werde mich in den nächsten fünf Jahren langsam bis zur Gegenwart durcharbeiten. Mich begeistert und beflügelt dieses Studium, und in meiner »Mönchszelle« gibt es wunderschöne Bücher und Gemälde von Giotto, Fra Angelico, Leonardo, Michelangelo, Roger van der Weyden und Botticelli. Als Kopie, wohlgemerkt – um an die Originale zu kommen, müsste ich eine Fortbildung als Safeknacker machen.

Mein neuer Fitnessfreund Klaus hat die »Menschwerdung« entdeckt und arbeitet seit Jahren wie besessen daran, die biologischen und soziokulturellen Zusammenhänge wissenschaftlich zu erfassen. Wir treffen uns einmal in der Woche bei ihm, trinken einen unfassbar guten Kaffee, und er versucht, mir die Evolution zu erklären. Ich verstehe dann erst mal immer nur Bahnhof, frage nach und habe mich mittlerweile bis »Hauptbahnhof« durchgearbeitet. Am Ende raucht mein Kopf wie der Ätna, aber ich habe nach unseren Gesprächen genug Gedankenfutter für Tage.

Wenn Ihnen das alles zu wenig praktisch ist, dann gibt es die gesamte Welt des Ehrenamts. Im Bildungs- und Sozialwesen werden dringend Leute gesucht, und etwa 24 Millionen Deutsche (fast ein Drittel der Bevölkerung!) engagieren sich regelmäßig in Schulen, Sportvereinen, Krankenhäusern und Gemeinden. Alle erzählen dasselbe. Sie genießen es, gebraucht zu werden, und haben gleichzeitig das Gefühl, sie geben der Gesellschaft etwas zurück. Ich kann das nur bestätigen.

Ich engagiere mich seit zwanzig Jahren als Schirmherr für »Sterntaler e. V.« in Bonn. Wir unterstützen Bonner Kinder und Jugendliche, die durch Armut oder schwierige soziale Verhältnisse nicht auf der Sonnenseite des Lebens aufwachsen, mit Betreuungsmaßnahmen, Fördermöglichkeiten und konkreter Hilfe. Ich stelle immer wieder fest, wie so oft bei sozialem Engagement, dass man meistens mehr zurückzubekommt, als man gibt. Es ist auf jeden Fall eine wunderbare Win-win-Situation für alle Beteiligten.

Und wenn Ihnen das zu »harmlos« ist, dann gibt es noch die Politik. Gerade erfahrene Frauen und Männer, die Familien gegründet und Geschäfte geführt haben, können ihre Fähigkeiten für die Politik einsetzen.

Ich zum Beispiel finde das ganze Thema um neue und zeitgemäße Wohnmodelle hoch interessant und brandaktuell. Wie und wo wollen wir als gesunde und aktive Generation von jungen Alten leben? Wer soll das wissen, wenn nicht wir? Schließen Sie sich einem Projekt an, oder, besser noch, gründen Sie selber eine Arbeitsgemeinschaft, und helfen Sie mit, moderne Wohnmodelle zu entwickeln und umzusetzen.

Es gibt unzählige Möglichkeiten, sich weiterzuentwickeln. Man muss sich nur damit beschäftigen. Schade, dass so viele so spät anfangen, sich damit auseinanderzusetzen. Spätestens mit fünfzig sollte jeder einmal überprüfen, wie es mit Hobbys, Vereinen, Leidenschaften und verborgenen Sehnsüchten steht. Träumen kostet nichts – und manchmal wird aus dem Traum gelebte Realität.

Es gibt viele Organisationen, die Hilfe und Anregungen bieten. Da brauchen Sie unter anderem nur »feierabend.de« oder »Seniorbook« zu googeln. Ich möchte Ihnen allerdings als selbst ernannter Botschafter der BAGSO die Bundesarbeitsgemeinschaft für Senioren-Organisationen ans Herz legen. Die leisten seit 25 Jahren eine großartige Arbeit in allen Fragen des Alters und bieten kompetente Beratung auf allen Gebieten. Unter dem Dach der BAGSO haben sich über 100 Verbände mit etwa 13 Millionen älteren Menschen zusammengeschlossen. Regelmäßig werden Tagungen, Seminare und Workshops durchgeführt – surfen Sie ruhig mal auf der Seite herum. Die »Lobby der Älteren« bietet unheimlich viele spannende Projekte, an denen man sich beteiligen kann!

Ich hab's im Kapitel »Laufen« ja schon gesagt: Bewegung ist das A und O im Alter – und das Hirn muss genau so trainiert und bewegt werden wie der Körper. Wer rastet, rostet, und wer verdummt, verstummt. Henry Ford hat es auf den Punkt gebracht: »Denken ist die schwerste Arbeit, die es gibt. Das ist wahrscheinlich auch der Grund, warum sich so wenige Leute damit beschäftigen.«

Die Neugierde ist ein Urinstinkt der Menschen und bildet seit jeher den Kern der menschlichen Motivation. Sie hat uns dazu befähigt, aus Steinen Werkzeuge zu machen und an Flüssen Mühlen zu bauen. Die Neugierde hat uns dazu gebracht, Kontinente, Himmelskörper und Impfstoffe zu entdecken. Sie begleitet uns seit unserer Geburt und hat uns immer wieder für Neues begeistert. Wer nicht wissen will, was der nächste Tag bringt, hat angefangen aufzuhören!

Leider ist das Nachlassen der Neugierde ein ernsthaftes Problem im Alter. Hier sind die Psychologen und Verhaltensforscher sich alle einig, gerade die Eigenschaft, die uns immer nach vorne getrieben hat, lässt wie die Muskelkraft oder die Knochendichte im Alter nach. An ihre Stelle tritt das Gefühl, alles schon mal gesehen und erlebt zu haben. Es kann schon sein, dass man vieles kennt und erlebt hat im Laufe eines langen Lebens ... aber alles? Haben Sie wirklich alles schon mal gesehen? Nein! Die Menschen, die das behaupten, haben sich im Alter mit dem zufriedengegeben, was sie kennen, und aufgehört, nach Neuem zu suchen. Ein fataler Fehler.

Zwingen Sie sich, neugierig zu sein. Machen Sie sich was vor. Im Englischen sagt man: »If you can't make it, fake it!« Sperren Sie Augen und Ohren auf, und gehen Sie wieder wie ein Kind neugierig durchs Leben.

Es gibt so viele Wege und Möglichkeiten, neugierig zu bleiben und die Welt in einem neuen Licht zu sehen. Fahren Sie morgen anstatt mit dem Auto mit dem Bus in die Stadt. Wenn Sie eine bestimmte Abfolge beim Einkaufen haben, dann ändern Sie sie. Wenn Sie immer in einem bestimmten Supermarkt einkaufen, dann gehen Sie morgen woanders hin.

Was ich sagen will: Schalten Sie ganz bewusst den Autopiloten aus, und gehen Sie andere Wege. Wenn Sie im Bus neben jemandem sitzen, tun Sie so, als seien Sie fremd in der Stadt, und fragen Sie Ihre Sitznachbarin, welche Sehenswürdigkeiten es in der Stadt gibt und wo man gut essen kann. Und dann befolgen Sie ihren Rat! Vielleicht entdecken Sie etwas ganz Neues.

Tauschen Sie beim Autofahren mit Ihrem Partner, und setzen Sie sich bewusst auf den Beifahrersitz, oder spielen Sie Taxi, und setzen Sie sich nach hinten. Der Trick ist, alte Gewohnheiten zu durchbrechen und sich selbst zu überraschen.

Und noch etwas: Ihr Hirn ist wie ein Muskel und will täglich gefordert werden. Gehirnjogging heißt das Zauberwort. Wenn Sie sich täglich mit der Welt um Sie herum beschäftigen, bleiben Sie ein Teil von ihr. Und wenn Sie dem Kopf etwas zu tun geben – sei es ein Buch, ein Kreuzworträtsel, Sudoku, Scrabble oder Rummikub – dann hört das Lernen nie auf. Und Lernen ist Leben! Der deutsche Physiker Georg Christoph Lichtenberg hat es auf den Punkt gebracht: »Man sollte sich nicht schlafen legen, ohne sagen zu können, dass man an diesem Tag etwas gelernt hat.«

In diesem Sinne: Gute Nacht!

38. Kapitel

Ich liebe Geburtstage

Ich wache früh auf an diesem Morgen des 28. Juli 2015. Und da ist er – mein 68. Geburtstag. Ich höre die Vögel vor dem Fenster zwitschern und sehe, wie sich die ersten Sonnenstrahlen durch die Jalousielamellen zwängen und Streifen auf die Decke über mir malen.

Neben mir liegt mein Grauschopfengel und schläft noch tief und fest – genau wie meine sechs Söhne und die Oma, die überall im Haus verteilt ratzen. Eigentlich müsste ich jetzt liegen bleiben und mich schlafend stellen, bis sich die ganze Horde unter Margies Aufsicht gähnend und mit Kerzen in den Händen um mein Bett versammelt hat. Aber heute will ich meinen Geburtstag anders beginnen.

Ich schleiche mich in die Küche, mache mir einen Kaffee und setze mich auf meinen Lieblingsstuhl auf der Veranda. Morgennebel liegt über dem See. Ich hole tief Luft und genieße die Stille.

Von sehr weit her höre ich ein Geräusch. Es klingt ein bisschen wie eine altmodische Ballonhupe – so ein Ding, wie es Grandpa Walton benutzt hat. Ganz kurz stelle ich mir diesen Lebensfreude versprühenden Bilderbuchopa vor, wie er in seinem Oldtimer-Pick-up die Straße am Seeufer entlangtuckert. Doch als das Hupen noch einmal ertönt, diesmal lauter und näher, höre ich, dass das Geräusch von oben kommt.

Ich schaue gespannt zum Waldrand auf der anderen Seite des Sees hinüber. Halb erwarte ich, Grandpa Waltons Auto über den Wipfeln auftauchen zu sehen. Doch dann entdecke ich einen Vogel, der mit gleichmäßigen, weit ausholenden Flügelschlägen Kurs auf mein Haus nimmt.

Es ist eine wunderschöne Kanadagans, die jetzt wieder ihren hupenden Ruf ausstößt. Rechts und links von ihr tauchen zwei weitere Vögel auf, dann noch zwei, bald sind es sieben, neun, dann fünfzehn Gänse, die in perfekter V-Formation über den See fliegen.

Ich lege den Kopf in den Nacken und beobachte, wie sich das vorderste Tier zurückfallen lässt und ein anderes unter dem aufmunternden Gehupe der Gruppe seinen Platz einnimmt. Ein eingespieltes, ganz selbstverständliches Abgeben, um den anderen im Schwarm das Vorankommen im Windschatten leichter zu machen.

Ich hebe für einen kurzen Moment ab und habe das verrückte Gefühl, in ihrer Mitte zu fliegen. Und ganz plötzlich begreife ich, wie diese wunderbaren Vögel es schaffen können, ihre langen Reisen heil zu überstehen. Sie sind instinktiv füreinander da und sogar bereit, ihre weite Reise zu unterbrechen, um einzelnen erschöpften Tieren die Gelegenheit zum Ausruhen zu geben. Der Schwarm verschwindet am Horizont. Ein letzter, ferner Ruf – und es ist, als wären sie nie dagewesen.

Der See liegt jetzt wieder ganz still vor mir. Ein paar letzte Morgennebelschwaden lösen sich auf, als die Sonne höher steigt. Es wird ein warmer und schöner Tag werden.

Im Grunde weiß ich ja ganz genau, was mich erwartet:

Die alljährliche Erdbeertorte steht im Kühlschrank, überall versteckt in Koffern und Taschen warten Geschenke auf mich. Die Freunde sind eingeladen, das Bier ist kalt gestellt und der Grill vorbereitet. Alles wie immer.

Nur mit einem kleinen Unterschied. Irgendetwas fehlt. Irgendwas ist anders. Ich horche in mich hinein, während ich meinen Kaffee trinke – und dann muss ich lächeln. Der Geburtstagsblues will sich nicht einstellen! Seit vielen Jahren hatte mich sein schleppender Beat begrüßt, sobald ich am Geburtstagsmorgen die Augen aufschlug.

Jetzt höre ich einen anderen Soundtrack in meinem Inneren. Einen Song von Cat Stevens, den ich vor fast 45 Jahren das erste Mal im Kino gehört habe, in dem wundervollen Film *Harold and Maude*. Diese romantische, herrlich witzige und tieftraurige Liebesgeschichte zwischen einem Achtzehnjährigen und einer Achtzigjährigen war damals ihrer Zeit weit voraus. Und sie endete mit einer Hymne auf das Leben – egal wie lang es dauert.

Well, if you want to sing out, sing out
And if you want to be free, be free
'Cos there's a million things to be
You know that there are …

Jetzt merke ich, was anders ist als in den Jahren zuvor. Es ist mein Geburtstag, und ich bin glücklich! Vor mir liegt ein hoffentlich langer, aber ganz sicher spannender Weg, von dem ich nicht weiß, wohin er mich führen wird. Aber ich freue mich auf jeden einzelnen Schritt.

Hinter mir knarzt der Holzboden der Veranda. Liam, mein Jüngster, reibt sich die Augen und grinst mich an.

»Hey, Dad – was machst du denn schon hier? Senile Bettflucht?« Ich grinse zurück. »Bock auf 'n kleines Wettschwimmen – nur wir zwei?« Liam zieht sich das T-Shirt aus. »Nur wir zwei? Vergiss es, alter Mann!«

Er stößt einen gellenden Pfiff aus. Wie aufs Stichwort kommen fünf weitere Mockridge-Bengel in ihren Badeshorts aus dem Haus gepoltert und donnern unisono: »Happy Birthday, Dad!« Hinter ihnen schlurft die Oma im Morgenmantel aus der Küche. Und während mein Grauschopfengel mir aus dem Hintergrund mit einem Kaffeebecher zuprostet und mir einen Luftkuss auf die alte Glatze schickt, werde ich von zwölf kräftigen Männerhänden in die Luft geworfen und lande mit einem gewaltigen Platschen im kalten Wasser des Lake Rousseau. Und das Einzige, was ich in diesem Moment denke, ist:

»Ich liebe Geburtstage!«

Bildnachweis

Fotolia: Seite 18
Getty Images: Seite 182, 208
Tim E. White: Seite 197
Die restlichen Bilder stammen aus dem Privatarchiv des
Autors.

Danksagung

Es gibt so viele wunderbare Menschen, die mich zu meinem Tauchgang durch den Jungbrunnen motiviert und begleitet haben. Ich möchte mich bei allen von Herzen bedanken.

Zu allererst natürlich bei Gary Leeman, der mich mit seinem Geburtstagswitz auf meine erschreckende Endlichkeit aufmerksam machte und so den Stein erst ins Rollen brachte. Well done, Gary!

Dann meinem wunderbaren Hausarzt, den ich im Buch Dr. Peters nenne und der mich mit seiner Liebe zu seinem Beruf und seiner Begeisterung für die Menschen immer wieder aufgebaut und mir Kraft gegeben hat.

Herzlichen Dank an das Team im Fitnessstudio, das mir mit Geduld und Ausdauer geholfen hat, meinen alten Körper wieder in Form zu bringen – und natürlich an alle Sportsfreunde, die neben mir geschwitzt haben und mich täglich motivieren und anspornen. Ihr seid klasse, und ich hätte das Jahr ohne euch nie durchgehalten!

Vielen Dank auch an Ann-Marlene Henning für die schönen und lustigen Gespräche, bei denen ich Erstaunliches über die körperliche Liebe erfahren habe, und an die vielen weiteren Experten, die geholfen haben zu verstehen, worauf es im Alter wirklich ankommt.

Mein besonderer Dank gilt meinem genialen Mitautor und Freund Helge May, der mir geholfen hat, die biologischen und medizinischen Zusammenhänge in humorvolle und verständliche Beispiele zu übersetzen und aus vielen Ideen, Denkansätzen, Recherchen und Geschichten das Buch zu machen, das Sie jetzt in den Händen halten.

Ich danke all den »Golden Agers«, die mir vertraut haben und mich an ihrem Leben und ihren Erfahrungen teilhaben ließen.

Dann danke ich natürlich meinen sechs Jungs, die mich immer wieder motivieren und nie aufhören, an mich zu glauben.

Zum Schluss möchte ich mich bei meinem Grauschopfengel bedanken. Sie hat mich durch alle Höhen und Tiefen begleitet und mir immer wieder gesagt: »Holzfäller, wenn das, was du tust, dafür sorgt, dass wir uns länger haben werden, dann hör bitte nie damit auf!«

Ich danke euch und kann euch versprechen, das war nur der Anfang.

Ich mache weiter!

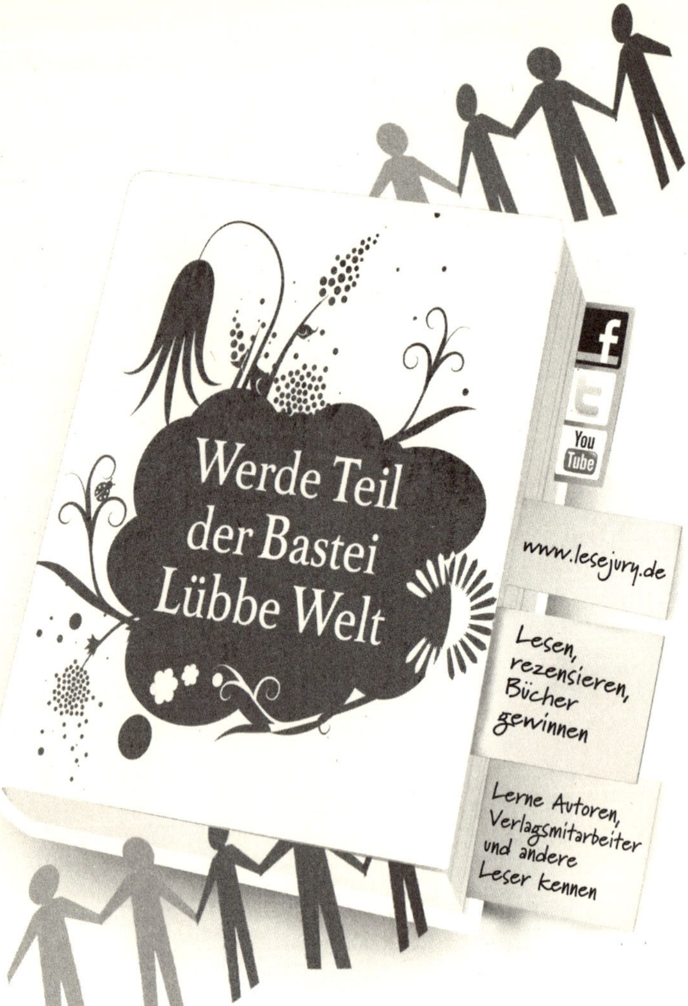

Werde Teil
der Bastei
Lübbe Welt

www.lesejury.de

Lesen,
rezensieren,
Bücher
gewinnen

Lerne Autoren,
Verlagsmitarbeiter
und andere
Leser kennen

**BASTEI
LÜBBE**
www.luebbe.de